Steve Rabey
Das Wissen der Kelten

Steve Rabey

Das Wissen der Kelten

Albatros

Titel der amerikanischen Originalausgabe: *In the House of Memory*
© 1998 Dutton, Plume, Penguin Putnam Inc, New York
Aus dem Amerikanischen übertragen von Henriette Zeltner

Die deutsche Ausgabe erschien unter dem Titel:
Im Haus der Erinnerung, Keltische Weisheit für den Alltag
© 2000 Deutscher Taschenbuch Verlag GmbH & Co. KG, München

Die Deutsche Bibliothek – CIP-Einheitsaufnahme
Ein Titeldatensatz für diese Publikation ist bei
Der Deutschen Bibliothek erhältlich.

© 2002 Patmos Verlag GmbH & Co. KG
Albatros Verlag, Düsseldorf

Inhalt

Achtet eher auf mein Thema als auf meine Worte,
die ich als ungeschliffen und ziemlich wertlos erachte.

Heiliger Columba

Einführung:
Ein ferner Glanz

Ich lese von keltischem Mönchtum, den Einsiedlern,
den Dichtern, den Pilgern ... Eine ganze neue Welt,
die bis jetzt darauf gewartet hat, sich mir zu öffnen.
Thomas Merton

Die spektakulären Tanzshows ›Riverdance‹ und ›Lord of the Dance‹ haben wahrscheinlich mehr als alles andere in diesem Jahrhundert dazu beigetragen, Interesse an der keltischen Kultur zu wecken. Aber nicht nur sie haben den Menschen die Schönheit dieser alten Welt nahegebracht. Bestseller wie ›Die Asche meiner Mutter‹ und ›Wie die Iren die Zivilisation retteten‹ sowie die eingängige Musik von Künstlern wie Enya und den Chieftains wirkten wie Sirenen, die Neugierige dazu anregten, die Welt der Kelten zu erkunden. »Mein Gott!« rief der irische Nobelpreisträger und Dichter Seamus Heaney aus, »Irland ist chic!«

Leider hat uns dieses moderne Revival nur partielle Kenntnisse der keltischen Kultur vermittelt, und einige von uns empfinden vielleicht eine Diskrepanz zwischen ihrer Begeisterung und ihrem Wissen. Mit einem Trend läßt sich die tiefere Bedeutung keltischer Traditionen nicht vollständig erfassen, und folglich können

11

wir auch ihren fortdauernden Einfluß überall auf der Welt nicht erkennen. Und was noch bedauerlicher ist: Wir sind von der tiefen Weisheit und dem beständigen Trost abgeschnitten, die einige dieser Überlieferungen zu bieten haben. Aus dem Wunsch heraus, diese Lücke ein wenig zu verkleinern, ist dieses Buch entstanden.

▓ Wer waren die Kelten?

Lange vor der Herrschaft der Römer hatten die Kelten den Großteil der damals bekannten Welt erobert. Sie kamen im letzten Jahrtausend v. Chr. aus Asien und dem heutigen Rußland; dort liegen auch ihre linguistischen und kulturellen Wurzeln, die sie mit anderen indo-europäischen Völkern teilen. Um 390 v. Chr. standen die wild kämpfenden Männer und Frauen sogar vor Rom. Aristoteles schrieb, daß die keltischen Krieger keine Furcht kannten und nackt kämpften. Mit ihren kräftigen Schwertern und Streitäxten aus Metall (es waren übrigens die Kelten und nicht die Wikinger, die mit Hörnern verzierte Helme trugen) und ihrem schrecklichen Kriegsgeschrei hatten die furchterregenden Kämpfer bald weite Teile Europas vom Mittelmeer bis nach Skandinavien unter ihre Kontrolle gebracht und wichtige Stützpunkte in Gallien und Britannien errichtet.

Die Kelten kamen um 500 v. Chr. auf die britischen Inseln, wo sie die einheimischen Stämme bald unterwarfen. Im 1. Jahrhundert n. Chr. brachten die Römer zwar bedeutende keltische Hochburgen in Europa und Südengland unter ihren Einfluß, doch sie eroberten nie die Stützpunkte in Wales und Schottland und unternahmen nicht einmal den Versuch, in Irland einzumarschieren. Dieses Land galt als zu entlegen und als strategisch zu unbedeutend, um dieser Mühe wert zu sein. Folglich findet man in diesen Regionen keltischer Besatzung – in

Irland, Wales, Cornwall und Schottland – bis heute die ausgeprägtesten Merkmale keltischer Kultur.

Die Römer stellten die Kelten als primitive Barbaren dar, die tagsüber kämpften und die ganze Nacht hindurch feierten. Als Paulus um 50 n. Chr. seinen Brief an die Galater schrieb, ermahnte er die Gläubigen in der heidnisch-keltischen Hochburg dringend, sich von Götzenanbetung, Zauberei, Haß und Mord fernzuhalten. Die Kelten hatten jedoch auch einen Hang zu Kunst und Gestaltung und liebten Sprache und Literatur. Und sie waren, wie wir noch sehen werden, ein zutiefst spirituelles Volk, das seine Toten in kunstvollen Sarkophagen bestattete und ausgedehnte Rituale entwickelte, um den vielen Gottheiten zu huldigen, die es verehrte.

Viele der Informationen, die wir über die Kelten haben, stammen von Archäologen, die beeindruckenden Schmuck aus Metall sowie Kessel und andere Gerätschaften ausgruben, gewaltige Gräber öffneten und Spuren von antiken Bauernhöfen und Feldern entdeckten. Erst ab dem 5. Jahrhundert, also in etwa zu der Zeit, als der heilige Patrick sich von Britannien nach Irland begab, um die Christianisierung voranzutreiben, gibt es schriftliche Aufzeichnungen über die keltische Vergangenheit. Aber auch wenn wir vieles nie erfahren werden, ist das heutige Irland doch ein Fundus alten keltischen Wissens. »Irland ist das einzige Land Westeuropas, das noch in Verbindung zu seinen archaischen Ursprüngen steht«, schrieb der Schriftsteller Andrew Greeley.

Eine lebendige spirituelle Tradition

Die komplexe Geschichte Irlands und der britischen Inseln ist nur ein Teil der umfassenderen keltischen Tradition, in der vor allem Spiritualität eine große Rolle spielt. Offenbar hatten die Kelten ein größeres Verlangen nach dem Göttlichen als irgendein anderes Volk der Welt. »Eine Fähigkeit zur Verehrung«, nennt es die Keltenforscherin Anne Ross, »ein leidenschaftliches Gefühl für das Übernatürliche, für Götter oder später für einen Gott, das ist meiner Ansicht nach das entscheidende und am meisten verbindende kulturelle Element im gesamten keltischen Raum.«

Egal, ob sie in prähistorischer Zeit Hunderten heidnischer Götter dauerhafte Denkmäler setzten oder sich im sechsten und siebten Jahrhundert in Inselklöster zurückzogen, um über den christlichen Schöpfer zu meditieren, immer scheinen die Kelten entschlossen gewesen zu sein, spirituellen Grundsätzen und Praktiken in ihrem Alltag den ersten Platz einzuräumen.

Glücklicherweise sind die keltischen Gebiete in England, Schottland, Wales und insbesondere in Irland reiche Sammelstätten spiritueller keltischer Weisheit und Tradition geblieben. Neben den uralten Monumenten und Bauwerken, die über das Land verteilt sind, besitzt die heutige Bevölkerung, die ihre Herkunft teilweise bis zu den Kelten der Antike zurückverfolgen kann, eindrucksvolle Erinnerungen in Form jahrhundertealter Legenden, Traditionen und Mythen. Viele davon sind eng mit dem Land selbst verbunden, und so sind sowohl die Menschen wie auch das Land Orte der keltischen Erinnerung. Selbst Menschen, die zum ersten Mal hierher kommen, staunen häufig darüber, wie diese reiche gemeinsame Erinnerung sie noch heute berührt.

Das lebendige spirituelle Gedächtnis ist auch jenseits der religiösen Sphäre interessant. Manch einer fühlt sich zu einer antiken heidnischen Spiritualität hingezogen, die, selbst wenn man sie nur vage erfaßt hat, plastisch vorstellbar ist. Andere fühlen sich von der Erdverbundenheit des keltischen Christentums angesprochen. Nach dem Verständnis der heidnischen Kelten war unsere Welt voller Gottheiten und Geister aus anderen Welten. Für Kelten christlichen Glaubens trug die Natur das Zeichen ihres Schöpfers und stellte die perfekte Kapelle der Schöpfung dar.

Wieder anderen gefällt die Gleichberechtigung der Geschlechter bei den Kelten.

Und wer wäre nicht angetan von der Kreativität, der Erfindungsgabe, den literarischen Errungenschaften und der berührenden Musik der Kelten? Für sie resultierte Spiritualität nicht aus dem Rückzug von der Welt. Ganz im Gegenteil: Die Nähe zum Göttlichen erzeugte ein spirituell gefördertes Bedürfnis nach Kreativität. So haben uns die heidnischen Kelten einige der wildesten Legenden hinterlassen, während die keltischen Christen der Überzeugung waren, sie seien nach dem Abbild eines allmächtigen Gottes erschaffen. Auf den folgenden Seiten hoffe ich, die Spuren der keltischen Spiritualität von ihren heidnischen Ursprüngen bis zur Verschmelzung antiker Tradition mit dem christlichen Glauben verfolgen zu können. Mein Ziel ist es, herauszufinden, wie sich diese zeitlosen Grundsätze in unser heutiges Leben übernehmen lassen.

Nach Aussage seines Biographen lebte der keltische Heilige Ciaran von Saigir »sein Leben arm in weltlichen, jedoch reich in göttlichen Dingen«. Dasselbe könnte man von den Kelten in Irland sagen. Ihre Insel war so abgelegen und unbedeutend, daß die eroberungswütigen Römer sie praktisch ignorierten. Das moderne Irland kämpft noch heute gegen Armut und Entbehrungen. Dennoch haben Irland und seine keltischen Nachbarn einen spirituellen Schatz gehortet, der wie schon vor Jahrhunderten Neugierige und Suchende anzieht. Diesem Schatz wollen wir uns jetzt widmen.

15

1

Die Liebe des Landes

Göttlichkeit ist in der gesamten Natur zu Hause.
In mir genauso wie in dir.

Margot Adler, ›Drawing Down the Moon‹

Das ländliche Irland der dreißiger Jahre ist der Hintergrund von John Keanes beunruhigendem Drama ›The Field‹: Vierzig Jahre lang hat Bull McCabe ein bescheidenes, gepachtetes Stück Land bearbeitet und Gemüse und Getreide für seine kleine Familie und seine Tiere angebaut – genau so, wie es zuvor sein Vater vierzig Jahre lang getan hatte. Er düngte den Boden mit dem Mist seiner Tiere und mit Tang, den er mühsam vom über eine Meile entfernten Meer über Hügel und durch Täler heranschaffte.

Im Laufe seines Lebens wurde das kleine Feld für McCabe genauso wichtig wie seine Frau, sein Sohn und ihr kleiner, bescheidener Bauernhof. Zu diesem Stück Land zu gehen, war ein entscheidender Bestandteil im Lebensrhythmus McCabes. Es verging kaum ein Tag, an dem er nicht dort war, um nach den Feldfrüchten zu sehen oder frisches Seegras in die reichen, fruchtbaren Boden einzuarbeiten. »Ich kenne jeden Grashalm, jede Distel und jeden Weißdornbusch rundherum«, sagte McCabe.

Als die Witwe, der das Feld gehörte, es zum Verkauf anbot, war McCabe zu arm, um es selbst zu kaufen. Mit Schrecken mußte er mitansehen, wie sein geliebtes Stück Land bei der Versteigerung an einen ehrgeizigen Amerikaner ging, der die Fläche nicht nur bebauen, sondern, was noch viel schlimmer war, zubetonieren wollte. »Das ist ein Verbrechen gegen Gott und die Menschen«, sagte McCabe, während er sein Leben und sein Auskommen vor seinen Augen verschwinden sah.

›The Field‹ ist mehr als eine Studie über die enge Bindung eines Mannes an ein Fleckchen Erde. Es gibt eher Einblick in die Verbundenheit einer ganzen Gesellschaft mit dem Boden, auf dem ihre Vorfahren gelebt haben und in dem diese begraben wurden. Diese Hingabe brachte die Kelten der Antike dazu, aus den natürlichen Materialien Erde und Stein majestätische Monumente zu errichten; diese sollten ihnen helfen, mit den unsichtbaren Kräften, die sie in der Natur vermuteten, zu kommunizieren. Jahrhunderte später flüchteten sich Hunderte christlicher Mönche und Mystiker zu den abgelegensten und trostlosesten Flecken in der rauhen irischen Wildnis, wo sie ungestört einen Gott verehren konnten, den sie liebevoll »den Herrn der Elemente« nannten. In jüngerer Vergangenheit inspirierte der Geist des Landes den Dichter Gerard Manley Hopkins zu dem Satz: »Die Welt ist erfüllt von der Herrlichkeit Gottes.« Und noch heute überrascht die wilde Schönheit Irlands Reisende, die glauben, Schönheit bereits zu kennen. Darüber hinaus, so sagen viele, spüre man hier die Gegenwart von Spiritualität.

Heidnische Pantheisten

Verwenden Sie einmal das Wort »Heiden«, und Sie werden bei Menschen, die sich nicht selbst als solche bezeichnen, auf eine ablehnende Reaktion stoßen, die – wenn man ein bißchen nachbohrt – auf der äußerst negativen Konnotation des Begriffs und auf Unkenntnis beruht. Der Argwohn gegenüber diesem Begriff ist größtenteils Folge eines jahrhundertelangen Konflikts, in dem Anhänger des christlichen Glaubens versuchten, Menschen, die andere Götter verehrten, zu ihrem Glauben zu bekehren. Zunächst versuchten sie sie mit Worten zu überzeugen, später verschärfte sich der Konflikt, als sie zu Waffen griffen und entsprechende Gesetze erließen.

Das englische Wort für Heide, *pagan*, kommt vom lateinischen *pagus*, mit dem Stadtbewohner eine unkultivierte ländliche Gegend bezeichneten; *paganus* nannte man den Bewohner eines solchen Gebiets. Das deutsche Wort Heide bezeichnete ursprünglich jemanden, der in der Heide, auf Ödland voll wilder Sträucher und Stauden – unter anderem Heidekraut – lebte.

Wenn man heute ernsthaft das Wort Heide benutzt, meint man nicht einen ungehobelten Provinzler vom Lande, sondern jemanden, der an seltsame Dinge glaubt, eigenartige Riten praktiziert oder einer älteren, einfacheren und erdverbundenen Naturreligion anhängt, die die Neo-Heidin des zwanzigsten Jahrhunderts, Margot Adler, »radikalen Pantheismus« nennt.

Die alten Kelten, die ohne schriftlich festgehaltene Geschichte und organisierte Religion lebten, betrachteten sich selbst nicht als Heiden. Sie hielten sich vermutlich nicht einmal für besonders religiös. Ihnen war wahrscheinlich eher der spontane Ausdruck eines primitiven Volkes zu eigen, das das Gefühl hat, die Welt und alles in ihr – sie selbst eingeschlossen – seien heilig. Oder, wie Adler es formuliert: »Die Welt ist heilig. Natur ist heilig. Der Körper ist heilig. Sexualität ist heilig.

Der Verstand ist heilig. Die Vorstellungskraft ist heilig. Du bist heilig.«

Da es keine schriftlichen Aufzeichnungen gibt, kann man nicht genau sagen, was die frühen Kelten glaubten. Doch hilft uns hier die Archäologie weiter. In Irland, Schottland, Wales und anderen Teilen Europas hat man unter Tonnen von Erde, Gestein und Schutt Statuen, Skulpturen und andere Darstellungen von schätzungsweise vierhundert verschiedenen keltischen Gottheiten freigelegt. Zu den bekannteren Göttinnen und Göttern gehört Danu, eine Muttergöttin, von der die Donau (engl. Danube) ihren Namen hat. Die Kelten lebten einst an den Ufern der Donau, die durch das heutige Mitteleuropa bis ins Schwarze Meer fließt. Eine andere heidnische Gottheit, die vielen Kelten bekannt war, ist Lugh, ein Kriegsgott, der für Waffen, Handwerk und den Sieg der Sonne über die Finsternis zuständig war.

Doch sind Göttergestalten wie Danu oder Lugh ungewöhnlich, denn interessanterweise kamen über dreihundert Götter, die die Archäologen bislang identifiziert haben, jeweils nur einmal vor. Die meisten von ihnen waren Götter, die mit einer geographischen Besonderheit verbunden waren, etwa einem Berg oder einem Fluß. Folglich wurden sie vermutlich nur von einem kleinen Teil der Bevölkerung, einer Familie oder einem Stamm verehrt. Die Existenz so vieler ortsgebundener Gottheiten zeigt uns, daß die Kelten die Erde, auf und von der sie lebten, als etwas Heiliges betrachteten und in jeder Naturgewalt, möglicherweise in jeder landschaftlichen Besonderheit, etwas Göttliches sahen.

DER GEIST EINES ORTES

Wo auch immer die Kelten auftauchten, hinterließen sie Spuren ihrer Kultur. Heute können
wir dieses Vermächtnis am leichtesten an den Namen
ablesen, die sie in bestimmten Gegenden geprägt
haben. Angefangen bei London, das die Kelten nach
einem ihrer Götter »Lughs Festung« nannten, über
die Donau, die ihren Namen der keltischen Göttin
Danu verdankt, bis nach Paris, das nach dem noma-
disierenden Stamm der Parisii benannt ist, kann man
ihren Einfluß vielerorts bis heute erkennen.

Auf dem europäischen Kontinent und den britischen
Inseln gibt es über tausend Ortsnamen mit den
Bestandteilen *ra, rah, raw, ray* oder *rath*. Ihr
Ursprung ist leicht zu entschlüsseln, nannten doch
die Kelten ihre ringförmigen Befestigungen aus
Erde und Steinen *rath*. Im Laufe der Jahrhunderte
haben sich viele dieser einfachen Wehranlagen zu
kleineren und größeren Städten entwickelt; die Verbindung zu ihren bescheidenen Ursprüngen ist
jedoch erhalten geblieben.

Viele Ortsnamen weisen auch auf spirituelle Praktiken der Kelten hin. Red Hill in Irland, nahe bei
Skreen, hieß früher Knocknadrooa, was soviel heißt
wie »Hügel der Druiden«. Über sechzig irische
Ortsnamen beginnen mit einer Variation des Wortes
knock, der irischen Bezeichnung für *Hügel*, darunter
zum Beispiel Knockatober (»der Hügel der Quelle«)
und Knockaderry (»der Hügel des Eichenwalds«).
Armagh, eine Stadt, die man schon lange mit St.
Patrick verbindet und seit Jahrhunderten für Irlands
christlichsten Ort hält, ist nach der heidnischen Göttin Ard-Macha benannt.

Ein weiteres beliebtes irisches Präfix ist *kil*, was *Kirche* bedeutet. Viele Ortsnamen mit diesem Bestandteil sind nach Kirchen benannt, die bestimmten Heiligen oder frommen Männern bzw. Frauen geweiht sind, wie etwa Kilbeggan (»Beccans Kirche«) oder Kilcolman (»St. Colmans Kirche«). Andere Namen weisen auf Besonderheiten in der Umgebung der Kirche hin, wie Kilcullen (»Kirche der Steineiche«, engl. *holly*) oder Kilfithmone (»die Kirche des Walds am Moor«). Es gibt über fünfzig Orte mit dem Namen Kilmurry, »Kirche der Jungfrau Maria«. Und ein kleines Dorf auf der walisischen Insel Anglesey kann sich des weltweit zweitlängsten Ortsnamens rühmen: Llanfairpwllgwyngyllgogerychwyrndrobwllllantysiliogogogoch. Das bedeutet soviel wie »Marienkirche bei der Weißen-Haselnuß-Quelle nahe dem wilden Mahlstrom bei der Sysitis-Kapelle in der roten Höhle«.

Natürliche Kathedralen

Ruth Bidgood, eine walisische Dichterin des zwanzigsten Jahrhunderts, ist eine der letzten in einer jahrhundertelangen Tradition von Schriftstellern, die sich von etwas inspirieren ließen, das die Waliser *hud* nennen, eine Art Staunen und Ehrfurcht vor der Gegenwärtigkeit von Göttlichkeit in der Natur. Sie schreibt oft über aufrecht stehende Steine, Kirchenruinen und winzige Naturdetails in ihren geliebten Cambrian Mountains und deren Umgebung. Ihr Gedicht ›Hoofprints‹ (dt. Hufabdrücke) ist ein wunderschönes Beispiel für die keltische Liebe zur Natur und handelt von der Legende, wonach die Hufspuren in einem Felsen von einem magischen Pferd stammen, das an dem Tag, als das Tal geschaffen wurde, zwischen diesen Hügeln herumsprang.

Auch wenn sie die absolute Wahrheit der Legende in Frage stellt, erkennt Bidgood doch deren Versuch an, sich mit den majestätischen Kräften der Natur auseinanderzusetzen. »Aus dem Unsichtbaren entspringen Legenden«, schreibt sie.

Einer Legende entspringt auch der Name eines der eindrucksvollsten Wahrzeichen des County Kerry. Auf der Straße zwischen Ballyvourney und Glenflesk ist schon von weitem der Doppelkegel zu sehen, den die Einheimischen »Paps« (dt. Brustwarzen) nennen. Und wirklich erinnern die riesigen Hügel an Frauenbrüste. Ihr voller Name lautet auf irisch An Da Chich Danann, was auf deutsch »Brustwarzen von Anu« bedeutet. Für die Kelten, die die Erde als ihre Mutter verehrten, repräsentierten diese Hügel die Brust der Erdgöttin und damit eine Quelle der Fruchtbarkeit. Daran erinnern bis heute Ortsnamen wie der der schottischen Stadt Annan.

Die Paps wurden wie zahlreiche andere Bergkuppen und höhergelegene Plätze als heilige Orte verehrt, weil man glaubte, daß hier Göttinnen und Götter lebten. Im Laufe der Jahrhunderte spiegelte die menschliche Gegenwart auf diesen Hügeln die Veränderungen in der keltischen Gesellschaft wider. Ursprünglich fanden an diesen Orten kunstvolle Naturriten statt. Daraus entwickelten sich große, regelmäßig abgehaltene Stammestreffen, und schließlich wurden stark befestigte Siedlungen gegründet. Die Ufer von Flüssen wie Donau und Boyne galten als Domänen der Göttin. Man hielt die Orte, an denen Wasser und Land sich begegneten, für heilig, und glaubte, daß Menschen hier spirituelle Einsicht wie auch poetische Inspiration finden konnten.

DAS BOYNE VALLEY

Wahrscheinlich gibt es in ganz Irland keinen Ort, der eine so bedeutende Rolle in der Entwicklung der keltischen Traditionen gespielt hat, wie das Boyne Valley. Wie viele andere natürliche Gegebenheiten in der Keltenregion, ist auch der Boyne nach einer heidnischen Gottheit benannt, genauer: nach der Göttin Boann. Der Boyne entspringt bei Edenderry, einer Stadt etwa 30 Meilen westlich von Dublin an der Ostküste Irlands. Von hier aus schlängelt sich der Fluß nach Nordosten, bis er bei Drogheda, etwa 25 Meilen nördlich von Dublin, in die Irische See mündet. Das Boyne Valley ist eine der ersten Gegenden, die von den Menschen nach ihrer Ankunft in Irland besiedelt wurden. Die Geschichte des Ortes liest sich deshalb wie das Stammbuch eines uralten Volkes.

In Newgrange, einem Flecken nahe der Stadt Slane, von dem aus man den Boyne überblicken kann, wurde der älteste Beweis menschlicher Anwesenheit in dieser Region gefunden. Hier liegt auch eine der frühesten und prachtvollsten Begräbnisstätten der Welt, die älter als die Pyramiden und auch älter als Stonehenge ist. Etwa zehn Meilen westlich von Newgrange steht die Burg Tara, die jahrhundertelang als der heiligste Ort in ganz Irland galt. Sie war lange Zeit der Sitz der Hochkönige. Der Hügel mit seinen ringförmigen Wällen diente aber auch als wichtiger Schauplatz heidnischer Rituale. Etwa fünfzehn Meilen nördlich von hier liegt der Hügel von Slane, der eine bedeutende Rolle in der christlichen Tradition spielt. Diese beiden Hügel konkurrierten miteinander um die Loyalität des keltischen Volkes.

Die Stadt Kells, etwa fünfzehn Meilen nordwestlich von Tara, ist um ein Kloster herum entstanden, das der Heilige Columba gegründet hatte. Der Name der Stadt gilt als Synonym für das christliche Studium und die christliche Kunst, denn von hier stammt das ›Book of Kells‹, eines der meistgepriesenen, reich verzierten Bücher der Welt. Kells ist, neben dem nördlich von Drogheda gelegenen Kloster Monasterboice, auch berühmt für seine wunderschönen keltischen Kreuze. Diese steinernen Monumente sind ein dauerhaftes Symbol des keltischen Christentums, das den Glauben auf neuartige Weise interpretierte und zu einem Zeitpunkt auf den europäischen Kontinent brachte, als dieser in eine seiner dunkelsten Phasen eintrat – während die Kelten gerade eine Art kultureller Explosion erlebten. Ungefähr auf halbem Weg zwischen Newgrange und Drogheda fließt der Fluß Boyne nach Norden, bevor er eine Schleife macht und seinen Weg Richtung Osten wieder fortsetzt. Hier schlug 1690 der Protestant William, Prinz von Oranien und später Wilhelm III. von England, die Truppen des katholischen Königs Jakob II., des letzten Monarchen aus dem Geschlecht der Stuarts. Diese entscheidende Schlacht am Boyne sollte der Anfang vom Ende der irischen Unabhängigkeit sein. Mit ihr schwand auch der keltische Einfluß in dem Tal, wo er einst am stärksten gewesen war.

Während Hügel und Flüsse als Lieblingsplätze weiblicher Gottheiten galten, hielt man große und kleine Wälder für die bevorzugten Aufenthaltsorte ihrer männlichen Kollegen. In heiligen Hainen bildeten die knorrigen Eichen mit ihren ausladenden Ästen eine Art natürliche Kathedralen; ihr dichtes Blattwerk bot denen, die sich dort versammelten, Abgeschiedenheit und Geborgenheit. Wie wir noch genauer erfahren werden, hieß es von den Druiden, daß sie in diesen Hainen Rituale abhielten. Das Wort Druide soll ursprünglich »Eichen-Kenner« bedeutet haben. Die Kelten verehrten auch Wäldchen aus Ebereschen und Haselsträuchern als heilige Orte.

Leider hat uns kein Druide einen Bericht aus erster Hand über die Rituale, die in diesen Hainen abgehalten wurden, hinterlassen. Was uns vorliegt, sind Berichte von Griechen und Römern, die darin meist keinen Hehl aus ihrer Verachtung für die Kelten Galliens machen. Lukan, ein römischer Dichter des ersten Jahrhunderts n. Chr., war schockiert von den »barbarischen Riten« und »einer unheimlichen Art der Götterverehrung«, die von Druiden in »tiefen Wäldern« und »an einsamen Plätzen« vorgenommen wurde:

Da war ein Wäldchen, das seit ewiger Zeit von Menschenhand unberührt schien. Die verschlungenen Zweige bildeten einen dunklen, kühl schattigen Raum und hielten das Sonnenlicht fern ... Dort verehrte man Götter mit wilden Ritualen, die Altare waren überhäuft mit den abscheulichsten Opfergaben, und jeder Baum war mit menschlichem Blut bespritzt. Auf den Zweigen ... wagten Vögel nicht, sich niederzulassen; in diesem Dickicht hätte keine wilde Bestie sich niedergelassen; kein Windhauch drang je durch diesen Wald ...

Die römischen Historiker verurteilten nicht nur die Menschenopfer, die sie mit diesen Hainen verbanden, sondern auch die sexuellen Betätigungen, die dort stattfanden. Die Kelten lebten in einer sinnlichen Welt und glaubten sich von Göttinnen und Göttern einer anderen Welt umgeben, die häufig wie toll kopulierten. Bei den Kelten galt Sex als Sakrament, und viele uralte Fruchtbarkeitsfeste wurden von leidenschaftlichen sexuellen Vereinigungen begleitet. Während der Krönungszeremonie hatten manche irischen Könige Sex mit Pferden, um die Verbindung irdischer Herrscher mit der Fruchtbarkeit der Natur zu symbolisieren. Den Teilnehmern an solchen Ritualen mögen diese Praktiken heilig gewesen sein, den römischen Eroberern und den christlichen Wanderpredigern erschienen sie vollkommen gottlos. Die Diskussionen darüber, ob solche Praktiken die Sexualität erhöhen oder entwürdigen, sind bis heute nicht abgeschlossen.

Heilige Steine

Die Erfindung des Rads vor etwa 5000 Jahren wird als entscheidender Wendepunkt in der Geschichte der menschlichen Entwicklung gepriesen. Parallel dazu hat in der Entwicklung des menschlichen Geistes die Verwendung des rituellen Kreises begonnen, etwas, das unsere präkeltischen Vorfahren sogar noch früher praktiziert haben. Die heidnischen Kelten schufen Tausende steinerner Kreise und gaben sie mitunter auch wieder auf. Viele von ihnen erinnern bis heute stumm an uralte mysteriöse Riten.

Niemand vergißt wohl je den ersten Anblick eines Kreises aus aufrechten Felsen, die wie schweigende Wachen auf flachem Untergrund stehen. Das Fremde ihrer Erscheinung in Verbindung mit dem Geheimnis, das ihre Errichtung und ihre ursprüngliche Absicht umgibt, erzeugt das tiefe Gefühl, für das der Schriftsteller F. Scott Peck in seiner Autobiographie ›In

Search of Stones‹ Ausdruck findet. Während einer Reise, die er als Jugendlicher nach England unternahm, sah er aus einem Schnellzugfenster eine Reihe aufrecht stehender Steine und verspürte den Wunsch, den Zug anzuhalten und diese zu umarmen. »Dieses Bild hat mich seither nicht mehr losgelassen«, schreibt er. »Es ist in meiner Erinnerung so lebendig geblieben, daß ich mich sogar gefragt habe, ob ich das Ganze vielleicht nur geträumt hatte.«

Heute kann man immer noch Hunderte geometrischer Anordnungen aufrecht stehender Steine oder Steinkreise in ganz Europa besuchen. Bei Almendras in Portugal bilden 95 stehende Steine ein Paar ovaler Kreise. Bei Carnac in Frankreich, nahe der britischen Küste, sind 3000 Steine – die größte Ansammlung aufrecht stehender Steine in Europa – in geraden Reihen angeordnet.

Die berühmteste aller megalithischen Anlagen ist jedoch Stonehenge in England. Dieses riesige Monument hat sich in einem Zeitraum von vierzehn Jahrhunderten entwickelt, bis es vor viertausend Jahren seine heutige Gestalt annahm: 30 riesige aufrechte Steinpfeiler sind durch Decksteine verbunden. Stonehenge zu bauen, erforderte eine hoch entwickelte Technik, exakte Planung und eine Durchführung im großen Stil. Ein Ingenieur hat einmal geschätzt, daß 1500 Mann zwei Monate gebraucht haben dürften, um nur einen der dreißig Steinpfeiler knapp 40 km durch das dortige Gelände zu transportieren.

Eine nahegelegene Anlage aus Erde und Stein dürfte zu ihrer Zeit sogar noch eindrucksvoller gewesen sein als das heute so berühmte Stonehenge. In Avebury, das sich über mehr als 113 000 m² erstreckt, befand sich der wahrscheinlich größte Steinkreis der Welt. Umgeben von einem riesigen ringförmigen Erdwall, bestand Aveburys Hauptkreis aus neunzig Steinblöcken mit einem Gewicht von jeweils fünf Tonnen; daneben gab es noch zwei kleinere Kreise aus je 30 Steinpfeilern. Genau südlich von diesem enormen Komplex erhebt sich der von Menschenhand angelegte Silubury Hill knapp 60 Meter über das südöstliche englische Flachland. Forscher schätzen, daß man etwa 18 Millionen Arbeitsstunden benötigt haben dürfte, um den Hügel zu errichten, der aus etwa 336 Millionen Litern von Hand herbeigeschafftem Kalk und anderem Material besteht.

Die wunderschönen Preseli Mountains in Wales gelten als Ursprungsort vieler der riesigen Bluestone-Blöcke, die man in Stonehenge verwendet hat. Der eigene Steinkreis des Gebirges, Gors Fawr, besteht aus 16 deutlich kleineren Steinen – die meisten weniger als 60 Zentimeter hoch – und ist typischer für die Hunderte von Steinkreisen, die man auf dem gesamten Gebiet der Kelten findet. Sei es der Merry Maidens Circle bei Penzance in Cornwall oder seien es die größeren Steinplatten, aus denen die Callanish Standing Stones auf der Isle of Lewis bestehen – all diese rituellen Kreise waren stumme Zeugen der spirituellen Praktiken der alten Kelten. Wir werden wahrscheinlich nie alles erfahren, was wir über diese Monumente aus Stein und Erde wissen möchten: Wann genau wurden sie errichtet? Von wem? Zu welchem Zweck? Doch wie M. Scott Peck werden wir bei ihrem Anblick immer Ehrfurcht und Verzauberung empfinden.

Die Liebe zur Natur, die Liebe zu Gott

Als die christlichen Missionare im fünften Jahrhundert nach Irland kamen, wurden die meisten der eindrucksvollen keltischen Monumente nicht mehr benutzt. Viele von ihnen waren baufällig, wurden von Gestrüpp überwuchert oder waren von Sümpfen verschluckt worden, andere wurden geplündert und als Fundus von Baumaterial verwendet. Einige bildeten die Fundamente für die Kirchen des neuen Glaubens. Aber auch wenn die Steine zerbröselten, blieb die Liebe zu der Erde, auf der sie standen, ein entscheidender Bestandteil des keltischen Bewußtseins.

Die keltischen Christen hielten diese Liebe lebendig – wenn auch aus vollkommen anderen Gründen als ihre heidnischen Vorfahren. Anders als die pantheistischen Kelten, die Göttlichkeit in allem sahen, erkannten die keltischen Christen als Monotheisten Göttlichkeit allein in Gott selbst. Das bedeutete jedoch nicht, daß sie die Natur als irrelevant oder unwichtig erachteten. Im Gegenteil, sie war ihnen heilig. Diese Heiligkeit leitete sich jedoch nicht von irgendeiner ihr innewohnenden Göttlichkeit her, sondern von der Tatsache, daß die Natur von Gott geschaffen war, den der heilige Patrick als »den Schöpfer aller Schöpfung« bezeichnete.

St. Patrick hielt seine Glaubensgrundsätze in einem alten Dokument fest, das als »Brustharnisch« oder »lorica« bezeichnet wird; dabei handelt es sich um eine traditionelle keltische Form des Gebets, die von Heiden wie von Christen verwendet wurde. (Diese Brustharnische sollten denjenigen, der sie rezitierte, schützen, ihm übernatürliche Kräfte verleihen.) Obwohl Patricks Brustharnisch zweifellos christlicher Natur ist, mit Bezügen auf die Dreifaltigkeit, die Kreuzigung und Wiederauferstehung Jesu, hätten viele seiner Verse auch aus dem Mund eines Druiden in einem heiligen Hain nicht befremdlich geklungen:

Ich erhebe mich heute
Durch die Kraft des Himmels:

Licht der Sonne,
Leuchten des Mondes,
Heller Glanz des Feuers,
Schnelligkeit des Blitzes,
Geschwindheit des Windes,
Tiefe des Meeres,
Festigkeit der Erde,
Unerschütterlichkeit des Felsens.

Es fällt schwer, sich Christen in Rom vorzustellen, die einen so begeisterten Lobgesang auf die Natur anstimmen. Denn wenn man nach dem Großteil der christlichen Überlieferung geht, haben die führenden christlichen Denker der Natur weit weniger Wertschätzung entgegengebracht. Einige Theologen betrachteten die Natur durch den Sündenfall von Adam und Eva als vollkommen entwertet, während andere das Leben als Tal der Tränen sahen, das man in Erwartung der Ewigkeit im Himmel geduldig zu ertragen hatte. Leider fand diese eher negative Sichtweise in späteren Jahrhunderten weitere Verbreitung. Viele Umweltschützer des zwanzigsten Jahrhunderts brachten deshalb sogar das Christentum mit der Zerstörung der Umwelt in Verbindung. Sie argumentierten, daß der christliche Standpunkt der Natur ihre Göttlichkeit nehme und so den Weg zu ihrer Ausbeutung und ihrem Mißbrauch freimache.

Patrick und seine keltischen Brüder und Schwestern hätten sich von einer solch negativen Einstellung zu Gottes Schöpfung wohl distanziert. Bis zu seinem Tod im Jahre 1946 verbrachte der britische Gelehrte Robin Flowers einen Großteil seiner Zeit mit der Erforschung des Alltags und des Glaubens der Bevölkerung von Irlands abgelegenen westlichen Inseln. Flowers schloß aus seinen Studien, daß die keltischen Christen die Natur »dank fortwährender spiritueller Übungen mit einem wunderbar klaren Blick betrachteten«. Daher besaßen sie eine »ausgeprägte Vision von natürlichen Dingen in einer fast übernatürlichen Reinheit«. Mit den Worten des Geschichtenerzählers Peig Sayers, einem der modernen Mystiker, denen Flowers bei seiner Arbeit begegnete, »liegt eine Frische und ein Glanz in allem, was Gott geschaffen hat«.

Naturheilige

Hunderte irischer Mönche, die die keltische Liebe zum Land genauso hundertprozentig in sich aufgenommen hatten wie die frische, belebende Luft ihrer schönen Insel, traten in die Fußstapfen des heiligen Patrick, der – aufgewachsen im damals römischen Britannien – als Immigrant nach Irland gekommen war. Der bedeutendste unter ihnen, St. Kevin, gründete das berühmte Kloster im malerischen Tal von Glendalough und strebte eine Rückkehr zur Unschuld des Garten Eden an. Er rief eine beliebte Bewegung naturliebender Mönche ins Leben. Wie bei anderen irischen Heiligen, fällt es auch bei Kevins Lebensgeschichte schwer, Fakten von Phantasie zu trennen, doch die Berichte bezeugen durchwegs seine tiefe Ehrfurcht vor allem, was Gott erschaffen hat.

Einer Legende zufolge schloß Kevin Freundschaft mit einem Otter. Einmal soll dieser seinen Psalter aus dem See gefischt haben – eine oft zitierte Episode im Leben von Heiligen, die in der Nähe eines Gewässers lebten und eifrige Studenten waren. Danach brachte derselbe Otter Kevin und seinen Mitbrüdern regelmäßig frischen Lachs. Ein andermal befahl Kevin einem Wolf, der ein Hirschkalb gerissen hatte, den Rest seines Lebens als Ersatzkind der Hirschkuh zu verbringen.

Bei einer anderen Gelegenheit war Kevin allein in der Wildnis, um in der Einsamkeit zu fasten und zu beten, was bei irischen Mönchen sehr verbreitet war. Während Kevin im Gebet versunken war, näherte sich ihm eine Kuh und leckte an seinen Füßen. Am selben Abend gab die Kuh soviel Milch, wie die Hälfte der übrigen Herde. Tag für Tag leckte die Kuh nun die Füße des Heiligen und gab eine enorme Menge Milch. Der Hirte beschloß, der Kuh zu folgen, um zu sehen, wo sie weidete, damit er auch den Rest der Herde dorthin führen könne. Statt dessen stieß er auf Kevin, der wegen seines Fastens schon ganz schwach war. Trotz Kevins vehementem Protest trug der Hirte den Heiligen durch den Wald an einen Ort, den Gott für seine Kirche vorgesehen hatte. Auf dem Weg dorthin neigten sich die Bäume zur Seite, um dem Hirten das Tragen des Heiligen zu dem vorbestimmten Ort zu erleichtern.

Wie Kevin hatte auch St. Cuthbert, der vor allem als Abt des berühmten Klosters von Lindisfarne vor der Ostküste Schottlands bekannt ist, ein gutes Verhältnis zu Fischottern. Cuthbert verbrachte oft die späten Nachtstunden betend und bis zum Hals im kalten Wasser, eine Übung, die viele asketische keltische Heilige durchführten. Cuthbert genoß jedoch einen Vorzug, den die anderen Mönche nicht hatten: Nach dem Beten wärmten zwei Otter seine Füße mit ihrem Atem und trockneten ihn mit ihrem Fell.

In den Lebensgeschichten vieler keltischer Heiliger findet man zahlreiche Beispiele dafür, wie die Nähe zu Gott zur Vertrautheit mit Gottes Geschöpfen führt. Der Legende nach gehörten zu den engsten Gefährten von St. Ciaran, dem Gründer des bedeutenden mönchischen Zentrums Clonmacnoise, ein Dachs, eine Damhirschkuh, ein Wolf und ein Wildschwein, das später der erste Mönch des Zentrums wurde. Angeblich trug ein Fuchs sein Psalmenbuch, wenn der Hirsch, dessen Geweih als Buchstütze diente, verhindert war. St. Gobhnat von Ballyvourney, eine der weiblichen Heiligen Irlands, hatte viele Helfer unter den Tieren, so zum Beispiel neun weiße Hirsche, die ihr zeigten, wo sie ihr Kloster bauen sollte, und einen summenden Bienenschwarm, der den Ort vor Eindringlingen schützte.

Als Junge entkam Ailbe von Emly dem Todesurteil eines Königs, weil ein Sklave ihn unter einem Fels versteckte. Die Wölfin, die unter demselben Felsen lebte, gewann den Knaben lieb und »nährte ihn liebevoll mit ihren eigenen Jungen«. Als der heilige Columba einmal einen Psalm rezitierte, näherten sich ihm zwölf Wölfe und blieben fromm stehen, als sie Gottes Wort vernahmen. Der Heilige soll auch mit Eichhörnchen gesprochen haben. Columba gründete viele keltische Klöster in ganz Europa, darunter auch eines in der italienischen Stadt Bobbio, das Jahrhunderte später von einem anderen jungen Heiligen, der ebenfalls die Natur liebte, besucht wurde: Franz von Assisi.

Unter den vielen Heiligen, deren Leben ihre enge Bindung zur Natur zeigt, ist St. Columba, einer der beliebtesten keltischen Heiligen, eine besonders wichtige Gestalt. Columba könnte ein Heide gewesen sein, der erst später zum Christentum konvertierte. Sein Hang zum Althergebrachten läßt sich an der Anlage der Klöster ablesen, die er in Derry, Durrow und Kells gründete, denn sie sind jeweils von einem Eichenhain umgeben. Bei Doire verbot der Heilige, für den Bau seines Klosters auch nur einen einzigen Baum zu fällen.

In der Beschreibung seines berühmtesten Klosters bei Iona, das auf einer Insel vor der Westküste Schottlands liegt, bringt Columba seine Gefühle für die Natur am deutlichsten zum Ausdruck:

Mit Freude stelle ich es mir am Busen einer Insel vor,
auf der Spitze eines Felsens,
so daß ich oft
auf das ruhige Meer blicken kann.

So daß ich die mächtigen Wellen
auf dem glitzernden Ozean sehen kann,
wie sie ihrem Vater auf ihrem ewigen Weg
eine Melodie singen.

Columbas herzergreifende Nähe zur jahrhundertealten keltischen Liebe zum Land, seine klare Vision der Beziehung zwischen der Schöpfung und ihrem Schöpfer und seine Vorliebe für das Verfassen von Gedichten über die Schönheit, die er überall um sich herum sah, machten ihn zur Quelle der Inspiration für viele, die nach ihm über die Natur schreiben sollten.

Die Schöpfung suchen

Der Hauptgrund, warum heute so viele Menschen keine Wertschätzung für die Natur empfinden, ist, daß sie nichts dafür tun, eine Beziehung mit ihr zu knüpfen. Nach dem Vorbild der Kelten können wir lernen, die Schöpfung so zu lieben, wie sie es immer getan haben.

• **Machen Sie einen Spaziergang in der Natur**. Unsere keltischen Vorfahren wären schockiert über den spärlichen Kontakt, den viele moderne Menschen mit der Natur haben. In dem Stück ›The Field‹ stirbt Bull McCabe kurz nachdem er erfahren hat, daß er sich von seinem geliebten Stück Land trennen muß. Und in vielerlei Hinsicht sterben wir auch ein bißchen, wenn wir in hermetischer Abgeschlossenheit von der Wildnis und den Wundern der Natur leben. Manche von uns vegetieren unter Bedingungen vor sich hin, die so bedrohlich sind, daß das einzige Heilmittel ein sofortiger Besuch im nächsten Park, Zoo, Wald oder des nächsten Gewässers ist. Dort kann man sitzen, gehen, stehen, laufen oder tanzen – unter keinen Umständen sollte man jedoch ein Buch, einen Pager, ein Handy oder einen Walkman dorthin mitnehmen. Gewähren Sie statt dessen Ihren müden Sinnen eine kurze Erholung vom permanenten Lärm der menschlichen Gesellschaft.

Schenken Sie sich den Luxus, den Wind in Ihren Haaren zu spüren, Eichhörnchen zu betrachten, den Geruch von frisch gemähtem Gras oder Herbstlaub wahrzunehmen sowie den Klang von Vogelstimmen und – wenn Sie die Möglichkeit dazu haben – den salzigen Geschmack der Seeluft. Versuchen Sie nicht zu analysieren, was Sie fühlen. Genießen Sie einfach nur das Erlebnis der Schöpfung um Sie herum.

- **Sorgen Sie für eine Pflanze.** Im Gegensatz zur landläufigen Meinung braucht man keinen »grünen Daumen«, damit Zimmerpflanzen gedeihen. Ein Beweis für die Großzügigkeit der Natur ist die Fülle von Blüh- und Grünpflanzen, die es für Ihre Räumlichkeiten, Ihren Geldbeutel, Ihren Typ und Ihre gärtnerischen Fähigkeiten gibt. Manche erfordern weniger Aufwand als die Zubereitung eines Mikrowellen-Fertiggerichts.

Lassen Sie sich in einer Gärtnerei oder einem Blumengeschäft beraten. Meist brauchen Sie nichts als ein bißchen Platz, ein Fenster oder eine Speziallampe für genügend Licht und etwas Wasser. Das ist doch wirklich ein bescheidener Preis, wenn man bedenkt, daß Sie damit die Schönheit der Schöpfung zu sich nach Hause holen können.

- **Legen Sie einen Garten an.** Wenn Sie bereit für intensiveren Kontakt mit der Natur sind, legen Sie einen Garten mit Büschen und Bäumen an. Es gibt nicht Besseres, als auf allen vieren auf dem Boden herumzukrabbeln und die Hände tief in die Erde zu versenken, um unmittelbar und intensiv die Verbindung zur Natur zu spüren. Es gibt jede Menge Bücher und Zeitschriften, in denen Sie erfahren, was wo in Ihrem Garten am besten gedeiht.
Sobald Sie Ihr Stückchen vom Paradies angelegt haben, nehmen Sie sich jeden Tag ein bißchen Zeit, um still darin zu sitzen und über die Schöpfung nachzudenken. Verfolgen Sie den Wechsel der Jahreszeiten, beobachten Sie die Rhythmen der Natur, die uns vieles lehren und Trost spenden können.

- **Lehren Sie Kinder Respekt vor der Natur.** Wenn Sie sich das nächste Mal ein Freizeitprogramm für Ihr Kind oder Enkelkind ausdenken, vergessen Sie Kino oder Schwimmbad und besuchen Sie statt dessen einen Zoo, einen Park oder einen botanischen Garten. Geben Sie der nächsten Generation, die oft noch weniger Kontakt zur Natur hat als Sie selbst, Gelegenheit zum Staunen über die Schöpfung. Vielleicht können Sie zusammen Mitglieder in einer Naturschutzgruppe werden und dort mehr über die Erhaltung von

Lebensräumen sowie über gefährdete Tiere und Pflanzen lernen.

- **Nehmen Sie sich Lyrik mit in den Park**. Wenn Sie nicht verstehen können, warum die Leute einen solchen Wirbel um die Schönheit der Natur machen, besorgen Sie sich ein Buch mit Gedichten über die Natur und begeben Sie sich damit in den nächsten Park. Schauen Sie sich beim Lesen zwischendurch um, und stellen Sie eine Verbindung her zwischen den Wundern, die Sie gerade sehen, und denen, über die Sie gerade lesen.

- **Leben Sie als Naturfreund**. Es gibt tausenderlei Möglichkeiten, sich auf der Erde naturfreundlich zu verhalten. Eine davon ist, beim Einkauf Produkte zu meiden, die gefährliche Stoffe enthalten oder mit solchen hergestellt werden. Verwenden Sie in Ihrem Garten keine Chemikalien; »Unkraut« muß man nicht vernichten, man kann es auch jäten. Wenn Sie an der Börse investieren, sollten Sie Ihr Geld in Firmen stecken, die sich im Umweltschutz engagieren.

- **Schlagen Sie Wurzeln**. Die alten Kelten identifizierten sich zutiefst mit der Gegend, in der sie geboren worden waren. Heute jedoch halten viele Menschen es für fortschrittlich, häufig umzuziehen, den Geburtsort, das Elternhaus und seine Freunde zu verlassen.
Wir ziehen aus unserem Zuhause aus, um unsere Ausbildung zu absolvieren, um einen besseren Job zu bekommen, um in der Unternehmenshierarchie aufzusteigen. Dabei nehmen wir keine Rücksicht darauf, wie traurig es uns vielleicht macht, unsere

Wurzeln aus dem Boden zu reißen. Trotz aller Kar-
rieresprünge geht dabei immer etwas verloren – Beziehungen zu Freunden, aber auch das weniger
greifbare Gemeinschaftsgefühl, das Bewußtsein, zu
wissen, woher man kommt – etwas, das den Kelten
äußerst wichtig war. Bevor Sie den nächsten Schritt
machen, nehmen Sie sich die Zeit, Ihre Prioritäten
abzuwägen, und vergessen Sie dabei nicht den Wert
eines vertrauten Ortes, Ihrer Freunde und Ihrer Familie.

2

Die Bande
von Sippe und Clan

Wenn ein Ire dich fragt »Wer bist du?«, bedeutet die Frage eigentlich »Von was für Menschen stammst du ab?«

Es heißt Dunbeg Fort oder Dun Beag in der Sprache, die gesprochen wurde, als man es vor etwa 2500 Jahren baute: Irisch. Auch wenn es einem heute als bedeutungsloser Haufen aus Steinen und Schutt erscheint, war Dunbeg früher eine wichtige Zuflucht für eine Reihe keltischer Stämme; viele alte Clans fanden hier Sicherheit und Schutz. Strategisch günstig auf einer Landzunge gelegen, die vom Meer aus praktisch uneinnehmbar ist, genoß Dunbeg seine sichere *splendid isolation*. Im Laufe der letzten 2500 Jahre ist viel Land um das Bauwerk herum erodiert, so daß die felsige Festung heute nur noch ein paar Meter von den gefährlichen Klippen hoch über der Dingle Bay entfernt steht. In ihrer Blütezeit konnte man noch um das Gebäude herumlaufen, ohne Angst davor haben zu müssen, ins Meer zu stürzen.

Überall in der rauhen, zerklüfteten Landschaft Irlands stehen Überbleibsel von dreißig- bis vierzigtausend Forts. Die meisten davon wurden von den Kelten der Eisenzeit zwischen 500 v. Chr. und 500 n. Chr. gebaut. Sie gehören nicht nur zu den zahlreichsten und am weitesten verbreiteten Erinnerungen an ein Volk und eine Lebensweise, die heute großenteils verschwunden sind, sondern die vielen Festungen bilden auch ein eindrucksvolles Symbol für eines der stärksten Bindeglieder der keltischen Gesellschaft – die Bande von Sippe und Clan.

Man weiß nicht genau, wer Dunbeg gebaut oder vor wem man sich dort versteckt hat, aber wer auch immer diese massive Festung errichten ließ – er wußte, wie man einem Feind begegnet. Dunbeg ist ein Labyrinth aus Wällen, Gräben, Tunneln und Falltüren, das bis auf die allermutigsten oder allerdümmsten wohl alle Angreifer abgeschreckt haben dürfte. Den Mittelpunkt der ganzen Anlage bildet das Clochaun oder Bienenhaus, das im traditionellen Trockenbaustil ohne Mörtel gebaut ist. Die mehrere Fuß dicken Mauern werden von ihrem eigenen Gewicht zusammengehalten.

Die landeinwärts gerichtete Seite der Festung hatte nicht das Meer als Schutz, weshalb man eine starke Steinmauer baute, die sich wie ein großes, protziges Armband um die Halbinsel legt. Die Mauer aus sorgfältig aufeinander geschichteten Steinen ist mehr als sechs Meter hoch, fast drei Meter tief und etwa dreißig Meter lang. Eine Messung aus dem Jahre 1850 besagt, daß sie damals doppelt so lang war – ein Hinweis auf das Ausmaß der Erosion in den letzten eineinhalb Jahrhunderten. Auf der dem Gebäude zugewandten Seite sind Stufen in die Mauer eingelassen, so daß Angehörige der Sippe hinaufklettern und von dort aus ihr Zuhause verteidigen konnten. Der einzige Durchgang ist schmal und eng und auf beiden Seiten von verborgenen Kammern flankiert, aus denen die Verteidiger mit Speeren oder Pfeilen auf Eindringlinge zielen konnten.

Jenseits dieses Schutzwalls verbreitert sich die kleine Halbinsel. Hier wird die Ansiedlung durch eine komplexe Anordnung von Dämmen geschützt. Fünf Reihen von Gräben, *fosses* genannt, einen bis eineinhalb Meter tief und sechs bis zwölf Meter breit. Diese Dämme und Gräben haben zwar entschlossene Räuber wohl nicht daran gehindert, sich der Mauer zu nähern, aber sie dürften ihr Vordringen verlangsamt haben, so daß sie Angriffen von seiten der Verteidiger des Forts länger ausgeliefert waren.

Ausgrabungen vor Ort haben interessante Informationen zutage gefördert. So wissen wir zum Beispiel, daß die Anlage von 580 v. Chr. bis ins 10. oder 11. Jahrhundert n. Chr. bewohnt war. Löcher in der Erde weisen darauf hin, daß die Bewohner Dreifüße aus kleinen Baumstämmen errichteten, an denen sie über großen Feuern Kessel aufhängten. Auf dem ganzen Gebiet sind Reste von Mahlzeiten aus Schaf- und Schweinefleisch sowie Fisch entdeckt worden. Es gibt auch Hinweise auf eine unterirdische Kammer, eine Art Souterrain, wo die Menschen ihr Hab und Gut oder sich selbst verstecken konnten, wenn alle Verteidigungsversuche gescheitert waren. Außerdem fand man gepflasterte Wege und ein geniales Drainage-System, das die Siedlung am Meer so trocken wie möglich hielt.

Felsenfeste

Dunbeg ist weder die größte noch die eindrucksvollste Keltenfestung der Eisenzeit. Wer atemberaubende Schönheit sehen will, sollte nach Inishmore fahren, auf die größte der Aran Islands vor der irischen Westküste. Hier steht Dun Aengus, das imposanteste und bekannteste steinerne Fort Irlands. Ein Wissenschaftler nannte es einmal »das großartigste Barbarenmonument in Europa«.

Wie Dunbeg ist auch Dun Aengus auf seiner Rück-
seite durch das Meer geschützt. Und was für einen ef-
fektiven Schutz die alten Kelten dadurch hatten! Der
Haupthof des Forts grenzt an eine nackte Felsenklippe,
sechzig Meter über dem Atlantik, und war somit wohl
nur für einen Helden aus der keltischen Mythologie
bezwingbar. Auf der landeinwärts gerichteten Seite der
Festung bilden vier Steinmauern nach außen breiter
werdende D-förmige Halbkreise. Jeder Mauerring
schützt einen kleinen Bereich, wobei die innerste Mauer mit dreieinhalb Metern Höhe und Tiefe die stärkste
ist. Außerhalb der Mauern steht eine Reihe von kleinen, aufrechten Steinen. Sie erfüllen jedoch keine rituelle Funktion, sondern dienen ausschließlich zur Ver-
teidigung; sie waren dazu gedacht, das Herannahen
des Feindes zu verlangsamen.

Trotz intensiver Forschungen eines internationalen
Wissenschaftlerteams weiß man bis heute nicht, wer
Dun Aengus wann und zu welchem Zweck erbaut hat.
Wo auch immer die Kelten der Eisenzeit sich nieder-
ließen, errichteten sie mächtige Festungen, deren Ar-
chitektur sie an die lokalen Gegebenheiten anpaßten.
Sicherlich eines der ungewöhnlichsten alten Forts ist
Doon Fort, das sich auf einer kleinen Insel in Doon
Lough im County Donegal befindet. Seine gewaltigen
Mauern sind viereinhalb Meter hoch. Außerhalb der
Mauern gibt es nur einen schmalen Streifen Land, be-
vor der See beginnt, der die Festung umgibt. Etwa
neunzig Prozent der gesamten Fläche der Insel nimmt
das Fort ein. Auch hier weiß man nichts über den Erbauer oder die Geschichte der Anlage.

Eine interessante Variante zu diesen Festungen sind
die auf Hügeln errichteten Burgen, die offenbar sowohl praktischen als auch spirituellen Zwecken dienten. Etwa fünfzig Beispiele solcher Hügelfestungen

gibt es heute noch in Irland. Obwohl sie sich im Stil voneinander unterscheiden, hatten alle keltischen Forts dieselbe Aufgabe: den Familien- und Clanmitgliedern Sicherheit und Schutz zu gewähren und Eindringlinge fernzuhalten.

⬛ Keltische Familienbande

Wie ich bereits erwähnt habe, fühlten sich die Kelten eng mit ihrem Land verbunden. Inzwischen weiß man, daß dieses ausgeprägte Heimatgefühl stark mit den festen Banden von Blut, Sippe und Clan zusammenhing. Familiäre und geographische Herkunft sind so eng miteinander verknüpft, daß wenn ein Ire auf Irisch fragt »Wer bist du?«, die Frage eigentlich bedeutet: »Von was für Menschen stammst du ab?« Die enge Verbundenheit mit einem bestimmten Ort, die von Generation zu Generation weitergegeben wurde, ist für viele moderne Menschen schwer nachvollziehbar.

Vielleicht eine noch größere Herausforderung für Angehörige unserer Gesellschaft, in der Individualismus so überaus geschätzt, um nicht zu sagen: vergöttert wird, ist die Tatsache, daß die Kelten ein Individuum nur im Kontext seiner Beziehungen zu größeren familiären oder sozialen Gruppen verstanden. Die Kelten hätten kein Verständnis gehabt für unsere Bereitschaft, die Folgen unserer persönlichen Lebensentscheidungen zu tragen, zu denen Alleinsein, Entfremdung sowie die unvergleichlich hohen Scheidungsraten und die vielen zerbrochenen Familien gehören. Die Kelten hatten keine Vorstellung von Selbstverwirklichung, aber selbst wenn sie diesen Begriff gekannt hätten, wäre ihrer Ansicht nach ein solches Glück nur durch Einbindung in Familie und Sippe zu finden gewesen.

Historiker haben sich mit der Erbtradition der Kelten auseinandergesetzt. Heutzutage denkt man bei dem Begriff Erbe an den weltlichen Besitz eines Verstorbenen. In der keltischen Kultur erbte man jedoch sehr viel mehr von seinen Vorfahren. Man übernahm von der Familie seinen Namen, den größten Teil seiner Identität und die Rolle in einer größeren Gemeinschaft. Bis vor etwa tausend Jahren besaßen in Irland nicht Einzelpersonen Grund und Boden, sondern nur ganze Familien.

Die Kelten hatten auch große Achtung vor ihren Ahnen, die in vielen Fällen bis zur Anbetung reichte. Das verleiht ihnen mehr Ähnlichkeit mit traditionellen Japanern als mit ihren westlichen Nachbarn. Die meisten Kelten hielten ihre ganz frühen Vorfahren sogar für Götter und waren der Ansicht, daß die Welt von diesen legendären Ahnen geschaffen worden war. Im kleineren Rahmen wurde auch die Welt, in der sich die meisten Kelten tagtäglich bewegten – eine Hütte oder ein Steinhaus mit einem kleinen Stück Land für Ackerbau und Tierhaltung – als ein Geschenk der Vorfahren aus alter oder jüngerer Zeit betrachtet.

Der Einfluß dieser Familienmitglieder endete nicht mit ihrem Tod. Man glaubte vielmehr, daß sie sich weiterhin um die Lebenden sorgten und halfen, deren Wohlstand und Erfolg zu mehren.

Clan und Stamm

Den Grundstein der keltischen Gesellschaft bildete der Clan: eine Gruppe von Menschen mit gemeinsamen Vorfahren und einem gemeinsamen Namen, die von einem Häuptling regiert wurde. Größer und komplexer als die heute übliche Kernfamilie aus Vater, Mutter, Kind(ern), bestand der Clan aus der erweiterten Familie oder Sippschaft und wurde oft als *derbfhine* bezeichnet, was auf Irisch »bestimmte Familie« heißt. Für gewöhnlich bestand der Clan aus den Generationen der männlichen Linie und reichte bis zum gemeinsamen Großvater zurück; zu einem Clan gehörten also Verwandte bis zum Cousin und zur Cousine ersten Grades.

Der nächstgrößere Baustein der keltischen Gesellschaft war der Stamm, der einer sehr ausgedehnten Familie entsprach und alle umfaßte, die gemeinsame Vorfahren besaßen. Im Laufe der Zeit schlossen sich diese Stämme, die Hunderte oder Tausende von Menschen umfassen konnten, zusammen. Als im fünften Jahrhundert christliche Missionare nach Irland kamen, wich dieses Prinzip der Häuptlingsmacht einem System größerer Königsstaaten, die jeweils von einem König regiert wurden, der über mehreren Häuptlingen stand.

Keine dieser gesellschaftlichen Umwälzungen erfolgte auf friedlichem Wege, so daß einem langsam klar wird, warum ein Stamm sich eine Festung wie Dunbeg oder Dun Aengus baute, und warum man das Stammesgebiet mit so vielen Mauern, Wällen und Gräben umgab. Der typische Kelten-Clan durchlebte Phasen der Ruhe und Phasen des Chaos. Eine Familie konnte relativ friedliche Jahre genießen, in denen sie sich auf die Erziehung ihrer Kinder und die Erträge aus der Landwirtschaft konzentrierte. Doch dann brach ein Streit zwischen zwei Clans, zwei Stämmen oder Königreichen aus, und die Familien hatten sich gegen Überfälle auf ihr Heim, ihre Mitglieder und ihre Lebensgrundlage zu rüsten.

Vielleicht ist es kein Zufall, daß die Kelten das Land ausgerechnet in der Eisenzeit mit Festungen überzogen, als das Leben oft unglaublich hart, brutal und kurz sein konnte.

47

Die heiligen Könige der Kelten

Wenn die Geschichten über den legendären König Arthus alles sind, was Sie von keltischen Königen kennen, machen Sie sich auf eine Überraschung gefaßt. Arthus – der, sollte er tatsächlich jemals gelebt haben, aus der keltischen Region von Wales stammte – wird als Herrscher über ein ansehnliches Reich dargestellt, als Hochkönig über eine Anzahl treuer Ritter. In Wirklichkeit jedoch muß man bezweifeln, ob irgendeines der keltischen Königreiche der Eisenzeit so riesig war und so zentralistisch regiert wurde, wie es einige Legenden der Arthussage implizieren.

So bestand Irland beispielsweise zur Zeit des heiligen Patrick aus vielen kleinen Königreichen oder *tuatha*. Einige Wissenschaftler meinen, es habe nie mehr als acht irische Könige gleichzeitig gegeben, andere gehen von Hunderten aus, die jeweils über 500 bis 1200 Seelen regierten. Die Gesamtbevölkerung Irlands wird für die damalige Zeit auf etwa 500 000 geschätzt.

Was wir mit Sicherheit wissen, ist, daß jeder König in eine Vielzahl von Bündnissen und Konflikten mit den anderen verstrickt war. Wenn alles gut ging, war jeder Kleinkönig mit etwa sechs anderen Provinzkönigen verbündet, die alle wiederum einem Herrscher verpflichtet waren, der als Hochkönig verehrt wurde. Die Bezeichnung und der Sitz dieses Hochkönigs änderten sich oft. Der legendärste irische Hochkönig regierte von Tara im Boyne River Valley nahe Newgrange aus. Selbst wenn die keltischen Mythen und Legenden von den Großtaten des Hochkönigs erzählen, so ist es doch zweifelhaft, ob dieser tatsächlich so viel Macht und Einfluß ausübte, wie die Barden in seinen Diensten sangen.

Auf der anderen Seite ist eine Behauptung der Arthussage absolut richtig: Keltische Könige galten als halb heilige Wesen; die guten unter ihnen hielt man für wichtige Vermittler zwischen dieser Welt und dem Jenseits. Häufig verleihen die Legenden Arthus einen eindeutig christlichen Charakter, was wahrscheinlich die Folge der wiederholten Nacherzählung in späteren Generationen ist, als der christliche Einfluß schon ausgeprägter war. Doch die frühen keltischen Könige waren in ihren Ansichten und ihrer rituellen Rolle eindeutig Heiden. Der Keltenforscher Liam de Paor schreibt in seinem Buch ›Saint Patrick's World‹, daß der König als eine Art Wächter der Gemeinschaft fungierte, der im praktischen wie im spirituellen Sinn »ein Volk von Hirten und Bauern vor den willkürlichen Kräften der Natur wie Dürre, Sturm, Hungersnot, Blitzschlag und Seuchen schützte, die man sich als böswillige Interventionen von Göttern oder Wesen aus dem Jenseits vorstellte«.

Darüber hinaus betrachtete man den König nicht nur als Herrscher über sein Volk, sondern auch als Gefährten der lokalen Göttin. Zu manchen Zeiten wurde die Partnerschaft zwischen dem irdischen König und der Göttin aus der Anderswelt mit einer Vielzahl symbolträchtiger Feiern und Rituale bekräftigt. Gelegentlich waren diese Rituale aber auch erstaunlich realistisch. De Paor beschreibt, wie bei der aufwendigen Zeremonie zur Amtseinführung des Königs von Cenel Conaill, einer der nördlichen Provinzen, »eine weiße Stute in der Versammlung des Volkes zum erwählten Manne gebracht wurde, der öffentlich mit dem Tier kopulierte, das danach getötet, zerteilt und gekocht wurde. Alle aßen vom Fleisch der Stute; der neue König badete in der Brühe und trank davon.« Nach de Paors Aussage war das prähistorische Königsamt »aufs engste mit dem heidnischen Glauben verknüpft«.

Man kann sich vorstellen, wie St. Patrick und andere christliche Mönche diese Rituale aufnahmen. Sie betrachteten solches Verhalten als eine Mischung aus Aberglaube und Sodomie. Für die Kelten selbst jedoch waren diese Rituale entscheidend für den Zusammenhalt ihrer Gesellschaft. Im Laufe der Zeit konvertierten viele keltische Könige zum christlichen Glauben, andere wiederum hielten entschlossen an ihrer heidnischen Überzeugung und den damit verbundenen Praktiken fest.

Das Heilige und das Sinnliche

In ›Die Asche meiner Mutter‹, Frank McCourts 1996 mit dem Pulitzer-Preis ausgezeichneter Autobiographie über seine Kindheit in den Slums des feuchten und schmutzigen Limerick, würzt der Autor seinen Bericht über seine »unglückliche irische katholische Kindheit« mit Geschichten über extreme sexuelle Prüderie. In einer erinnerungswürdigen Passage beschreibt McCourt einen Redemptoristen-Pfarrer, der junge Schüler wegen sexueller Sünden schilt, die die Jungfrau Maria dazu brächten, sich voll Schmerz abzuwenden. »Sie weint, wenn sie die lange trübe Vedute der Zeit entlangblickt und mit Schrecken des Schauspiels innewird, welches ihr Knaben von Limerick bieten, die sich beflecken, die sich beschmutzen, die an sich herummachen, die Raubbau betreiben an sich selbst, die ihre jungen Körper besudeln, welche die Tempel des Heiligen Geistes sind«, schreibt er.

In einem anderen Abschnitt erzählt McCourt eine lustige Begebenheit, die sich zutrug, als er sechzehn war und für einen Zeitschriftendistributeur in Limerick arbeitete. Nachdem er Dutzende von Geschäften mit der aktuellen Ausgabe des ›John O'London's Weekly‹ versorgt hatte, bekam McCourt den Auftrag, auf sein Fahrrad zu springen, alle Geschäfte noch einmal aufzusuchen, sich die Zeitschriften zu schnappen und eine Anzeige für Kondome herauszureißen. »(...) jetzt hau endlich um Himmels willen ab und bring jede Seite sechzehn die du rausgerissen hast hierher damit wir sie hier im Feuer verbrennen können«, schrie sein Boss.

Diese Art viktorianischen Moralismus' in sexuellen Dingen bedeutet eine dramatische Abkehr von der unkomplizierten Einstellung der alten Kelten zum Thema Sex. Diese ist nirgends eindrücklicher zu sehen als in Killinaboy, einer winzigen Kirche im westirischen County Clare, die eine vollkommen unkirchlich aussehende Figur schmückt. Über einer der Türen befindet sich das Relief einer antiken Göttin namens Sheela-na-gig. Ihr großes, grobgeschnittenes Gesicht lächelt, und ihr Körper ist relativ klein und stark vereinfacht. Ihre Hände fassen jedoch zwischen ihre Beine und spreizen ihre überdimensionale Vulva in einer Geste, die sowohl eine Einladung zum Sex als auch eine Erinnerung an die Fruchtbarkeit der Göttin zu sein scheint.

Die Sheela-na-gig, im gesamten Keltengebiet ein beliebtes Götzenbild, ist ein Symbol der Allgegenwärtigkeit von Sexualität in dieser Gesellschaft. Es gab zwar so etwas wie die Ehe und natürlich auch Sex zwischen Verheirateten, doch galt es die Ehen alljährlich zu erneuern, und viele Paare entschieden sich nach Ablauf der Frist für andere Partner. Darüber hinaus unterhielten viele Frauen und Männer Partnerschaften oder sexuelle Beziehungen ohne die Spur eines Vertrages oder einer Verpflichtung.

Sex spielte auch bei vielen regelmäßigen Festen, die fast überall im Keltengebiet gefeiert wurden, eine Rolle. Die alten keltischen Gemeinwesen waren vom Gedeihen ihrer Feldfrüchte und der Fruchtbarkeit der Erde abhängig. Da man an eine spirituelle Verbindung zwischen der Erde und den Menschen glaubte, ist es

nachvollziehbar, daß diese Fruchtbarkeitsfeste von frei-
zügigen körperlichen Vereinigungen der dazu geeigne-
ten Mitglieder der Gemeinschaft geprägt waren. Es war
auch bis weit ins 19. Jahrhundert üblich, daß Paare sich
in den Feldern liebten, die ein Haus umgaben, in dem
ein Toter aufgebahrt war. Laut Andrew Greeley war
dies für die Kelten vorchristlicher Zeit eine Möglichkeit
auszudrücken: »Scher dich zum Teufel, Tod! Das Leben ist stärker als du!«

Im Unterschied zu den traditionellen westlichen
Glaubenslehren, die eine deutliche theologische
Trennlinie zwischen dem Heiligen und dem Menschlichen und ganz besonders zwischen dem Heiligen und
dem Sinnlichen ziehen, waren diese Bereiche bei den
Kelten eng miteinander verknüpft. »Es gibt keine Hinweise auf eine keltische Göttin der Liebe«, schreibt die
Keltenforscherin Anne Ross, »doch allen Göttinnen
sind ausgeprägte sexuelle Charakteristika gemein, und
unabhängig von ihrem individuellen Zuständigkeitsbe-
reich sind Sexualität und Mutterschaft ihre wichtigsten
Angelegenheiten.«

Eines der wichtigsten Epen des alten Irland, der
›Tain Bo Cuailnge‹ oder ›The Cattle Raid of Cooley‹
(dt. Der Rinderraub von Cooley) handelt u.a. von Göttern und Göttinnen, die sich vor ländlichem Hintergrund in sexuell aufgeladener Atmosphäre tummeln
und Intrigen spinnen. In einer bemerkenswerten Szene
plant Königin Medb, einen berühmten Stier in ihren
Besitz zu bringen. Sie befiehlt dem Oberboten Mac
Roth, den Bullen für ein Jahr zu beschaffen und als Ge-
genleistung dafür fünfzig einjährige Färsen und andere
Anreize anzubieten, darunter »einen hübschen Teil der
schönen Ebene von Ai und einen Wagen mit dreimal
sieben Sklavinnen sowie meine eigenen freundlichen
Schenkel dazu«.

Vielleicht überrascht es jetzt nicht mehr, daß die Kelten sich zwar Sippe und Clan zutiefst verpflichtet fühlten, Polyandrie, Polygamie und Gemeinschaftsehe aber durchaus verbreitet waren.

Der Ehrwürdige Beda berichtet von den Anstrengungen der römisch-katholischen Hierarchie, Britanniens ursprünglich heidnische Kelten in Einklang mit der Lehre und den Gepflogenheiten der Kirche zu bringen. Als ein Bischof, der zur Überwachung dieser Harmonisierung auf die Inseln geschickt wurde, Papst Gregor fragt: »In welchem Umfang dürfen die Gläubigen untereinander heiraten?«, erwidert der Papst: »Da es unter den Engländern viele gibt, die noch als Heiden diese ungesetzlichen Ehen eingegangen sein sollen, möge man sie, nachdem sie den wahren Glauben angenommen haben, darin unterweisen, daß dies ein schlimmes Vergehen ist, dessen sie sich enthalten müssen.«

Das soziale Netz

Es wäre zu einfach, das komplexe Netz sozialer, politischer und sexueller Verstrickungen der Kelten als verwirrend abzutun. Denn aus der Sicht eines durchschnittlichen Kelten bildete dieses Netzwerk ein lebenswichtiges Sicherheitsnetz. Die Menschen lebten praktisch in dauernder Sorge wegen der Unberechenbarkeit der Natur und in permanenter Furcht vor einem Angriff benachbarter Stämme.

Eine größere Gruppe konnte Sicherheit bieten, und der Durchschnittskelte war von Dutzenden, wenn nicht von Hunderten von Verwandten und Freunden umgeben.

Psychologische Probleme wie Entfremdung oder fehlende soziale Bindungen waren in dieser Gesellschaft praktisch unbekannt, weil jeder seinen Platz kannte – sowohl in praktischer als auch in biologischer und in spiritueller Hinsicht. Die Keltenforscherin Nora Chadwick bemerkt, daß »dieses Band der Verwandtschaft die mächtigste all ihrer frühen Institutionen war«.

Außerdem unterhielten einzelne Königreiche untereinander oft ein komplexes System der Pflegschaft, so daß die Kinder eines Reiches von Erwachsenen eines anderen Reiches aufgezogen und ausgebildet werden konnten. Diese Einrichtung erweiterte den Horizont der Kinder, sorgte unter den Erwachsenen für enge Verbindungen jenseits politischer Kontakte und diente sogar als eine Art frühes Wohlfahrtssystem, das sicherstellte, daß praktisch niemand allein und ohne Hilfe dastand.

Deshalb überrascht es auch nicht, daß die ersten christlichen Wanderprediger, deren eigene Tradition die Familie Gottes und die spirituelle Bruderschaft pries, diese wichtigen keltischen Institutionen unterstützten.

Viele frühe keltische Heilige hatten das Pflegschaftssystem selbst durchlebt oder gefördert. So waren etwa Brendan und Findbarr von älteren Glaubensbrüdern aufgezogen worden; Ita und Maedoc zogen selbst andere auf.

Darüber hinaus etablierten diese keltischen Heiligen ein ausgedehntes Netz von Klöstern, das in vielerlei Hinsicht die Großfamilie des keltischen Stammes widerspiegelt.

Zahlreiche »Kloster-Städte« entwickelten sich zu den wichtigsten sozialen Zentren jener Zeit; zugleich waren die Klöster berühmt für ihre Gastfreundschaft. Sie gaben einer Menge Menschen, die nicht wußten, wohin sie sich wenden sollten, ein Dach über dem

Kopf, Essen und Arbeit. Die Armenfürsorge spielte eine bedeutende Rolle. Der Ehrwürdige Beda schreibt über St. Aidan, einen für sein Mitgefühl berühmten keltischen Mönch: »Wenn die Reichen ihm jemals Gaben oder Geld schenkten, verteilte er es entweder, um den Armen zu helfen ... oder er verwendete es, um Menschen freizukaufen, die unrechtmäßigerweise als Sklaven verkauft worden waren«. Man sagt, daß Guaire, ein frommer Mann, den die Iren nie als Heiligen betrachteten, »Almosen verteilte, bis sein rechter Arm länger als sein linker war, weil er ihn so oft den Armen entgegengestreckt hatte«.

Mönche und Monarchen

Die frühen keltischen Heiligen kümmerten sich nicht nur um die Menschen an der Basis der Gesellschaft, sondern sie lernten auch, mit denen an der Spitze Kontakt aufzunehmen. Gemäß den Biographien früher Heiliger ernteten die Mönche für ihre Angewohnheit, mit keltischen Königen Umgang zu pflegen, Wohlwollen. Sie öffnete ihnen Türen für spirituelle Bekehrungen und bescherte ihnen großzügige Hinterlassenschaften in Form von Grundbesitz und anderen Gütern.

Der Schrift ›The Life of St. Ailbe‹ zufolge, war eben dieser Mönch, der sein Kloster bei Emly, in der Nähe des wichtigen keltischen Königreichs Cashel erbaute, ein Meister im Umgang mit Königen. Fast noch ein Zeitgenosse von St. Patrick, soll er König Aengus gebeten haben, die größte Aran-Insel seinem Bruder, dem Abt St. Enda, zu überlassen. Der König soll darauf erwidert haben, er »habe so eine Insel bisher weder gesehen noch von ihr gehört«. Doch im selben Augenblick erblickte Aengus mit Gottes Hilfe in der Ferne die Insel. Sogleich schenkte er sie Enda, der dort ein bedeutendes Kloster gründete.

Die Legende berichtet auch, Ailbe habe drei Söhne des Königs Fintan von den Toten auferweckt. Das tat er jedoch erst, nachdem er dem König folgendes verlockendes Angebot gemacht hatte: »Wenn du gläubig wirst und dich taufen läßt, werde ich um göttliche Hilfe für dich und deine Söhne bitten.« Der König ließ sich bekehren, seine Söhne erhoben sich von den Toten, und Ailbe gab ihm ein weiteres Versprechen: »Weil du an Christus geglaubt hast, wirst du deine Feinde besiegen.« Daraufhin zog Fintan gegen den König von Connachta in den Krieg »und übte Vergeltung an ihm«.

Doch nicht alle Abmachungen zwischen keltischen Mönchen und Monarchen gingen so gut aus. Im Jahre 607 erklommen bei der Schlacht von Chester hunderte Mönche des Klosters Dunawd in Wales einen Hügel oberhalb des Schlachtfelds und beteten darum, daß die britischen Soldaten die Invasion der Angel-Sachsen aufhalten sollten. Als letztere die Schlacht gewonnen hatten, erstürmten sie den Hügel und metzelten die Mönche nieder.

Da das Glück der verschiedenen Könige so wechselhaft war wie Ebbe und Flut, lernten die weiseren Mönche, Verstrickungen in die vergängliche weltliche Politik zu vermeiden. Aufgrund des begrenzten regionalen Einflusses der meisten irischen Königreiche hatten diese frühen Versuche einer Kooperation zwischen Staat und Kirche ein sehr viel bescheideneres Ausmaß als im späteren Heiligen Römischen Reich.

In vielen Fällen jedoch behielten die keltischen Heiligen ihren Einfluß auf die keltischen Häuptlinge und Könige und konnten dadurch neue Anhänger für ihren Glauben gewinnen.

✤ Familienzwist

Aus dem Baustein Großfamilie schufen die Kelten starke Clans, mächtige Stämme und große Königreiche. Sie entwickelten eine ausgeprägte, lebendige Kultur, von der Teile bis heute überdauert haben. Doch so, wie es in jeder Familie stürmische Zeiten und Konflikte gibt, brachte auch das keltische Gesellschaftssystem, das die Familie zur Basis hatte, seine eigenen Probleme mit sich. Einige rührten daher, daß die frühen Kelten unfähig waren, ein Reich aufzubauen, und sind jetzt Geschichte. Andere sind in Gestalt des Clandenkens, das Nordirland von der Republik Irland und die Katholiken von den Protestanten trennt, erhalten geblieben.

Springen wir kurz zurück ins Jahr 500 v. Chr.: Die Kelten breiten sich rasch in ganz Europa aus. Ihre robusten metallenen Schwerter schlagen erschrockene Feinde in die Flucht, und ihre landwirtschaftlichen Fähigkeiten bescheren ihnen Wohlstand und Reichtum.

Mit ihren verschiedenen künstlerischen Fertigkeiten und Handwerkstechniken schaffen sie einige der eindrucksvollsten Kunstwerke der Antike. Sie hätten sich die Welt nehmen können – doch genau das taten die Kelten nicht.

Historiker haben sich den Kopf darüber zerbrochen, warum die einst so dominanten Kelten so rasch an den Rand des europäischen Kontinents gedrängt wurden, von wo aus sie zu den britischen Inseln segelten, wo sie sich wiederum an die Ränder von Wales, Schottland und ins entlegene Irland zurückzogen.

Warum bemühten sie sich nicht um ein eigenes Reich? Warum verzichteten sie darauf, eine dominante kulturelle Kraft zu sein und ließen sich statt dessen selbst zum Herrschaftsobjekt anderer machen?

Die beste Antwort, die man darauf geben kann, lautet: Die Kelten hatten kein wirkliches Interesse daran, ein Reich aufzubauen, und es fehlte ihnen die Bürokratie, die zur Erhaltung eines solchen nötig ist. Wie Jordan O'Riordain betont, waren die Kelten ein einfaches Bauernvolk, dessen enge Verbindung zu ihrem Land eher eine Art Lokalpatriotismus hervorbrachte als den Wunsch nach einem eigenen Reich. »Im Mittelpunkt ihres Interesses scheinen zwischenmenschliche Beziehungen und das Leben im Hier und Jetzt gestanden zu haben«, schreibt der Ire und katholische Priester O'Riordain.

Folglich können wir nur darüber spekulieren, welche Art von Reich die Kelten hätten gründen können. An ihrer Stelle taten es dann die Römer und andere Völker.

Kehren wir jetzt wieder in unser Jahrhundert zurück, genauer gesagt: ins Jahr 1969; dies ist der Beginn einer Zeit, die die Iren traurig »the Troubles« (die Sorgen) nennen. Schon seit dem Jahre 1690, als der Protestant Wilhelm von Oranien den Katholiken Jakob II. in der Schlacht von Boyne schlug, schwelt in Irland der Konflikt zwischen Katholiken und Protestanten in all seinen Formen.

Im 18. und 19. Jahrhundert wurden die irischen Katholiken weitgehend von den machthabenden englischen Protestanten brutal unterdrückt. »The Troubles« stehen jedoch für ein neues Stadium des Konflikts: Mitglieder der Irisch-Republikanischen Armee begannen systematisch Gewalt anzuwenden, um ihre Ziele durchzusetzen. Seit damals sind über 3000 Menschen den religiös motivierten Auseinandersetzungen zum Opfer gefallen, viele tausend weitere wurden dabei verletzt.

Mit der Zeit sind die Rufe nach Aussöhnung und Verhandlungen zunehmend lauter geworden; doch immer wieder gingen diese Appelle im Lärm neuer Gewalt unter. Während viele dennoch weiterhin auf Frieden hoffen, klagen einige Skeptiker das alte keltische Stammesdenken an, das zwar zur Bildung starker lokaler Gemeinschaften beiträgt, aber auch engstirnig und stolz machen und damit die Bildung einer größeren, friedlichen Gesellschaft oder einer modernen Demokratie verhindern kann.

Natürlich haben die jahrhundertelangen Konflikte mit den Briten beträchtlichen Schaden angerichtet; viele fragen sich inzwischen aber auch, ob nicht zumindest ein Teil davon seine Wurzeln in den extrem engen Bindungen von Sippe und Clan hat.

Das Gute der keltischen Bindung an Sippe und Clan nutzen

Auch wenn das keltische Stammesdenken teilweise Probleme verursacht hat, muß man doch auch bewundern, wie sehr die Kelten und ihre Nachfahren die Verpflichtungen von Familie und Tradition hochgehalten haben. Hier ein paar Möglichkeiten, wie Sie diese Werte auf Ihr eigenes Leben übertragen können.

- **Ehren Sie Ihre Herkunftsfamilie.** Egal, ob man in den alten Mythen und Legenden der Kelten oder in den Zehn Geboten nachliest, es scheint uraltes Wissen zu sein, daß es ein Fehler wäre, die eigenen Vorfahren zu mißachten.

  Die Kelten verliehen dem Respekt vor den Ahnen neuen Auftrieb, indem sie eine erlesene Schar von Ahnengottheiten verehrten, die über die Lebenden wachten und ihnen Wohlstand und Fruchtbarkeit versprachen. Heute scheinen viele Menschen in ihrer Achtung für die Eltern einen neuen Tiefststand erreicht zu haben. Wie können wir Respekt vor der Familie beweisen? In einigen Fällen genügt es, regelmäßigen Kontakt zu Eltern oder Verwandten zu haben, nach ihnen zu sehen und ihnen zuzuhören. Bei anderen könnte es bedeuten, auf einen karrierefördernden Umzug zu verzichten, um am Ort bleiben und sich um ein krankes Familienmitglied kümmern zu können. In jedem Fall aber geht es darum, sich selbst als Teil eines großen Ganzen zu betrachten.

- **Gründen Sie Ihre eigene Familie**. Egal, aus was für einer Art Familie Sie stammen – Sie können sich eine eigene starke Familie schaffen. Das erfordert Zeit, Aufmerksamkeit und Liebe. Viele Eltern reduzieren inzwischen ihre Arbeitszeiten, um mehr für ihre Kinder da zu sein. Das bedeutet zwar, daß Sie sich vielleicht keinen eigenen Konzern erarbeiten, aber es stellt Ihre Familie auf ein solides Fundament.

- **Bewahren Sie Ihre Familiengeschichte**. Mythen und Geschichte der Kelten sind voll von heldenhaften Taten der Großkönige und verschiedener uralter Familien.
Doch wer erzählt die Geschichte und die vollbrachten Taten Ihrer Familie weiter? Vielleicht haben Sie Lust, eine Familien-Zeitung zusammenzustellen, die aktuelle Nachrichten sowie Geschichten von Annodazumal enthält und mit Fotos von gerade geborenen Familienmitgliedern bis hin zu Urgroßeltern illustriert ist.
Befragen Sie ältere Familienmitglieder zu Familientraditionen und der »guten alten Zeit«, und nehmen

Sie die Interviews auf Video auf. Sicher fallen Ihnen selbst noch weitere Möglichkeiten ein, um Ihre Familiengeschichte festzuhalten und weiterzuerzählen, damit sie nicht verlorengeht.

3

Druiden und Helden

Viele von uns haben sich wegen seiner evokativen Kraft
zum Druidentum hingezogen gefühlt.

Philip Carr-Gomm, moderner Druide

Vincenzo Bellini ließ seine Oper ›Norma‹, die sich
im 19. Jahrhundert großer Beliebtheit erfreute,
vor dem Hintergrund des keltischen Heidentums spielen. Die Oper beginnt auf einer großen Lichtung inmitten einer bewaldeten Gegend des von Römern besetzten Galliens. Es ist eine Neumondnacht um 50 v.
Chr. Nachdem die Augen sich an die Dunkelheit gewöhnt haben, erkennt man in der Finsternis eine Versammlung von Menschen. Sie bilden einen Kreis um
eine riesige, freistehende Eiche, die sich majestätisch
über der Lichtung erhebt. Am Fuß des Baumes kann
man vage einen etwa eineinhalb Meter hohen, aufrecht
stehenden Stein ausmachen, der das Zentrum der Aufmerksamkeit zu sein scheint. Plötzlich beginnt einer
der Anwesenden zu singen:

Geht auf den Hügel, Druiden;
geht um zu erspähen,
wann der neue Mond am Himmel
seine silberne Scheibe enthüllt;

und dreimal soll
das mystische Erz der Priester
das erste Lächeln
seines keuschen Angesichts verkünden.

Wie auf Kommando beginnen danach Dutzende von Menschen, einstimmig ein Lied der Vorfreude auf die mächtige Druidin zu singen. In den folgenden zwei Stunden tummeln sich die Figuren auf dieser Lichtung.

Das Problem bei der Sache ist, daß fast jeder Federstrich von Bellinis kunstvollem Porträt der Druiden kaum mehr ist als eine wilde Phantasie, die auf einer hauchdünnen Grundlage aus Fakten basiert. Daraus kann man Bellini aber keinen Vorwurf machen. Schuld hat vielmehr William Stukeley, ein englischer Arzt, der sich zum anglikanischen Priester und zum Altertumsforscher berufen fühlte. Seine Liebe zu Stonehenge und seine überhitzte Phantasie brachten ihn dazu, eine ganze Sammlung genau ausgearbeiteter Sagen zu erfinden, die Generationen britischer Geschichtsfreunde beeinflußte.

1698 geboren, nahm Stukeley Anfang des 18. Jahrhunderts seine jährlichen Pilgerreisen nach Stonehenge auf. Weder von den Grenzen der Wahrheit noch durch akademische Bescheidenheit ließ er sich einschränken, als er Druiden bei der Verehrung von Schlangen in Stonehenge darstellte. Dieses Szenario hatte eine so dauerhafte Wirkung, daß die enge Verbindung zwischen Druiden und Stonehenge bis heute in den Köpfen fortdauert.

Auch schon vor Stukeley tauchten Druiden häufig in beliebten irischen Mythen und Legenden auf, etwa in ›Tain Bo Cuailhge‹. Sie dienten möglicherweise auch als Inspiration für die im Kessel rührenden Hexen in

Shakespeares ›Macbeth‹. Diese Sage von einem schottischen Hochkönig spielte eine wichtige Rolle für die allgemeine Vorstellung von früher heidnischer Spiritualität. Im 19. Jahrhundert rissen Scharen verblendeter
Briten Gebäude mit schöner Aussicht ab und ersetzten
sie durch Druiden-Tempel à la Stonehenge.

Und auch im zwanzigsten Jahrhundert sind die
Druiden durch eine Reihe von Trends wieder zu Ehren
gekommen. Eines dieser Revivals erlebte England zu
Beginn des Jahrhunderts. Damals wurde beispielsweise
der junge Winston Churchill im berühmten Blenheim
Palace, seinem Familiensitz, durch ein Zeremoniell
Mitglied der Albion Lodge of the Ancient Order of
Druids. Heute nehmen verschiedene quasi-religiöse
Gruppen für sich in Anspruch, die spirituellen Erben
der alten Druiden zu sein. Doch wie bei Bellinis ›Nor-
ma‹ sind viele dieser beliebten Vorstellungen vom
Druidentum arm an Fakten und reich an Phantasie.

In Wirklichkeit waren die Druiden eine komplexe
Gruppe, die in den keltischen Gesellschaften ganz Europas offenbar wichtige spirituelle, soziale und politische Aufgaben erfüllte. Wie bei anderen prähistorischen Themen, die wir erforschen, gibt es auch in bezug auf diesen mysteriösen Menschenschlag vieles, was
wir nie genau wissen werden. Im Fall der Druiden ist
das historische Vakuum zum Teil sogar von ihnen
selbst verursacht, denn sie hüteten sich davor, irgend
etwas aufzuschreiben, und benutzten statt dessen lieber ihr Gedächtnis.

⬛ Auf der Suche nach den Druiden

Um verstehen zu können, wer die Druiden wirklich
waren, bedarf es einer gewissen Vorbereitung. Zuerst
müssen wir die nebulösen Fehlinformationen beseiti-

gen, die unser Verständnis dieser dynamischen und wichtigen sozialen Gruppe behindern. Die vielleicht beste Methode, uns dem Thema Druiden anzunähern, besteht darin, ihre mißliche Lage mit der der amerikanischen Ureinwohner zu vergleichen. Beides waren uralte Kulturen, die auf mündlicher Überlieferung beruhten und keinerlei schriftliche Aufzeichnungen hinterlassen haben. Das öffnet selbsternannten Dolmetschern Tür und Tor, die behaupten, die Wahrheit über Glauben und Rituale dieser Menschen zu enthüllen. Ihre Berichte beinhalten oft wenig an Dokumentativem und verwenden häufig Begriffe wie »mysteriös« und »magisch«.

Beide Gruppen wurden zudem von Fremden erobert, die sich ethnisch, kulturell und spirituell für überlegen hielten. Anthropologen streiten nach wie vor über den relativen Nutzen von Konflikten zwischen Kulturen, doch eines ist klar: Wenn zwei Kulturen aufeinanderprallen, ist es der Sieger, der über den Unterlegenen schreibt. Oft sind die entsprechenden Aufzeichnungen beklagenswert unvollständig und tragisch blind für die Nuancen und Eigenheiten der besiegten Gesellschaft. Zuweilen ist es nicht einmal Absicht solcher Berichte, wahrhaftig zu sein, sondern sie wurden zu Propagandazwecken verfaßt, um die Gewalt der »Zivilisierten« zu rechtfertigen, die diese anwandten, um die »Heiden« zu bändigen oder zu bestrafen. Im Fall der Druiden besitzen wir kein einziges Dokument aus der Feder eines sympathisierenden zeitgenössischen Beobachters. Vielmehr stammt alles, worüber wir verfügen, von römischen Invasoren und missionierenden Christen. Diese beiden Gruppen standen dem heidnischen Glauben der Druiden höchst kritisch gegenüber und konnten oft ihre Verachtung für einige der Praktiken oft kaum verbergen.

Und schließlich wurden sowohl Druiden wie auch Indianer von der New-Age-Bewegung vereinnahmt. Schon seit den sechziger Jahren bemüht man sich darum, alte esoterische Glaubensgrundsätze aufzudecken und zu erforschen. Leider entstellen viele New-Age-Anhänger beim Graben nach uralten Wahrheiten gerade das Material, das sie angeblich zu neuen Ehren bringen wollen. Philip Carr-Gomm, Oberhaupt des Order of Bards, Ovates and Druids, schreibt in seinem 1996 erschienenen Buch ›The Druid Renaissance‹: »Viele von uns haben sich wegen seiner evokativen Kraft zum Druidentum hingezogen gefühlt – es beschwört Bilder von Weisen, von uralter Weisheit und einer geheimen Überlieferung herauf.« Andere, vor allem Akademiker, meiden das Druidentum wegen des Mangels an grundlegenden historischen Fakten und dem Übermaß an phantastischen Spekulationen, die es im Laufe der Jahrhunderte hervorgerufen hat.

Religiöse und weltliche Aufgaben

Wenn wir wirklich begreifen wollen, wer die Druiden waren, kann uns ein weiterer Vergleich helfen. Peter Berresford Ellis zieht in seiner wegweisenden Studie ›The Druids‹ eine Parallele zwischen Druiden und den Hindu-Brahmanen Indiens. Dieser Vergleich ist sinnvoll und zieht darüber hinaus die Tatsache in Betracht, daß die Kelten ursprünglich dieselben kulturellen indoeuropäischen Wurzeln hatten wie die indischen Hindus.

Sowohl Druiden wie Brahmanen übernahmen in ihrer jeweiligen Gesellschaft eine Vielzahl wichtiger Rollen. Zunächst waren da die kulturellen Aufgaben. Druiden wie Brahmanen bildeten die intellektuelle Elite ihrer Welt und hatten in ihren Reihen Angehörige der verschiedensten Berufe, darunter Philosophen, Richter, Lehrer und Astronomen. Zum zweiten gab es bei den Druiden wie bei den Brahmanen verschiedene politische Ämter, so daß manche als Politiker agierten, andere als Ratgeber und eine dritte Gruppe als Fachleute, die im Dienst eines Herrschers standen.

Und schließlich mußten Druiden und Brahmanen eine Reihe von komplexen, manchmal verwirrenden spirituellen Aufgaben erfüllen. Sie hatten den Vorsitz bei diversen Zeremonien, so wie Priester oder Rabbis heute bei großen Staatsbegräbnissen. Sie führten auch wichtige Riten durch und leiteten die damals üblichen großen religiösen Versammlungen. Dazu kamen bei den Druiden wahrscheinlich noch Pflichten von eher privatem und informellem Charakter gegenüber den keltischen Häuptlingen und Königen, darunter spiritueller Rat für die Herrscher, die Auslegung von Naturerscheinungen wie dem Wetter oder seltsamen Himmelszeichen sowie die Legitimierung der keltischen Überzeugung, wonach Könige halb heilige Wesen waren. Bei den Druiden spricht einiges dafür, daß sie auch als Seher, Propheten und Schamanen fungierten. In diesen Rollen wirkten sie als eine Art Heilige zum Anfassen, als lebende Verbindung zwischen der Welt der Menschen und den übersinnlichen magischen Sphären.

Heute gibt es ein paar weitverbreitete Fehler, die beim Versuch, die Druiden zu verstehen, gerne gemacht werden. Einer besteht darin, sich nur auf deren religiöse und spirituelle Aufgaben zu konzentrieren und ihre wichtige weltliche Macht zu vernachlässigen. Ein zweiter Fehler ist die Übertreibung der spirituellen Zuständigkeiten unter völliger Mißachtung der wenigen bekannten Fakten.

Ellis trifft es wohl sehr genau, wenn er die Druiden als »eine eingeborene keltische Intelligenzia« bezeichnet. So eine Einschätzung ist hilfreich, um die Druiden wieder im richtigen Kontext zu betrachten, ohne ihre Bedeutung in Frage zu stellen. Denn wie ein anderer Wissenschaftler treffend meinte, waren die Druiden »die aufgeklärteste und die Zivilisation am meisten fördernde Instanz im prähistorischen Europa«.

⬛ In königlicher Gesellschaft

Ohne die keltischen Könige hätte es vielleicht keine Druiden gegeben. Während der Jahrhunderte, in denen die Kelten sich über einen Großteil der damals bekannten Welt ausbreiteten, wurde ihre Gesellschaft immer komplexer. Zunächst begannen sie, sich in zahlreichen kleinen, ortsgebundenen Clans zusammenzuschließen, die manchmal kaum über die Großfamilien hinausgingen. Im nächsten Schritt entwickelten sie ein System größerer Stämme, und schließlich gab es eine Vielzahl von Stammesoberhäuptern und Königen. Diese Monarchen waren nicht nur Herrscher und Krieger, sondern man hielt sie auch für irdische Stellvertreter der Götter.

Jeder König besaß ein Gefolge aus Ratgebern, Helfern und Anhängern, dessen Größe je nach Macht, Reichtum und Anziehungskraft des Königs variierte. Doch jeder König, der etwas auf sich hielt, beschäftigte mindestens einen Geschichtenerzähler. Als damalige Entsprechung eines modernen PR-Beauftragten hatte dieser hauptsächlich die Aufgabe, Lobreden auf den König zu halten. Wenn ein kriegerischer König auf dem Schlachtfeld gesiegt hatte, war es leicht für den Druiden, ein paar Verse zu reimen, in denen Schlag auf Schlag von der Unterwerfung des Feindes berichtet wurde. Doch wenn der König einen Kampf verloren, seine Königin ermordet oder bei einem großen Bankett

69

einen betrunkenen Narren aus sich gemacht hatte, bedurfte es größten Fingerspitzengefühls und einer Menge Kreativität beim Geschichtenerzählen.

Eines der interessantesten und umstrittensten Themen der Keltenforschung ist die Deutung der Rollen von Druiden und Barden. Selbst wenn wir uns sehr intensiv mit der Geschichte der alten Kelten auseinandersetzen, können wir die verworrenen Beziehungen zwischen diesen beiden Gruppen nicht eindeutig klären. Es steht außer Frage, daß beide ein unverzichtbarer Bestandteil des königlichen Gefolges waren und beide derselben gesellschaftlichen Elite angehörten. Doch überschnitten sich ihre Aufgaben und Pflichten? Oder waren vielleicht Druiden und Barden praktisch dasselbe? Niemand kann das heute mit Gewißheit sagen.

Wenn man heute das Wort »Barde« hört, stellt man sich jemanden wie Shakespeare vor oder einen mittelalterlichen Minnesänger, der über Kopfsteinpflasterstraßen zieht, seine Laute zupft und hübsche Melodien singt. Doch diese Bilder aus einer vergleichsweise jungen Vergangenheit überdecken, was der Begriff Barde in früheren Jahrhunderten bedeutete, und verkennen die wichtige spirituelle Rolle, die Barden in der alten keltischen Gesellschaft spielten.

Sowohl Druiden wie auch Barden wirkten mit Worten – allerdings mit gesprochenen, nicht mit geschriebenen. Sie waren jedoch weit mehr als simple Poeten. Sie waren die Herolde der Könige und die Historiker der Königreiche. Darüber hinaus sprach man ihnen auch spirituelle Macht zu. Teils Propheten, teils Wahrsager, waren die Druiden und Barden nicht nur ausgesprochen gebildet, sondern man sagte ihnen auch übernatürliche Kräfte nach. Sie galten nicht nur als Literaten, sondern als Quelle übernatürlichen Wissens.

Wie wir bereits gesehen haben, gab es bei den Kelten keine strikte Trennung zwischen Natürlichem und Übernatürlichem. Druiden und Barden waren in beiden Welten zu Hause und bemühten sich mit ihren Worten, aus dem Chaos Harmonie zu erzeugen.

▨ Der Segen der Beredsamkeit

Eine der meistbesuchten Sehenswürdigkeiten Irlands ist das berühmte Blarney Castle im County Cork. Es wurde im 15. Jahrhundert erbaut und sieht schon etwas heruntergekommen aus. In seinen Mauern befindet sich jedoch der Stein der Beredsamkeit (Stone of Eloquence), besser bekannt als Blarney Stone. Überraschend viele Touristen nehmen eine harte und unbequeme Prozedur auf sich, um diesen Stein zu küssen. Erst müssen sie die Stufen zu einer Plattform erklimmen, dann legen sie sich auf den Boden, drehen sich auf den Rücken und schieben sich ein Stück weit über einen Abgrund hinaus, um mit gerecktem Hals die Unterseite des Steins küssen zu können. Das ist eine ganz schöne Mühe, aber eine jahrhundertealte Legende verspricht jedem, der sie auf sich nimmt, die Redegabe. Ein Geistlicher des 19. Jahrhunderts dichtete darüber: »There is a stone there that whoever kisses / Oh! he never misses to grow eloquent.«

Eloquenz, diese seltene Gabe, ein Gefühl mit den richtigen Worten auszudrücken und Zuhörer zu bewegen, scheinen einige der alten Kelten im Übermaß besessen zu haben. Und diejenigen, die sie selbst nicht hatten, ehrten und bewunderten sie bei den anderen. Auch wenn die Kelten als rauhes, kriegerisches Volk in die Geschichte eingegangen sind, hielten sie doch Beredsamkeit für eine mächtigere Waffe als nackte physische Gewalt.

Ähnlich wie andere Fähigkeiten galt bei den Kelten auch eine außergewöhnliche Ausdruckskraft als Geschenk der Götter. Insbesondere Ogmios wurde unter den Gottheiten der Anderswelt als Gott der Eloquenz verehrt. Diese Gabe gereichte übrigens nicht nur Königen und Stammesfürsten zum Nutzen, sondern auch den Göttern selbst. Viele Legenden berichten von Barden, die im Sinne der Götter zu den Menschen sprachen.

Leider besitzen wir keinerlei Aufzeichnungen über ihre Werke und schon gar keine Sammlungen von Schriften. Druiden und Barden gaben ihr Wissen durch mündlichen Unterricht und Repetieren an die nächsten Generationen weiter. Römer und Christen waren die ersten, die die erstaunlichen Geschichten dieser einzigartigen literarischen und spirituellen Gestalten aufzeichneten. Und nur dank dieser Aufzeichnungen sind die wertvollen und unersetzlichen Werke dieser frühen Zivilisation vor dem Vergessen bewahrt worden.

Selbstverständlich läßt sich die Lektüre einer gedruckten Sammlung altirischer Legenden nicht damit vergleichen, in einem verrauchten Bankettsaal an einem Schweineknochen zu nagen und dabei den Geschichtenerzählern zu lauschen. Deren kunstvolle Dichtungen waren voll von Heldentaten, die durch Akrostichen und andere Stilmittel zusammengehalten wurden. Nur so war es möglich, sich Hunderte von Verszeilen zu merken.

Die wirklich guten Barden improvisierten auf der Basis ihres immensen Wissens und verwendeten alle möglichen Arten reizvoller Verzierungen, Wortspiele, Rätsel und Übertreibungen. Dieses rethorische Feuerwerk war die sprachliche Entsprechung zu den schwindelerregend ineinander verschlungenen Dekormotiven der keltischen Kunst. Anne Ross stellte fest, daß die tiefe Liebe der Kelten zur Regelmäßigkeit sich in »Mustern in der Kunst, Mustern in der Sprache und Mustern in Liedern« niederschlug. Das Ergebnis war eine kraftvolle Prosa, die sowohl unterhaltsam als auch erhebend anzuhören war und sicherstellte, daß ihre Erzähler auch am darauffolgenden Tag noch eine Anstellung haben würden.

Zum Reden geboren

Barden waren zum Reden geboren, und zum Glück lebten sie in einer Kultur, die ihren Beitrag schätzte und ihnen Lohn und Brot bot. Wenn sie nicht damit beschäftigt waren, Lobeshymnen auf den König zu singen, gab es für sie noch viele andere Möglichkeiten, ihre Gaben zu nutzen. Eine ihrer Aufgaben war die Totenklage, bei der sie eine Auflistung der Taten des Toten rezitierten und falls möglich das Begräbnis leiteten. Sie waren auch damit beschäftigt, Lieder für einige der vielen Krieger, die den Stamm verteidigten, zu komponieren und vorzutragen. Der Historiker Gerhard Herm schreibt: »Diese Kämpfer wünschten sich, daß man über sie sprach.« Einmal prophezeite ein Druide einem Krieger ein langes Leben, worauf dieser erwiderte: »Wenn ich dadurch berühmt würde, genügte mir ein einziger Tag meines Lebens.«

Die Barden kamen diesen Wünschen gerne nach und komponierten eine große Anzahl von Stücken, die die großartigen Taten einiger der bekannteren keltischen Kriegshelden priesen. Der Keltenforscher Robert O'Driscoll schreibt dazu: »Der Held ist jemand, der auf Bewegung und die Impulse des Lebens reagiert, auf das, was am unmittelbarsten und drängendsten ist. Und doch behält er die Kontrolle über sein Schicksal in dieser Welt.« Trotz ihrer Stärke und Tapferkeit konnten solche Helden auch verletzlich sein und auch einmal ein oder zwei Schlachten verlieren. Dennoch hoben sie sich durch ihren überragenden Mut und Charakter von der Masse ab.

Manche Barden gingen noch einen Schritt weiter und schufen eine Literatur der überlebensgroßen Superhelden. Diese waren Kinder von Vätern aus der Anderswelt und Müttern aus der Menschenwelt. In den Geschichten zogen diese Helden von Sieg zu Sieg und waren in jeder Schlacht unbezwingbar. Oft waren sie auch mit übernatürlichen Fähigkeiten ausgestattet, so daß die einzige Chance ihrer Feinde in List und Zauberei bestand.

Viele der keltischen Sagen handeln von bestimmten Götterfamilien. Eine Familie, die besonders häufig vorkommt, ist die von Lugh, der gerühmt wird für seine Fähigkeiten als Krieger und Handwerker sowie als Vater von Cuchulain, einem der berühmtesten keltischen Heroen. Bei seiner Geburt bekam Cuchulain den Namen Setanta, doch wie so vielen legendären Helden wurde ihm infolge einer seiner frühesten Taten ein neuer Name verliehen. Aus Versehen hatte er den wilden Hund des Schmiedes Culainn getötet. Als Wiedergutmachung versprach er, die Schmiede zu beschützen, bis sich ein anderer Hund fand. Forthin wurde er Cuchulain oder »Hound of Culainn« genannt.

Cuchulain warb um die Hand von Emer und erhielt sie von ihrem Vater, nachdem ein berühmter Weiser ihn unterrichtet hatte. Er bekam einen Sohn, den er jedoch versehentlich tötete, wie als Beweis dafür, daß auch Helden tragische Gestalten sein können. Abgesehen von solchen Rückschlägen war er aber berühmt für seine Heldentaten auf dem Schlachtfeld. Wie sein Vater Lugh warf Cuchulain einen mächtigen Speer, der seinen Feinden den Todesstoß versetzte. Er war jedoch

noch berühmter für ein Manöver, das Lachssprung genannt wurde; dabei handelte es sich um die Fähigkeit,
physische Hindernisse – der Schwerkraft zum Trotz –
zu überspringen. Manche seiner Schlachtszenen sind
filmreif blutrünstig und zugleich anrührend roman-
tisch. Blut spritzt aus seinem Kopf, sein Körper voll-
führt die ungewöhnlichsten Verrenkungen, und gelegentlich ist er von nackten Frauen umgeben. Bei einer
seiner größten Herausforderungen besiegt er einen
Riesen, der eine Keule schwingt, und wird danach zum
größten Krieger von Ulster gekürt.

Legendäre Gestalten brauchten keine Schlacht, um
zu poetischen Höhenflügen inspiriert zu werden. Vielmehr war es sein tragisches Schicksal, das Amairgin, einen der mythischen Milesier, die aus Ägypten und Spa-
nien nach Irland kamen, bewegte. Der Legende nach
war es an einem Donnerstag im Mai, als Weißknie und
die anderen Krieger ihren Fuß auf irischen Boden setzten. Und damit nahm das Unglück auch schon seinen
Lauf. Amairgins Frau, die schöne Scene, starb und
wurde in der Nähe des Hafens begraben. Überwältigt
von Gefühlen und Worten, setzte Amairgin seinen
rechten Fuß an Land und trug folgendes Lied vor, das
ich der ›Encyclopedia of Celtic Wisdom‹ von Caitlín
und John Matthews entnommen habe:

Ich bin ein Wind auf dem Meer,
Ich bin eine Welle auf dem Ozean,
Ich bin das Tosen der See,
Ich bin der Stier der sieben Exile,
Ich bin ein Falke auf einer Klippe,
Ich bin eine Träne der Sonne,
Ich bin eine Biegung im Labyrinth,
Ich bin ein Eber an Mut,
Ich bin ein Lachs in einem Teich,
Ich bin ein See in einem Tal,

Ich spende Kraft,
Ich bin der Geist der Begabung,
Ich bin ein Grashalm, der zu Erde verfällt,
Ich bin ein schöpferischer Gott, der Inspiration
schenkt.

Und das ist nur die erste Strophe! Zu den folgenden
Versen gehören eine Vielzahl von Fragen und Gedanken
über natürliche und übernatürliche Phänomene sowie
ein Zauberspruch, der Fische dazu auffordern sollte,
»wie ein Vogelschwarm« in den Hafen zu schwimmen.

Legenden wie die von Cuchulain und Amairgin
wurden jahrhundertelang von einem Barden zum anderen weitergegeben, bis christliche Mönche und Ko-
pisten sie niederschrieben. Man kann heute unmöglich
sagen, wie viele dieser primitiven Sagen auf wahren Be-
gebenheiten beruhen und wie viele reine Produkte der
Phantasie sind. Doch gleichgültig, wodurch sie inspiriert wurden – die Barden haben daraus dauerhafte Legenden geschaffen, die den Mythos des keltischen Helden jahrhundertelang lebendig erhielten. In diesem
Prozeß haben sie sich auch selbst verewigt, denn sie
sind – wie ein Wissenschaftler es ausdrückte – »die
frühesten Stimmen der Morgendämmerung der westlichen Zivilisation«.

Druiden-Schulen

Schon sehr kleine Kinder können sich wichtige Daten
merken, an denen es Geschenke gibt, wie etwa Weihnachten oder den eigenen Geburtstag. Später, als Erwachsene, müssen sie regelmäßig eine ganze Latte von
Zeichen parat haben: private und geschäftliche Tele-
fon- und Faxnummern, e-mail-Adressen, Geheimzah-
len usw.

Vor Tausenden von Jahren demonstrierten die Druiden bereits die erstaunliche Kapazität des menschlichen Gehirns. Sie speicherten Hunderte, ja Tausende Strophen gereimter Weisheit, Geschichte und Legenden in ihren Köpfen. Ironischerweise führte ihr Grundsatz, sich alles auswendig zu merken, statt es niederzuschreiben, bei römischen Geschichtsschreibern zu der Annahme, die Druiden seien Analphabeten gewesen. Laut Ellis bedeutete das Fehlen schriftlicher Werke jedoch nicht Unkenntnis in der Kunst des Schreibens, sondern belegt ein religiös begründetes Verbot, mit dem man vermeiden wollte, »daß dieses Wissen in falsche Hände geriete«.

Anders als heutige Theologen besaßen die Druiden nicht meterweise Schriften, Kommentare und Handbücher. Ihr Wissen war in ihr Gedächtnis eingeschrieben, und Schüler, die es ihnen nachtun wollten, mußten ein zwölf- bis zwanzigjähriges Studium absolvieren. Trotz dieses anspruchsvollen Lehrplans gab es offenbar viele Druiden-Schulen in ganz Irland. Eine berühmte Gemeinschaft weiblicher Druiden hatte ihren Sitz ausgerechnet in Kildare, an dem Ort, wo die keltische Heilige Brigid später ihr Kloster gründen sollte.

In ihren Schulen memorierten die künftigen Druiden Hunderte und Aberhunderte von Versen, die die Legenden und das Wissen des Landes enthielten. Angesichts dieser ungeheuren Menge behalfen sich die Studenten genauso, wie man heute Gedichte auswendig lernt: mit Rhythmen, Reimen und den Anfangsbuchstaben jeder Zeile. Man glaubt, daß viele der Verse mit Buchstaben begannen, die komplexe Akrostichen bildeten, so daß sie leichter zu merken waren. Auch wenn wir uns verzweifelt wünschen, etwas über den Inhalt einiger dieser Unterrichtsstunden zu erfahren – sie sind im Laufe der Zeit unwiederbringlich verlorengegangen.

❖ Moderne Formen

Eines der seltsamsten Ereignisse in der langen Geschichte des Druidentums fand 1963 im Carleton College in Northfield, Minnesota, statt, als eine Gruppe
von Studenten nach einem kreativen Ausweg suchte,
um sich vor dem laut Schulvorschrift zwingenden
Kirchgang zu drücken. Eines der wenigen
Schlupflöcher in der Schulordnung war die Klausel, die
Studenten vom Kirchenbesuch befreite, wenn sie statt
dessen einen Gottesdienst ihrer eigenen Religion besuchten. Die jungen Leute gründeten daraufhin eine
Organisation, die sie »Reformed Druids of North
America« nannten.

Laut Margot Adler, deren Buch ›Drawing Down the
Moon‹ einen faszinierenden Bericht über das gegen-
wärtige Revival neo-heidnischen Glaubens und ent-
sprechender religiöser Praktiken liefert, verlieh die
Gruppe ihrem Scherz mit den sogenannten ›Early
Chronicles‹, die in pseudo-biblischem Stil verfaßt waren, eine Aura von Echtheit. Mit den »Reformierten
Druiden« passierte jedoch etwas Erstaunliches: Sie entwickelten sich zu einer seriösen religiösen Gruppe, die
anläßlich alter keltischer Feiertage sogar rituelle Feste
sponsert.

Margot Adler meint dazu: »Als der ursprüngliche
Protest erst einmal abgeebbt war, bestand der wichtigste Aspekt des Reformierten Druidentums darin, daß
es Menschen einen Schatz aus Geschichte, Mythen und
Weisheit nahebrachte.«

❖ Legenden am Leben erhalten

Wenn Sie nach einer Druiden-Schule in Ihrer Nähe suchen, dürften Sie in den Gelben Seiten wohl kaum fündig

werden. Doch es gibt Möglichkeiten, den Geist der Barden und Druiden auch heute am Leben zu erhalten.

- **Erzählen Sie Ihre eigene Geschichte.** Kaufen Sie sich ein Notizbuch oder ein Heft und schreiben Sie auf, was Ihnen tagtäglich so passiert. Tagebuchführen erfreut sich immer größerer Beliebtheit und ist für viele geradezu eine spirituelle Übung. Auch wenn Sie keine Keulen auf einem mythischen Schlachtfeld schwingen, erleben Sie Siege und Niederlagen. Wenn Sie diese festhalten, kann Ihnen das helfen, Ihre eigene Entwicklung nachzuverfolgen.

- **Helfen Sie anderen, ihre Geschichten zu erzählen.** Jeder hat etwas zu erzählen, aber nur wenige hören anderen tatsächlich zu. Sie können das ändern, indem Sie es bewußt trainieren. Wenn Sie darauf achten, was die Menschen um Sie herum zu sagen haben, werden Sie deren Leben besser verstehen. Plötzlich sind Sie bei den Abenteuern unbekannter Heldinnen und Helden direkt dabei.

- **Suchen Sie sich Ihre eigenen Helden.** Barden und Druiden waren in der an Helden orientierten keltischen Gesellschaft sehr gefragt. Auch heute brauchen die Menschen noch Helden, die sie ermutigen, inspirieren und ihnen den Weg weisen. Sollten Sie noch keine Helden haben, finden Sie vielleicht Anregungen in Biographien historischer Persönlichkeiten. Und selbst wenn diese Menschen fehlbar und nicht perfekt waren, hatten sie vielleicht doch ein paar Vorzüge und Eigenschaften, die sie von der großen Masse unterscheiden.

4

Die Welt als heilig betrachten

*Hinter deinem Abbild, hinter deinen Worten und Ge-
danken wartet die Stille einer anderen Welt.*

John O'Donohue, ›Anam Cara‹

In Amerikas heißem, gebirgigem Südwesten gibt es einen Ort namens Four Corners, an dem vier Bundes-
staaten aneinanderstoßen. Wenn Sie sich ein bißchen
strecken, können Sie dort mit der rechten Hand in Co-
lorado, mit der linken Hand in Utah, mit dem linken
Fuß in Arizona und mit dem rechten in New Mexico
sein. In der Welt der Kelten gab es keine so exakt und
geometrisch umrissenen Staaten. Alle Grenzen zwischen alten Stammesgebieten oder den heutigen Coun-
ties sind unregelmäßig, denn sie folgen den Konturen
der Landschaft, den jahrhundertealten Grenzen zwischen verschiedenen Königreichen oder dem Verlauf eines mäandernden Stroms. Viel wichtiger war den Kelten eine andere Grenze, die jeder überschreiten konnte,
so oft er wollte, wenn er sich nur ein bißchen streckte:
die Grenze zwischen dieser Welt und der »Anderswelt«.
Es gibt zwei grundlegende Überzeugungen, an denen die Kelten fast ungebrochen festhielten, egal, wohin in Europa es sie auf ihren jahrhundertelangen Wan-
derungen verschlug. Erstens glaubten sie, daß das

Übernatürliche das ganze Leben durchdringt. Aus dieser ersten Überzeugung folgte die zweite: daß die Welt voller heiliger Orte ist, an denen man diese andersweltliche Macht erfahren oder sich ihr nähern kann.

Oft glauben die Menschen, daß das Übernatürliche sich irgendwie über oder hinter der natürlichen Welt befindet, in der sie leben. Transzendenz bedeutet für sie Trennung. Die Kelten jedoch glaubten, daß das Spirituelle mit dem Physischen verbunden und ihre Welt von zwei verschiedenen Arten von Wesen zugleich bewohnt sei: den Lebenden und den Toten, den Sichtbaren und den Unsichtbaren. Sie sahen unsere Welt und die Anderswelt nicht als von einer undurchdringlichen Barriere oder einer großen Kluft getrennt, die nur durch seltene göttliche Erscheinungen überwunden wurde. In ihrer Vorstellung waren Gegenwart und Ewigkeit einander so nahe wie die Grenzen von Nachbarstaaten. Sie waren überzeugt vom regelmäßigen Verkehr zwischen hier und dort, zwischen dem Bekannten und dem weniger Bekannten.

Die Kelten glaubten, daß sich bestimmte konkrete Orte als Übergänge zwischen den Welten besonders eigneten. Sie nannten sie die »dünnen Plätze« und gingen davon aus, daß das Hin und Her hier besonders stark war. Manche dieser dünnen Plätze waren natürliche heilige Landschaften. Andere waren von Menschen geschaffene Heiligtümer, etwa Grabmale wie Newgrange, Steinkreise wie Stonehenge oder Hunderte kleinerer Heiligtümer in ganz Europa. Egal, ob die Kelten in der Mitte von Steinkreisen standen oder in einem wilden Hain Beschwörungen rezitierten – sie spürten, daß die Götter ihnen ganz nah und daß sie und das Göttliche eins waren.

❂ Nieder mit dem Dualismus

Der Glaube der Kelten, nach dem das Übernatürliche alles Leben durchdringt, stimmte überein mit ihrer Philosophie, die sich nicht deutlicher von dem Weltbild unterscheiden könnte, das die westlichen Zivilisationen seit Jahrhunderten geprägt hat. Die meisten von uns sind, ob es uns bewußt ist oder nicht, Dualisten. Unser Weltbild ist geformt vom griechischen Philosophen Platon, einem Schüler des Sokrates und Lehrer des Aristoteles. Platon lebte etwa zu der Zeit, als die Kelten begannen, sich in Irland auszubreiten, doch seine Vorstellung davon, wie der Kosmos funktioniere, hätte sich von der ihren nicht deutlicher unterscheiden können.

Platon betrachtete die Seele und das Reich der Ideen als unsterblich und ewig. Der menschliche Körper und die faßbare Welt sah er jedoch als vergänglich an. Jahrhunderte später, als der christliche Glaube begann, sich von seinen jüdischen Wurzeln und seinen Ursprüngen im Mittleren Osten zu lösen, näherte er sich der platonischen Philosophie immer stärker an. Nach und nach erklärten christliche Denker den christlichen Theismus und den Platonismus für kompatibel; sie adaptierten Platons Körper-Seele-Dualismus für die Lehre von Zeit und Ewigkeit, Sünde und Erlösung, Himmel und Hölle im Rahmen ihres Glaubens. In unserer westlichen Welt beeinflussen Platons Gedanken die christliche Theologie bis heute.

Die Kelten hingegen, deren Wurzeln im Osten lagen, betrachteten die Welt als harmonische Einheit und sahen in ihr keinen Dualismus und keine Diskontinuität. Für sie war die Welt und alles in ihr Teil der grundlegenden Einheit von Göttern und Natur, von Körperlichem und Spirituellem. Wenn sie die Welt betrachteten, sahen sie eine leuchtende Aura, die alles vor

83

ihren Augen erstrahlen ließ und wärmte. Jeder Hügel war heilig. Jeder Baum und jeder Grashalm konnte der Sitz einer Gottheit sein. Alle Menschen waren gut und vielversprechend.

Die Kelten trennten Religiöses oder Spirituelles nicht von allem anderen, und es war auch nicht ihr Ziel, besonders religiös zu sein, sondern lebendiger, wacher und sensibler für das Göttliche, das das gesamte Universum durchdrang. Seamus Heaney, der mit dem Nobelpreis ausgezeichnete irische Dichter, schreibt von der »überraschenden Wahrnehmung der Welt als Licht«. Die Kelten kannten dieses Licht, und es illuminierte alles, was sie sahen.

Die keltische Sichtweise, die gesamte Existenz als grundsätzliche Einheit zu betrachten, ist hilfreich für das Verständnis der überlieferten Mythen und Legenden. Helden, die ihre Gestalt verändern und zwischen den Welten hin und her wandern, können sich in Tiere und wieder zurück in Menschen verwandeln. So schwimmen etwa die mysteriösen Selkies wie Seehunde im Meer, haben jedoch auch die Fähigkeit, sich zu häuten und menschliche Gestalt anzunehmen. Skeptiker mögen diese Legenden vielleicht als kindische Phantasien abtun, doch lassen sie dabei außer Acht, daß nach Ansicht der Kelten alles mit allem irgendwie zusammenhängt. Wer sich Platons Lehren anschließt, für den ist die reale Welt nur ein Schatten des idealen Reiches. Für die Kelten jedoch war sie ein Ort wahrer Lebenskraft, ein Ort der Schönheit und des Geistes.

Urquellen des Heiligen

Wasser gilt in vielen Religionen als heiliges Symbol, vom rituellen Bad der Hindus im Wasser des heiligen Flusses Ganges bis hin zur christlichen Taufe. Für die

Kelten war Wasser ein besonders machtvolles Symbol. Die Orte, an denen Wasser und Land aufeinander trafen, betrachteten sie als dünne Plätze, wo Menschen unmittelbar mit unsichtbaren spirituellen Mächten in Verbindung treten konnten. Strände und Küsten hielt man deshalb für heilige Orte, und Menschen, die sich in der Nähe einer Stelle niedergelassen hatten, an der Wasser das Land teilte, waren für besondere Weisheit oder Eingebungen empfänglich. Nachdem Irland von Flüssen durchzogen, von Seen übersät und vom Meer umgeben ist, das in Hunderten von Buchten an Land schlägt, gibt es hier dünne Plätze in großer Zahl.

Man war auch darauf gefaßt, Göttern nahe einer heiligen Quelle zu begegnen. Die keltischen heiligen Quellen waren keine tiefen Brunnenschächte, sondern natürliche Quellen. Um die Stellen herum, an denen sie entsprangen, errichtete man schreinartige Konstruktionen. Das ist auch an anderen Orten auf der Welt durchaus üblich. In Indien und Afrika etwa werden Quellen verehrt, und die Römer bauten in allen Teilen ihres Reiches Heiligtümer rund um Quellen (eines der berühmteren Beispiele dafür ist Bath im Südwesten Englands). In einigen Gegenden Irlands hat sich die Verehrung von Quellen bis heute gehalten – ein Beweis dafür, wie stark dieser Glaube bei den Kelten gewesen sein muß.

Jeder, der schon einmal ein paar Stunden ohne etwas zu trinken gewandert ist, weiß, wie schön ein kleines Rinnsal aussehen kann und wie gut sich das Wasser in der ausgetrockneten Kehle anfühlt. Abgesehen von diesem praktischen Nutzen hielten die Kelten Quellen für Orte übermäßig heftiger, unsichtbarer Aktivität von Besuchern aus der anderen Welt. Sie bauten Heiligtümer um sie herum, warfen Opfergaben in die Becken und badeten sowohl Neugeborene als auch todgeweihte alte Menschen in ihrem kühlen, klaren Wasser. Manchen Quellen sagte man Heilkräfte nach, und der Schlamm ihrer Ufer diente zur Vorbeugung von Krankheiten. Steinplatten in der Nähe der Quellen fungierten als Sitzgelegenheiten und Liegen. Manche dieser Steine tragen noch immer Spuren der Tausenden von Füßen, die im Laufe der Jahrhunderte auf ihnen herumgeklettert sind. Für die frühen Kelten waren diese Quellen so etwas wie Hausärzte, bedeuteten sie doch für einen Teil der armen Landbevölkerung die einzige »medizinische« Hilfe.

Die Bedeutung dieser heiligen Orte schwand auch mit der Verbreitung des Christentums nicht. Die Quellen wurden einfach nach christlichen Heiligen benannt, und jeder der vielen hundert keltischen Heiligen hat mindestens eine solche Quelle, manche sogar ein paar Dutzend. Holywell in Nordwales hat man St. Winefride (oder Gwenfrewi auf Walisisch) geweiht; sie ist ein gutes Beispiel für die fortdauernde Bedeutung heiliger Quellen im Land der Kelten. Der Legende nach kam ein Mann zum Haus ihrer Eltern und bat um einen Schluck Wasser. Nachdem er seinen Durst gestillt hatte, wandte der Besucher seine Aufmerksamkeit Winefride zu. Nachdem sie seinen Avancen widerstanden hatte, verfolgte er sie mit gezogenem Schwert bis zu einer nahegelegenen Kapelle. Dort stürzte er sich auf sie, und als ihr abgeschlagener Kopf zu Boden fiel, entsprang am selben Fleck eine Quelle mit frischem Wasser. Zum Glück gelang es, den Kopf der Heiligen wieder an ihrem Körper zu befestigen, so daß sie vor ihrem Tod noch ein Nonnenkloster gründen konnte.

Einem Außenstehenden mag es schwerfallen, solche Legenden zu durchschauen, oder zu erkennen, ob eine bestimmte Quelle heidnisch oder christlich ist. Oft gab es kaum Unterschiede zwischen beiden Religionen, was die jeweils üblichen Rituale oder Heilserwartungen betraf. Die Christen organisierten Prozessionen zu den Quellen, speziell an den Festtagen des jeweiligen Heiligen, weil das Wasser dort an diesen Tagen besonders wirkungsvoll sein sollte.

Ein Jahr der Festlichkeiten

Die Kelten glaubten fest an geheiligte Orte, an denen Menschen und Götter sich begegnen konnten, und sie glaubten an heilige Jahreszeiten und organisierten ihr Leben rund um vier heilige Feste. Manche davon werden noch heute in aller Welt gefeiert und sind damit ein Beweis für das zeitlose Vermächtnis der alten Kelten.

Samhain, das am 1. November gefeiert wird, ist der keltische Neujahrstag. Das wirft die Frage auf, wieso ein auf dem Land lebendes bäuerliches Volk wie die Kelten sein Neujahr ausgerechnet zu einer Zeit feierte, in der die kühlen Herbsttage in das kalte, strenge Winterwetter übergehen. Samhain markiert das Ende eines landwirtschaftlichen Jahres und den Beginn eines neuen. Dem Stadtbewohner erscheint der Winter als eine Zeit, in der die Natur ruht. Die Kelten jedoch, die für die unsichtbaren Vorgänge der Natur sensibilisiert waren, wußten, daß die Samen für die Feldfrüchte des neuen Jahres genau dann fleißig keimten. Während Pflanzen diese Ruhephase dazu nutzen, tiefe Wurzeln zu bilden, halten viele Tiere im Vertrauen auf ihre eigenen Energievorräte Winterschlaf, bis das Wetter wieder wärmer wird.

Für die Kelten bedeutete Samhain mehr als ein Fest zu Ehren dieser unsichtbaren Aktivitäten. Es war ein Bekenntnis des Glaubens daran, daß ein neuer Frühling und Sommer auf den harten Winter folgen würden. Außerdem glaubte man, daß an diesem Feiertag die ohnehin schon dünnen Barrieren zwischen dieser und der Anderswelt völlig verschwunden seien. Die Lebenden mischten sich zwanglos unter die Geister ihrer verstorbenen Vorfahren. Caitlín und John Matthews schreiben dazu: »Es ist die Nacht, in der die Feenhügel geöffnet sind, in der der Weg zwischen den Welten mit Andersweltlichen bevölkert ist, und es von Geistern nur so wimmelt.«

Im Unterschied zu den meisten anderen Völkern der Welt, in deren Augen der Tag um Mitternacht endet und beginnt, fing er bei den Kelten mit Sonnenuntergang an. Deshalb nahmen die Feierlichkeiten zu Samhain ihren Anfang in der vorangehenden Nacht, also der letzten Nacht im Monat Oktober, in der noch heute Halloween gefeiert wird.

Bevor aus Samhain Halloween wurde, entwickelte sich aus dem heidnischen der christliche Feiertag All Hallow's Eve oder All Saints' Day, auf deutsch: Allerheiligen. Diese Verwandlung ist nur eines von vielen Beispielen dafür, wie christliche Traditionen bereits vorhandene heidnische Bräuche übernahmen und adaptierten. In diesem Fall traten an die Stelle verstorbener Vorfahren verstorbene Heilige.

Überbleibsel des alten keltischen Festes Samhain haben bis heute überdauert. Obwohl sie inzwischen kommerzialisiert sind, werden diese uralten Rituale von vielen modernen Heiden wieder gepflegt. In den letzten Jahren ist Halloween in den USA zu einem immer wichtigeren Feiertag geworden, für den inzwischen mehr Geld ausgegeben wird als für jeden anderen Feiertag – mit Ausnahme von Weihnachten natürlich. Nach Silvester und der Super Bowl finden an Halloween die meisten amerikanischen Partys statt.

Imbolc wurde von den Kelten am 1. Februar gefeiert. Das ist die Zeit, in der der Schnee langsam zu schmelzen beginnt, die Sonne wieder kräftiger scheint, und manche Pflanzen und Tiere bereits erste Zeichen neuen Lebens zeigen. Weil Imbolc ein weniger wichtiger Feiertag als Samhain war, wissen wir weniger über die damit verbundene Bedeutung und die dazugehörigen Rituale. Man glaubt, daß dieses Fest den Winter vertreiben und auf den herannahenden Frühling vorbereiten sollte.

Wie andere heidnische Feiertage wurde auch Imbolc von den Christen adaptiert, die deshalb Auskunft über diese Umwandlung geben können. Im sechsten Jahrhundert machte die Kirche aus Imbolc Lichtmeß, einen Feiertag, der das Ende des vierzigtägigen Weihnachtsfestkreises bildet und zu Ehren der Jungfrau Maria stattfindet. Außerdem wurde der 1. Februar zum Tag der Heiligen Brigid erklärt, die aus einer ganzen Dynastie heidnischer Priesterinnen und Priester stammt und später Irlands beliebteste Heilige wurde.

Im 19. und 20. Jahrhundert waren in den Feierlichkeiten der Bevölkerung des schottischen Hochlands am Vorabend des 1. Februar immer noch überraschend viele heidnische Elemente zu erkennen. Zahlreiche Menschen stellten kleine Betten aus Stroh und Heu vor ihre Haustüren, und oft standen auch brennende Kerzen daneben. Dabei handelte es sich um symbolische Einladungen an Brigid, hereinzukommen und bei den Vorbereitungen auf den kommenden Frühling zu helfen.

Beltane, den man am 1. Mai beging, war nach Samhain der zweithöchste Feiertag im keltischen Kalender. Beltane war jedoch immer eine fröhlichere Angelegenheit, weil das Fest den Beginn des Sommers bedeutete. Für das alte Bauernvolk der Kelten war die Rückkehr des warmen Wetters ein besonderer Grund zur Freude. Nach dem relativ untätig verbrachten Winter gingen die Bauern wieder aufs Feld. Das Vieh wurde nach Monaten im Stall oder in den Hütten der Hirten wieder auf die Weiden getrieben.

Als Fruchtbarkeitsfest war Beltane auch berüchtigt für seine Auswirkungen auf das Verhalten der Menschen. Diese hatten ebenfalls mehrere Monate mehr oder weniger eingepfercht verbracht. Jetzt konnte man wieder mehr Zeit außer Haus verbringen, Bekanntschaften mit entfernteren Nachbarn pflegen und Versammlungen des eigenen Stammes oder Königreichs besuchen. Paare, egal ob verheiratet oder nicht, fanden zueinander und zogen sich in die Felder zurück, denn man glaubte, ein dort vollzogener Liebesakt würde auch die Fruchtbarkeit der Natur steigern. Außerdem gehörten zu den Festlichkeiten (manchmal erotischer) Tanz und Gesang im Übermaß. Daraus erklärt sich wohl auch, warum man mit Imbolc, das neun Monate später gefeiert wird, traditionell Geburt assoziiert.

Vielleicht lag es an den sinnlichen Komponenten, daß sich die Christen Beltane nicht wie andere höhere heidnische Feste zu eigen machten. Statt dessen nutzte St. Patrick den Feiertag als Gelegenheit, um die Druiden Irlands zu einer Art spirituellem Duell herauszufordern. Bei den Heiden war es Tradition, am Abend von Beltane ein zeremonielles Feuer zu entzünden. In allen Behausungen des Landes wurden dazu zunächst die Herdfeuer gelöscht, und man wartete in der Dunkelheit, bis das Beltane-Feuer auf der Spitze des Hill of Tara entzündet war. Von diesem Feuer hieß es, daß es das Land von den Wintergeistern befreie und auch alle Krankheiten des Winters vertreibe. Mit diesem einen Feuer wurden dann die Herdfeuer der ganzen Gegend neu entzündet. An einem Beltane-Abend jedoch stellte Patrick die ganze Feierlichkeit in Frage, indem er ein eigenes Feuer auf dem Hill of Slane entfachte, das die feiernden Heiden auf dem Hill of Tara deutlich sehen

konnten. Patricks Feuer sollte das Licht Christi symbolisieren, wurde jedoch zum Symbol der Spannungen
und Auseinandersetzungen, die die Anhänger des alten
heidnischen Glaubens noch lange von den Christen
trennen sollten.

In ganz Großbritannien findet man heute noch immer Beltane-Feste, von denen sich viele seit der Antike
kaum verändert haben. In manchen Städten fertigen
die Bewohner ein aufwendiges Jack-in-the-Green-Ko-
stüm an, das dann von einem Einheimischen getragen
wird. Begleitet wird diese Figur auf ihrem Weg durch
die Straßen oft von den sogenannten Green Men. Jedes
Jahr reisen Hunderte von Menschen aus der ganzen
Welt nach Castleton in Nordengland, um dabei zu
sein, wenn am Garland Day die Bewohner den Garland
King schmücken, der dann, mit Blumen bedeckt, auf
einem Pferd durch die Straßen paradiert. Viele Menschen in aller Welt pflegen Reste dieses uralten Brauchs
bei den Festlichkeiten zum 1. Mai. Traditionelle Riten
sind die Wahl eines Maikönigs und einer Maikönigin
sowie ausgelassene Tänze rund um einen Maibaum.
Ein christlicher Brauch ist es, die Jungfrau Maria als
Maikönigin zu feiern.

Lughnasadh, auch Lammas genannt, wurde am 1.
August gefeiert und war der vierte hohe keltische Feiertag. Zum Gedenken an Lugh, den keltischen Sonnengott, wurde ein fröhliches Sommerfest während der ersten Getreideernte veranstaltet (die Obsternte und das
Schlachtfest folgten später). Ein Teil des frischen Ge-
treides wurde zu Mehl gemahlen und zu herzhaftem
Brot verbacken. Aus dem Rest braute man Ale oder
Met, mit dem die Menschen die Gaben der Natur ausgelassen feierten. Es gab üblicherweise eine Reihe von
Banketten, bei denen die Dorfbewohner erstmals wieder frische Produkte aßen – nach Monaten, in denen

91

man sparsam vom Korn der letzten Ernte gezehrt hatte. Zu solchen Zusammenkünften, die von Überfluß geprägt waren, gehörten auch verschiedene Wettkämpfe.

Diese heidnischen Feiertage waren für die alten Kelten wichtige Marksteine, die ihr Leben nach den Zyklen der Natur und dem Wirken übernatürlicher Kräfte in Zeiten von Mangel und Fülle einteilten. Sie erwiesen sich als erstaunlich beständig, auch nachdem sie vom Christentum adaptiert worden waren. Zu ihrer Zeit besaßen diese Feiertage dieselbe große Bedeutung wie für uns heute Weihnachten und Ostern.

▨ Die Nähe Gottes

So, wie nach dem heidnischen Glauben das Übernatürliche alle Lebensbereiche durchdringt, so besagt die christliche Vorstellung von der Immanenz Gottes, daß Gott sowohl transzendent ist (über den menschlichen Dingen steht) als auch allem innewohnt (mit dem menschlichen Leben verbunden ist). Die beiden Konzepte harmonieren miteinander und zeichnen das Bild einer Gottheit, die zwar außergewöhnlich ist, aber nicht *so* außergewöhnlich, daß sie von unseren Sorgen und Freuden unberührt bliebe oder diese nicht begreifen könnte. Dennoch betont – teilweise wegen ihrer Verbindung zum platonischen Dualismus – die Theologie des westlichen Christentums typischerweise die Transzendenz Gottes, seine Distanz zu uns. Das führt zu einer Theologie, die Gott eher als Schöpfer des Universums denn als seinen Erhalter sieht. Demnach ist Gott der gerechte Richter über menschliche Sünden, weniger liebend und verzeihend, als vielmehr erzürnt über die menschlichen Geschicke, und nicht unbedingt bemüht, diese zu einem guten Ende zu führen.

Als das frühe Christentum zu den Kelten kam, war

es noch nicht durch den platonischen Dualismus bela-
stet. Die Folge war eine Blütezeit des keltischen Christentums, das bis heute für seine spirituelle Tiefe, seine
Liebe zur Schöpfung und das fast völlige Fehlen von
Scheinheiligkeit und Selbstgerechtigkeit bewundert
wird. Manche Gelehrte argumentieren, daß diese Betonung der Immanenz Gottes etwas Unbewußtes war,
entstanden aus der spirituellen und philosophischen
Kultur, in der sich das keltische Christentum entwickelt
hatte. Andere sagen, dies sei das bewußte Ergebnis des
gezielten Versuchs gewesen, die Kluft zwischen dem
heidnischen und dem christlichen Glauben zu überwinden, indem man sich auf offensichtliche Ähnlichkeiten konzentrierte. In Wahrheit war es wahrscheinlich
beides. Patrick, der im römischen Britannien aufgewachsen war, strengte sich vielleicht mehr als andere
an, die beiden Traditionen miteinander zu verschmel-
zen, doch Hunderte keltischer Mönche und Heiliger,
die ihm folgten, waren von ihrer eigenen intuitiven Erfahrung der Nähe Gottes geprägt.

Als Folge davon sind die Schriften der keltischen
Kirche voll von Bezügen auf persönliche Erfahrungen
des Göttlichen, egal, ob es dabei um Austausch mit den
Heiligen im Gebet, um die Hilfe von Engeln im letzten
Moment oder um das Gefühl von der Nähe Gottes im
gesamten Leben geht. John O'Riordain, ein irischer
Mönch unserer Zeit, schreibt, daß die keltischen Christen in einer »von Engeln und Heiligen dicht besiedelten Welt« lebten, in der es »keine unüberwindliche
Grenze« zwischen Himmel und Erde gab. »Die Welt
der Engel und Heiligen [war] stärker und sogar realer
als die faßbaren irdischen Elemente.«

YEATS: FREUND DER FEEN UND ELFEN

William Butler Yeats (1865-1939), einer der hervorragendsten Dichter des zwanzigsten Jahrhunderts, war auch ein berühmter Bühnenautor sowie glühender irischer Patriot. Er kämpfte nicht nur für die irische Unabhängigkeit, sondern auch für neues Interesse an gälischer und keltischer Kunst, Literatur, Sage und Sprache.

Weniger bekannt ist seine große Begeisterung für den Okkultismus – eine Facette dieses komplexen Charakters, die den Schriftsteller Stephen Brown veranlaßte, Yeats »einen modernen Heiden« zu nennen. Yeats lehnte orthodoxe Religionen ab und experimentierte statt dessen mit einer Vielzahl esoterischer Praktiken: Er heiratete eine Frau, die ein Medium und eine Spiritistin war, und nahm mit ihr an Trance-Sitzungen und Veranstaltungen zu Automatischem Schreiben teil; er war ein Schüler von Madame Blavatsky, der Gründerin der Theosophical Society, und verbrachte in London auch einige Zeit mit Aleister Crowley, dem berühmten »Priester« Schwarzer Magie und Autor von Büchern über Magie und Okkultismus. Yeats eklektischer Glaube lieferte ihm eine Philosophie und ein System von Symbolen, die er in seinen Dramen, etwa in ›Fegefeuer‹, und in seinen Gedichten, z.B. in ›Byzanz‹, ›Leda und der Schwan‹ und anderen, verwendete. Yeats' Überzeugungen werden jedoch in Prosawerken wie ›The Celtic Twilight‹ deutlicher erklärt. Darin beschreibt er eine Begegnung mit Elfen aus der Anderswelt, die er einst als »Volk fröhlicher Geschöpfe, die keine Seelen und in ihren strahlenden Körpern nichts als einen Mund voll süßer Luft haben«, charakterisierte.

Mit 27 Jahren besuchte Yeats nach eigenen Angaben die Rosses, eine Gegend, die für ihre andersweltlichen Aktivitäten bekannt ist. Dort ereignete sich folgendes:

Ich zog einen magischen Kreis und rief die Elfen an ... Auf einmal vernahm ich ein lautes Geräusch, wie das Jubeln und Stampfen kleiner Menschen im Herzen des Felsens. Die Königin der Truppe erschien – ich konnte sie sehen – und führte eine lange Unterhaltung mit uns. Schließlich schrieb sie in den Sand »sei vorsichtig und versuche nicht, viel über uns in Erfahrung zu bringen«.

Yeats war für den Rest seines Lebens von der Anderswelt und den Elfen fasziniert. Sein Buch ›Fairy Tales of Ireland‹ enthält knapp zwei Dutzend Legenden, die er auf seinen Reisen gesammelt hat. In einigen der Geschichten sind die Elfen freundlich und sanft. In anderen spielen sie ihren Opfern in Menschengestalt gemeine Streiche. In den meisten modernen Nacherzählungen von Elfensagen dominiert die positive Seite der Märchengestalten über ihre furchterregende.

In einer seiner Predigten sprach Columba, der Gründer des Inselklosters Iona, von der Immanenz Gottes. »Doch wer könnte von seinem Sein sprechen«, fragte er. »Davon, daß er allgegenwärtig und unsichtbar ist, oder davon, wie er den Himmel, die Erde und jedes Wesen erfüllt, getreu dem Ausspruch: Erfülle ich nicht Himmel und Erde? ... Der Himmel ist mein Thron, doch die Erde meine Fußbank.« Das gleiche Gefühl kommt auf etwas einfachere Weise in einem traditionellen irischen Segen zum Ausdruck: »Möge Gott dich in seiner Hand halten und nicht zudrücken!« Andrew Greeley schreibt: »Mögest du Gott so nahe sein wie Gott dir nahe ist.«

Als Folge ihrer Betonung der Immanenz Gottes verbrachten die keltischen Christen weniger Zeit mit theologischen Disputen als mit der Suche nach der unmittelbaren Erfahrung des Schöpfers, den sie »den Gott des Lebens« nannten. Die Gemeinschaft der Heiligen war alltägliche Realität, nicht nur ein Glaube. Besonders der heilige Cuthbert verbrachte Stunden im Gebet und hatte oft Visionen von Gott oder sprach mit den Engeln. Von toten Heiligen glaubte man, daß sie für die Lebenden beteten, und die Kommunikation zwischen Toten und Lebenden hielt man für möglich, besonders an Begräbnisstätten, die Christen ebenso wie ihre heidnischen Vorfahren für durchlässige Orte hielten. Ein Forscher hat das so beschrieben: »Die Heiligen durchdrangen jeden Lebensbereich eines Menschen.«

Heute reisen alljährlich Tausende aus aller Welt nach Irland, um selbst die Erfahrung göttlicher Gegenwart zu machen. Sie besuchen dazu weder den Standort eines antiken heidnischen Monuments noch das Grab eines keltischen Heiligen, sondern Knock, ein ehemals friedliches Dorf in der Connemara-Region des County Mayo. Hier soll 1879 die Jungfrau Maria mehr als einem Dutzend Menschen erschienen sein. Seither zählt Knock neben dem französischen Lourdes und dem portugiesischen Fatima zu den berühmtesten Pilgerstätten der Marienverehrung in Europa. Seine Beliebtheit nahm noch zu, als Papst Johannes Paul II. 1979 den Ort besuchte und hier eine Messe mit 450 000 Menschen feierte. Mit eineinhalb Millionen Besuchern jährlich ist Knock heute Irlands meistfrequentierte Touristenattraktion.

Während viele Pilger Knock als moderne Entsprechung eines antiken Heiligtums und die Massen, die
sich dort an hohen Feiertagen versammeln, als aktuelle
Verkörperung des keltischen Hungers nach etwas Gött-
lichem betrachten, gibt es auch einige kritische Stimmen. Der irische Journalist Liam Fay nennt Knock »einen bizarren und geschmacklosen Ort« und tadelt die
Zurschaustellung von »Knock-Kitsch« sowie den allgegenwärtigen Kommerz.

Aber auch wenn der Aberglaube des einen die Lebensgrundlage eines anderen ist, steht doch eines fest:
Der beständige Glaube an einen allgegenwärtigen Gott
hat im keltischen Bewußtsein überdauert. In ›Die
Asche meiner Mutter‹ erinnert sich Frank McCourt
daran, als Kind oft mit einem Engel gesprochen zu haben, der ihn auf der Treppe der kleinen Wohnung, in
der er mit seiner Familie wohnte, besuchte: »Ich weiß,
daß er da ist, weil sich die siebte Stufe wärmer anfühlt
als die anderen Stufen und weil da ein Licht in meinem
Kopf ist. Ich erzähle ihm meine Sorgen und ich höre
eine Stimme. Fürchte dich nicht, sagt die Stimme.«

▦ Die Gegenwart Gottes erleben

Hier ein paar Vorschläge, wie Sie die Gegenwart Gottes
in Ihrem Alltag spürbar machen können.

- **Prüfen Sie Ihren Glauben**. In gewisser Weise ist
  jeder Mensch ein Philosoph und ein Theologe.
  Sind Sie ein platonischer Dualist, oder stehen Sie
  mit Ihrer Überzeugung eher den keltischen Pan-
  theisten nahe? Glauben Sie, daß unsere Welt regelmäßig von etwas Heiligem besucht wird, oder meinen Sie, daß wir hermetisch von allem Göttlichen

abgeschlossen sind? Wissen Sie, was Sie glauben und warum?

Schreiben Sie Ihre Ansichten über die Menschheit, die Natur und den Kosmos nieder und unterziehen Sie sie einer kritischen Prüfung. Ergeben Ihre Ansichten einen Sinn? Prüfen Sie immer wieder, was Sie denken und glauben. Trennen Sie sich von Überzeugungen, die Ihren Erfahrungen widersprechen. Halten Sie an dem fest, was wahr ist.

• **Handeln Sie nach Ihrer Überzeugung.** Wenn Sie an etwas Übernatürliches glauben, leben Sie dann auch danach? Rufen Sie Gott bewußt an, und sind Sie tatsächlich spirituell empfänglich, so daß Gott Sie führen und leiten kann? Solche einfachen, aber tiefgreifenden Gewohnheiten machen den Unterschied zwischen intellektueller Religion und gelebtem Glauben aus.

Praktizieren Sie, was Sie glauben. Öffnen Sie ein Fenster in Ihrer Seele, durch das Gott Ihr Leben berühren kann.

• **Feiern Sie die Jahreszeiten.** Das Leben vieler Menschen dreht sich um eine Reihe weltlicher Daten und Stichtage. So zittern zum Beispiel Millionen Menschen vor dem Ablieferungstermin für ihre Steuererklärung. Oder sie sind die Sklaven monatlicher Zahltage für Miete, Hypothek, Zinsen, Telefon oder Kreditkarte.

Auch die Kelten kannten solche Stichtage, aber sie ließen sich davon niemals so verrückt machen, daß sie vergessen hätten, die Rückkehr des Sommers mit rauschenden Festen ausgelassen zu feiern.

Vielleicht würde sich Ihr Horizont erweitern, wenn Sie mehr auf die Zyklen der Natur achten würden.

Passen Sie auf, wann die Rotkehlchen in Ihren Garten zurückkehren. Beobachten Sie das Knospen der Bäume und das Reifen der Früchte. Nehmen Sie sich jeden Herbst die Zeit, durch einen Park oder Wald mit gefallenem Laub zu streifen. Und statt den Schnee nur zu verfluchen, sollten Sie auf ihm spazierengehen und seinem Knirschen unter Ihren Sohlen lauschen. Genießen Sie einfach die Natur in all ihren jahreszeitlichen Variationen.

5

Jeder Tag ein heiliger Tag

Als Gott die Zeit schuf, schuf er viel davon.
Keltische Weisheit

Ob als Heiden, die die Gegenwart des Göttlichen in der Natur verehrten, oder als Christen, die den transzendenten und immanenten Gott priesen – die Kelten waren schon immer der Überzeugung, jede Minute des Tages biete eine neue Chance, die Herrlichkeit der Schöpfung zu erleben. Diese »Alltags-Mystiker« lebten in dem Bewußtsein, daß die reale Welt, die sie bewohnten und mit ihren fünf Sinnen wahrnahmen, von der übernatürlichen Welt durchdrungen war. Sie erlebten diesen Zustand auf eine natürliche Weise und dennoch als etwas Besonderes.

Der Unterschied zwischen dem gelebten Mystizismus der Kelten und dem Gefühl der Entfremdung, das viele moderne Menschen Gott gegenüber empfinden, läßt sich zum Teil auf die jeweiligen äußeren Bedingungen zurückführen. Die Kelten lebten in kleinen ländlichen Dörfern im Kreise ihrer Sippe. Sie waren den Nachbarn und dem Land verbunden, und es war einfach, mit dem Stammeschef oder sogar mit dem lokalen König Kontakt aufzunehmen. Heute ist es schon schwierig, jemanden ans Telefon zu bekommen oder gar zu glauben, in der Öffentlichkeit etwas zu sagen zu haben. Unser vielzitiertes Kommunikationszeitalter hat schnelle und effiziente Wege zur Übermittlung von Daten gefunden, doch mit diesem Prozeß ist eine Entfremdung unter den Menschen und von Gott einhergegangen. Im Unterschied dazu fühlten sich unsere keltischen Vorfahren einander noch nahe und waren auf unkomplizierte Weise vertraut mit der spirituellen Welt.

Daß diese Menschen die Gegenwart des Göttlichen in den Einzelheiten des täglichen Lebens fraglos akzeptierten, erklärt, warum einige von ihnen mit Freuden zwanzig Meilen zu einer Kirche oder einem Heiligtum pilgerten. Der weite Weg wurde als Zeit der spirituellen Vorbereitung betrachtet, als Teil des Ziels. Spirituelle Weisheit und Kraft fanden sich sogar in der Luft, die die Kelten atmeten. Dieser natürliche Mystizismus machte die keltische Spiritualität so einzigartig. Und er ist auch der Grund dafür, warum sie bis heute auf viele Menschen eine so große Anziehungskraft ausübt.

»Die Musik der Ereignisse«

Nach der Logik der keltischen Spiritualität ist, wenn man das Göttliche als allgegenwärtig erkennt, alles zugleich Teil des Göttlichen. Eine solche Sichtweise fördert die Wertschätzung und Begeisterung für das gewöhnliche Leben, die uns heute verblüffen. Der Mönch und Schriftsteller John O'Riordain nennt dieses einfache Annehmen des Lebens »die Musik der Ereignisse«.

Von der Welt der Märchen bis zu den Geschichten von keltischen Heiligen herrscht eine erstaunliche Einigkeit in bezug auf die außergewöhnliche Wertschätzung des ganz Alltäglichen. Die Leben vieler Heiliger sind so voller Wunder und übernatürlicher Erscheinungen, daß es fast scheint, als hätten ihre Füße kaum einmal den Erdboden berührt. Eine hübsche Episode aus dem Leben eines gewöhnlichen Heiligen berichtigt diese Fehleinschätzung. Lady Gregory erzählt: »Ein Mann war eines Abends auf dem Weg von Kinvara nach Hause. Sein Pferd trug einen Sack mit Hafer. Da fiel der Sack herunter, und er mühte sich, ihn wieder hinaufzuheben; doch es gelang ihm nicht, weil er zu schwer war. Da erschien der heilige Colman selbst und half ihm, indem er den Sack für ihn aufs Pferd hob.« Dieser simple Bericht ist die schnörkellose Darstellung eines Akts christlicher Nächstenliebe. Die Tatsache, daß die Autorin ihn bei den Geschichten aus Colmans Leben eingereiht hat, zeigt, daß selbst eine so kleine alltägliche Tat die Frömmigkeit und die Ideale eines Heiligen offenbaren konnte.

Ein irischer Dichter des 20. Jahrhunderts, Euros Bowen, bringt dieses Gefühl noch heute zum Ausdruck. In seinem Gedicht »Reredos« (Retabel, Altaraufsatz) sieht ein Priester, der gerade die Eucharistie feiert, für einen Moment aus einem Fenster seiner Kirche und erhascht einen Blick auf die strahlende Schönheit der Erde, die Freude der Vögel im Flug und den prachtvollen Sonnenglanz. Im nächsten Moment segnet der Priester die Natur so wie er Wein und Brot segnet, er weiht alles. Während uns das Gedicht rein symbolisch erscheinen mag, könnte es sich tatsächlich auch auf ein faszinierendes keltisches Sakrament beziehen.

Laut O'Riordain praktizierten sowohl Columba als auch Mael Ruain, beides keltische Mönche des sechsten respektive achten Jahrhunderts, eine einzigartige Form der Kommunion. Zunächst verzehrten die Gottesdienstbesucher das geweihte Brot und den Wein, die das Herz und die Seele der Messe bilden und als verwandeltes Fleisch und Blut Christi gelten. Dann aßen und tranken sie ungeweihtes Brot und ungesegneten Wein. Diese »Doppel-Kommunion«, die noch heute in einigen Kirchen praktiziert wird, überraschte O'Riordain beim ersten Mal, doch dann erkannte er, daß sie eine »Vereinigung allen Lebens bedeutete, die das Kirchliche und das Säkulare in eins brachte«. Statt das Sakrament zu verweltlichen, wie einige Traditionalisten fürchten könnten, haben solche Gesten die gegenteilige Wirkung, indem sie viel vom sogenannten natürlichen Leben in den Bereich des Sakralen einbringen.

■ Das Sakramentartige im täglichen Leben

Nach der christlichen Lehre ist ein Sakrament eine konkrete Handlung, die eine tiefere spirituelle Realität widerspiegelt und als Vehikel für Gottes Gegenwart dient. Das keltisch-christliche Verständnis von der Immanenz Gottes in allen Lebensbereichen führte dazu, fast jedes alltägliche Ereignis als ein Sakrament aufzufassen. So schufen die Kelten Hunderte von Gebeten und Segenssprüchen, um göttliche Hilfe und Schutz zu erbitten. Viele davon sind bis heute in den ›Carmina Gadelica‹ nachzulesen.

Man konnte den Tag beispielsweise mit einem einfachen Gebet beginnen – »Dank sei Dir, o Gott, daß ich mich heute erhoben habe/ und für dieses Leben selbst« – und voller Hoffnung beenden – »Ich lege mich mit Gott nieder/So wie er sich mit mir niederlegt«. Dazwischen gibt es Gebete und Segen für fast jede nur denkbare Aktivität, wie zum Beispiel den »Segen zum Anzünden des Feuers«, den üblicherweise die Hausfrau flüsterte, wenn sie bei Tagesanbruch das Herdfeuer entfachte:

Ich werde mein Feuer an diesem Morgen anzünden
Im Beisein der heiligen Engel des Himmels ...
Gott, entzünde Du mein Herz
Mit einer Flamme der Liebe für meine Nachbarn,
für meinen Feind und meinen Freund und all
meine Verwandten.

Diese Gebete waren nicht nur einfach starre Tradition,
sondern wurden sichtlich den Umständen angepaßt.
Aus ihnen hören wir heraus, daß es den Kelten darum
ging, in jeder einzelnen Handlung – wie geringfügig
oder weltlich sie auch war – eine heilige Chance für die
Erfahrung von Gottes wunderbarer Gnade zu sehen.
In der einfachen Tätigkeit des Feuermachens wurde
Gott erkannt und angerufen; man trug ihm eine Bitte
vor: Er möge ein Feuer in einer menschlichen Seele
entfachen, das dem schwachen Menschen die Kraft geben soll, bis Sonnenuntergang ein vom Geist gelenktes
Leben zu führen. Der Priester Michael Mitton bemerkt
dazu: »Keltische Christen fanden es so natürlich, beim
Melken einer Kuh zu beten wie in der Kirche ... Also
gab es Gebete zum Aufstehen am Morgen, zum Wa-
schen und Anziehen, zum Arbeiten, zum Ausruhen,
zum Treffen von Freunden, zum Essen, zum Putzen
des Hauses, zum Ausziehen und zum Schlafengehen.«
O'Riordain erinnert sich daran, ein verbreitetes Ritual
gelernt zu haben, als er die Kühe seiner Familie molk.
Bevor er die Zitzen des Kuheuters über den Eimer
hielt, molk er immer die ersten paar Züge auf den Boden. Das könnte man für Verschwendung halten, doch
den Menschen, die in dem Glauben an die Bedeutung
von Mysterien und Ritualen aufgewachsen sind, ist es
ein starkes Symbol dafür, wie die Ideen von Opfer und
Danksagung fast alle Bereiche des Lebens durchdrin-
gen.

Die Essenszeit bot eine weitere Gelegenheit dafür. Die Kelten betrachteten sie als Chance, Gott für den Reichtum der Erde zu danken und darum zu bitten, ein gutes Leben zu führen. Diese »Weise, Speis und Trank zu sich zu nehmen« ist einem alten walisischen Text entnommen, ›The Rudiments of Divinity‹.

> Wenn du dein Essen zu dir nimmst, denk an ihn, der es gibt, nämlich an Gott, und während du seinen Namen denkst, nimm mit dem Wort den ersten Bissen in deinen Mund, danke Gott dafür und erbitte seine Gnade und seinen Segen damit, zur Gesundheit deines Körpers und deines Geistes; trinke dann auf dieselbe Weise. Und für jedes andere Ding oder jede andere Menge, die du nicht mit dem Gedanken an den Namen Gottes nehmen kannst, erflehe seine Gnade und seinen Segen, damit es nicht zu deinem Schaden sei oder ein Fluch dich treffe.

Es gab auch Gebete und Segenssprüche, die Gott für das Aufgehen der Sonne oder das Leuchten des Mondes dankten, um Linderung bei Kopfschmerzen oder Schutz vor den tödlichen Folgen der Pest baten und vieles, vieles mehr. Auch wir können unseren täglichen Verrichtungen mehr Aufmerksamkeit schenken, indem wir die Worte der alten Kelten benutzen oder uns eigene Gebete ausdenken, die unser Leben zu einem Sakrament machen.

🔯 Der Nektar des Lebens

Die Lebensgeschichten keltischer Heiliger sind voll von einfachen, lebensbejahenden Geschichten wie der von St. Colman, der dem Mann half, den Hafersack wieder auf sein Pferd zu heben. Doch in diesen Berichten fließt nicht nur die Milch der Menschenfreundlichkeit, sondern zuweilen auch Bier in großen Mengen. Die Freude an Essen und Trinken war eine weitere Gelegenheit, Gottes Fest des Lebens zu feiern.

Viele kennen das erste Wunder Jesu, als er bei der Hochzeit von Kanaan Wasser in Wein verwandelte. Manche Fundamentalisten und Abstinenzler beharren darauf, daß er aus dem Wasser nur Traubensaft gemacht habe. Nicht so St. Darerca, die auch als Äbtissin Moninna bekannt ist. Die keltische Heilige, die von St. Patrick getauft worden war, soll ebenfalls Wasser in Wein verwandelt haben.

Das Wunder fand bei ihrem Besuch des County Louth statt, »dort, wo ihr Volk früher lebte«. Vielleicht dachte Darerca sich, daß diese Menschen, die erst kürzlich vom Heiden- zum Christentum übergetreten waren, ein Wunder besonders nötig hatten, um ihren christlichen Glauben zu stärken. »Schließlich waren sie in alten Zeiten mehr als ihre benachbarten Stämme mit magischen Fähigkeiten gesegnet gewesen.« Darercas Hauptanliegen war jedoch die Zufriedenheit der Schwestern, die mit ihr reisten, sowie die einer anderen Gruppe frommer Frauen, mit denen sie zusammenwohnten. »Mit ihren eigenen Händen«, so die Legende, »gewährte sie durch Gottes Gnade das, woran Mangel herrschte – Getränke zur Unterhaltung der ganzen Gesellschaft. Also segnete sie einen Krug voll Wasser, und Gott verwandelte durch sie das Wasser in den besten Wein.«

Als ob das noch nicht genügt hätte, wird in der nächsten Episode aus dem Leben der Heiligen davon berichtet, wie sie sich für die Gastfreundschaft eines Nachbarn revanchierte, indem sie ihn mit Bier segnete. Eines Abends, als ein Bauer namens Denech einen

Rundgang über seine Felder machte, begegnete er Darerca und ihren Schwestern, die bei Nacht reisten, weil »es bei den Bräuten Christi Sitte war, eher nachts als am Tag zu reisen, damit der Anblick alltäglicher menschlicher Dinge die kleinen Täubchen nicht ablenkte«. Denech, ein gläubiger und bescheidener Mann, lud die müden Schwestern zu Speis und Trank in sein Haus ein. Nachdem sie gegessen und getrunken hatten, segnete Darerca das Haus. Dann fiel ihr Blick auf den Krug, mit dem den Schwestern Bier ausgeschenkt worden war. Er war beinahe leer, doch nachdem die Heilige ihn gesegnet hatte, war er bis zum Überlaufen mit ausreichend herrlichem Bier für alle Gäste des Mannes gefüllt. Darerca segnete auch den Hof des Mannes, was seine Freigebigkeit noch größer werden ließ.

Sogar nachdem sie gestorben und »zu Christus heimgegangen« war, sprudelte aus einer heiligen Quelle, die der heiligen Darerca geweiht war, Bier. In der letzten Episode ihrer Legende heißt es, daß St. Finnbarr einmal zu Gast in dem Kloster war, das Darerca gegründet hatte. Während eine Schwester im Kloster zu der verstorbenen Heiligen betete, wandelten sich nach seinen Angaben Gefäße mit Wasser »in das beste Bier ... und die davon tranken, wurden herrlich erfrischt«.

Doch wahrscheinlich feierte niemand das Leben überschwenglicher und ehrte dadurch Christus mehr als die überaus beliebte St. Brigid. In einem der berühmtesten Gedichte der keltischen religiösen Überlieferung bringt Brigid ihre faszinierende Mischung aus Hingabe an Gott und Lebensfreude zum Ausdruck:

Ich hätte gern einen großen See Bier für den König der Könige;

Ich hätte gern, daß die himmlischen Heerscharen
bis in alle Ewigkeit daraus tränken.
Ich hätte gern die Frucht des Glaubens, der rei-
nen Hingabe;
Ich hätte gern die Lager der Heiligkeit in meinem
Haus.
Ich hätte gern die Männer des Himmels in mei-
nem eigenen Heim;
Ich hätte gern die Fässer der Geduld zu ihrer Ver-
fügung.
Ich hätte gern die Gefäße der Wohltätigkeit zur
Verteilung.
Ich hätte gern die Krüge des Mitleids zu ihrer Be-
gleitung;
Ich hätte gern Fröhlichkeit, ihnen zu Gefallen;
Ich hätte gern, daß Jesus auch zugegen wäre.
Ich hätte gern die glorreichen und berühmten
drei Marien hier;
Ich hätte gern das Himmelsvolk auf allen Seiten
um mich.
Ich wäre gern Dienerin des Herrn;
Sollte mir ein Leid geschehen, würde er mir sei-
nen Segen schenken.

Brigid verstand wie die anderen keltischen Heiligen das
Leben als ein freudvolles Fest. Für sie manifestierte sich
Gottes Segen in etwas so einfachem wie einem Krug Bier.

Opfergaben und Exerzitien

Sowohl heidnische wie auch christliche Kelten entwickelten raffinierte Rituale, um sich dem Göttlichen
zu nähern. Obwohl viele Details des praktizierten Heidentums verlorengegangen sind, konnten Archäologen
dazu beitragen, einige der Mysterien zu enträtseln.

An zahlreichen heidnischen Heiligtümern im ganzen Keltengebiet haben Forscher Überreste von Broten gefunden, die hier offenbar als Opfergaben zurückgelassen worden waren. Solche Getreideopfer machte man sicher das ganze Jahr hindurch, besonders beliebt waren sie jedoch an den vier großen Feiertagen Samhain, Imbolc, Beltane und Lughnasadh. Man wollte mit ihnen den Göttinnen und Göttern, die die Natur und die Fruchtbarkeit kontrollierten, seinen Dank zum Ausdruck bringen.

Die heidnische Bevölkerung brachte auch den Feen und Waldgeistern verschiedenste Opfer. Es scheint aber, daß diese Gaben weniger ein Zeichen des Dankes als eher eine Art Versicherung waren. Mit diesen kleinen Gaben in Form von Speisen oder Getreide hoffte man, die sprunghaften und schelmischen Geisterwesen davon abzuhalten, den Menschen Schaden zuzufügen. Aus dieser Wurzel stammt wahrscheinlich auch der Halloween-Brauch »Trick or Treat« (Streich oder Schleckerei).

Als das Keltengebiet christianisiert wurde, blieben viele dieser uralten Rituale erhalten, aber ihre Bedeutung änderte sich. Der Kreis war ein wichtiges rituelles Symbol für Heiden, die das Land der Kelten mit Tausenden von Steinkreisen und anderen runden Bauwerken überzogen und die die Sonne als äußerst mächtigen, kreisförmigen Gott verehrten. Die Christen machten sich den Kreis ebenfalls zu eigen, was am einzigartigen keltischen Kreuz am deutlichsten zu erkennen ist. Niemand ist sich ganz sicher, warum die Kelten den traditionellen horizontalen und vertikalen Balken des Kreuzes den Kreis hinzufügten. Viele betrachten das keltische Kreuz als vollendetes spirituelles Symbol: ein Abbild der Verbindung Christi mit der Natur – symbolisiert durch die Sonne –, das zugleich seine Überlegenheit über den heidnischen Sonnengott demonstriert. Wieder andere sehen in dem Kreis ein eher allgemeines Symbol der Ganzheitlichkeit und alles umfassenden Liebe Gottes für die Welt. Was auch immer die ursprüngliche Bedeutung sein mag – das keltische Kreuz bleibt eines der dauerhaftesten Vermächtnisse der Kelten.

Eine andere Weise, auf die die Christen den Kreis in einige ihrer Rituale einbezogen, waren »umfassende« oder »umkreisende Gebete«. In einigen Fällen begann der Gläubige stehend mit ausgebreiteten Armen. Dann drehte er sich im Uhrzeigersinn um neunzig Grad und sprach ein Gebet, das um göttlichen Schutz bat – »Mein Christus! Mein Christus! Mein Schutz, mein Umschlinger/Jeden Tag, jede Nacht, jedes Licht, jede Dunkelheit« – und drehte sich kontinuierlich weiter, bis der Kreis geschlossen war. In anderen Fällen beteten die Gläubigen, während sie im Kreis um ihr Heim, ein Heiligtum oder einen anderen geweihten Ort herumgingen.

KELTISCHE HOCHKREUZE

Kein Symbol verdeutlicht keltisches Christentum besser als die wundervollen keltischen Kreuze, die ein Schriftsteller einmal »Gebete in Stein« nannte. Vorchristliche Kelten hatten heiliges Territorium schon immer mit verschiedenen geweihten Steinen, Säulen und Monumenten abgegrenzt. Die christianisierten Kelten machten es nicht anders. Zunächst meißelten die Christen im Land der Kelten einfach Kreuzsymbole in vorhandene heidnische Steine. Ab dem achten Jahrhundert schufen Künstler unter den Mönchen bereits fleißig spezielle keltische Kreuze.

Heute gibt es noch über hundert dieser Kreuze auf irischem Boden sowie Hunderte im englischen Cornwall. Viele weitere wurden von Protestanten zerstört, die darin Symbole der katholischen Idolatrie sahen.

Das Auffallendste an diesen Kreuzen ist der Ring, der den Querbalken umgibt. Auch wenn manche Forscher behaupten, daß der Kreis nur ein technisches Hilfsmittel war, um das Gewicht des schweren horizontalen Balkens zu tragen, so sind sich die meisten heute darüber einig, daß er ein Gestaltungselement mit Symbolcharakter darstellt. Für die heidnischen Kelten waren Kreise wichtige spirituelle Symbole. Vielleicht versuchten die Christen durch die Kombination von Kreis und Kreuz der Welt zu zeigen, daß sie Christus für den Mittelpunkt und den Gipfel von allem hielten. Das Kreuz stand auch für die Herrschaft Christi über die gesamte Schöpfung.

Künstler versahen die Kreuze mit üppigen, ausgefallenen Mustern. Manche von ihnen sind abstrakt und geometrisch und zeigen die gleiche Art komplizierter, verschlungener Elemente, wie keltische Schmiedearbeiten und die kunstvoll verzierten Seiten des ›Book of Kells‹ sie aufweisen.

Zudem sind viele Kreuze in zahlreiche Felder aufgeteilt, in denen diverse biblische Figuren und Szenen dargestellt sind. Das Westkreuz von Monasterboice im County Louth ist das größte seiner Art in Irland, was auch bedeutet, daß darauf am meisten Platz für biblische Motive ist. Allein die Vorderseite besteht aus zwölf Feldern, in denen es von Gestalten aus der Bibel jeweils nur so wimmelt.

Clonmacnoise besitzt viele Kreuze und Teile von Kreuzen. Man glaubt, daß dieses mönchische Zen-

trum einst eine große Bildhauerwerkstatt beher-
bergte, die Kreuze für Klöster in ganz Irland lieferte.
Die Kreuze von hier sind berühmt für ihre fein und
präzise gearbeiteten Verzierungen.

Das »Bibelkreuz« (Cross of the Scriptures) ist das
wahrscheinlich berühmteste in Clonmacnoise. Seine
verwitterten Felder erzählen die Leidensgeschichte
Jesu, beginnend mit den Ereignissen des Palmsonn-
tag und endend mit der Auferstehung zu Ostern, die
genau in der Mitte des Kreuzes dargestellt ist. Für
viele keltische Gläubige, die des Lesens nicht mächtig waren, bedeuteten diese Felder eine einfache
Möglichkeit, wichtige christliche Vorstellungen zu
begreifen. Es war wohl auch so, daß viele Menschen
die Kreuze auf ihren Knien umrundeten, während
sie vor jedem einzelnen Feld beteten.

In anderen Teilen der Welt hat das Christentum riesige Kathedralen und andere architektonische Wunder hinterlassen. Das Vermächtnis der keltischen
Christen sind ihre Kreuze, die Bände von der wunderbaren spirituellen Revolution sprechen, die diese
Menschen durchlebt haben.

Die Verwendung des Kreises war auch eine einzigartige
Möglichkeit, ein fundamentales christliches Bekenntnis
abzulegen: daß Gott der Gott der ganzen Erde und allen Lebens ist. Oder wie es die Wissenschaftler Oliver
Davies und Fiona Bowie in ihrem Buch ›Celtic Christian Spirituality‹ ausdrücken: »Es gab keinen Lebensbereich, der nicht in irgendeiner Weise von den verschlungenen Netzen aus Ritual und Glaube berührt
wurde, die in der Welt der Kelten von Bedeutung sind
und sie überhaupt erst lebendig machen.«

Gefangene der Zeit

Zu den Dingen, die den Menschen an der keltischen Spiritualität am besten gefallen, gehört ihre Betonung alltäglicher Sakramente, ihre außergewöhnliche Aufmerksamkeit für Anzeichen und Symbole des Heiligen im normalen Leben und ihre lockere Einstellung zur Geistlichkeit. »Ich würde gerne so leben«, sagen sich vielleicht einige, »aber ich habe einfach nicht die Zeit dazu.« Auf solche Ausflüchte hätten die Kelten vermutlich erwidert: »Als Gott die Zeit schuf, schuf er eine Menge davon!«

Die Kelten betrachteten Zeit als ein im Überfluß vorhandenes Geschenk Gottes. Sie machten sich nicht verrückt und versuchten nicht, noch das letzte bißchen Produktivität aus jedem Sechzig-Sekunden-Intervall herauszupressen. Und sie wären entsetzt gewesen von dem kapitalistischen Grundsatz »Zeit ist Geld«. Ihrer Ansicht nach war Zeit zu wertvoll, um vom Kommerz herabgewürdigt zu werden. Statt dessen betrachteten sie Zeit als eine endliche, jedoch reichlich vorhandene Ressource, die zu unserem Segen und unserer Freude von denselben Kräften erschaffen worden ist, die auch die Sonne, den Mond und die Sterne gemacht haben.

Cormac Mac Ciolionain, ein keltischer König, Bischof und Intellektueller, verfaßte Gedichte und Abhandlungen über verschiedenste Themen sowie eine Klosterregel für die Mönchsgemeinschaft, die nahe seinem Amtssitz in Cashel lebte. Darin schrieb er: »Schickliches, gemütliches Feiern ist die Krönung jeder Arbeit, und wir können es nur loben.« Das zeigt einen tiefen Respekt für die Zeit, ohne sich ihr jedoch unterzuordnen. Es ist nicht so, daß Zeit diesen Menschen nichts bedeutet hätte, doch irgendwie gelang es ihnen, ihr Leben nicht als Sklaven der Uhr zu leben. Wie entwickelten die Kelten eine Einstellung zur Zeit, die sich so grundlegend von der unseren unterscheidet?

Bei den frühesten Kelten war die einzige Zeit, die eine Rolle spielte, die Jahreszeit. Bauern mußten wissen, wann sie säen und wann sie ernten sollten. Weise Männer erklärten ihnen, wie die entsprechenden Zeichen zu verstehen waren; manche von ihnen leiteten auch die Festlichkeiten der an die Jahreszeiten gebundenen Feiertage, die so bestimmt waren, daß sie die wichtigen Phasen des Lebens deutlich markierten. Sowohl Newgrange wie auch Stonehenge, die beiden eindrucksvollsten präkeltischen Monumente, sind nach dem Zyklus der Jahreszeiten ausgerichtet.

Jede technische Entwicklung zieht auch unbeabsichtigte Folgen nach sich. Die Einführung genauerer Zeitmeßgeräte ist das beste Beispiel dafür. Ursprünglich dienten sie der Bequemlichkeit, aber dann entwickelten sie sich allmählich zu Tyrannen. Viele von uns haben das Gefühl, unter der Herrschaft der Uhr zu leben. Kaum jemand hat genügend Zeit für das, was ihm wirklich wichtig ist. Und viele nehmen den Grundsatz »Zeit ist Geld« so schrecklich ernst, daß sie Überstunden machen, um mehr zu verdienen, und zugleich bei den weniger »wichtigen« Dingen, wie Gesprächen mit dem Partner, Nachbarn und Verwandten, Zeit einsparen.

Eine keltische Heiligenlegende hilft uns vielleicht, Zeit wieder als ein reichlich vorhandenes Geschenk Gottes zu begreifen. Der Geschichte zufolge war Mochaoi von Ulster eines Tages dabei, mit seinen Brüdern Holz für den Bau einer Kirche zu fällen. Als er gerade eine Ladung Ruten zusammentrug, hörte er plötzlich ein wunderschönes Lied, das aus einem nahen Busch kam. Bezaubert vom Gesang des Vogels trat er näher. Da sprach der Vogel zu ihm und sagte, er sei von Gott gesandt worden, um ihn, Mochaoi, zu unterhalten. Das erschien dem Heiligen eine gute Idee, und er blieb die nächsten dreihundert Jahre an der Stelle stehen, um ihm zuzuhören. Als der Vogel sich schließlich von ihm verabschiedete, kam es dem Heiligen so vor, als sei weniger als eine Stunde vergangen.

Gott möchte uns alle unterhalten. Wenn wir nur die Zeit dafür hätten.

Danken

Es gibt noch eine entscheidende Sache, die über die Kelten und ihre Haltung, das Heilige im Alltäglichen zu sehen, gesagt werden muß: Diese Menschen besaßen eine Geisteshaltung, die von Dankbarkeit geprägt war.

Die Kelten betrachteten alles in der Natur um sie herum als vom Übernatürlichen durchdrungen. Jeder Baum war eine bunte Erinnerung an die Göttlichkeit, jeder Hügel eine neue Offenbarung der Herrlichkeit des Schöpfers. Jeder neue Morgen galt ihnen als Versprechen der unerschütterlichen Liebe Gottes. Die Kelten stellten nicht in Frage, wägten nicht ab, urteilten nicht und wiesen auch nichts zurück. Sie nahmen an, was ihnen gegeben wurde, und dankten dafür.

O'Riordain erinnert sich an Mrs. Neylon, eine Lehrerin aus seiner Kindheit, die diese Einstellung verkörperte. Jeden Morgen begann sie mit dem Satz: »Ein großartiger, schöner Morgen, Dank sei Gott.« O'Riordain meint dazu, daß solche Gefühle an einem von Irlands großen und ruhmreichen Tagen voll Sonnenschein und Schönheit sicher berechtigt waren. Mrs. Neylon jedoch dankte Gott nicht nur bei Sonnenschein. Eines Tages betrat sie das Klassenzimmer und war von einem peitschenden Unwetter völlig durch-

116

näßt. Sie nahm ihre Mütze vom Kopf, schüttelte sie aus und verkündete: »Ein großartiger, nasser Morgen. Dank sei Gott.«

Bei den Kelten war Dankbarkeit nicht an Bedingungen geknüpft. Sie hing nicht vom blauen Himmel, einem netten Chef oder einem boomenden Aktienmarkt ab. Dankbarkeit war eine Lebenseinstellung. Und die Kelten fanden, daß es eine Menge Dinge gab, für die sie dankbar sein konnten.

⬛ Den Augenblick genießen

Weil sie in jedem Augenblick etwas Heiliges sahen, empfanden die Kelten auch jede Sekunde eines jeden Tages als Chance zu spirituellem Wachstum. Vielleicht können wir aus dieser uralten Weisheit etwas über den wahren Wert von Zeit lernen. Hier ein paar Vorschläge, wie Sie damit beginnen könnten.

- **Begreifen Sie Ihr Leben als Sakrament**. Die Kelten beteten, wenn sie morgens aus dem Bett stiegen und wenn sie sich abends wieder hineinlegten. Vielleicht würde es auch Ihr tägliches Leben verändern, wenn Sie es mit solchen Gebeten einrahmen würden. Ein Gebet ist etwas absolut flexibles, und Sie können es überallhin mitnehmen. Ein Gebet ist auch wunderbar einfach; Sie können sich Gott in einer Sekunde anvertrauen, wenn das alle Zeit ist, die Sie zur Verfügung haben. Warum soll man nicht zu beten beginnen, wenn man im Stau steckt, während man im Supermarkt Schlange steht oder auf den Beginn einer Besprechung wartet? Nutzen Sie solche Situationen, in denen Sie unter Druck stehen, um sich für einen Augenblick in die Gegenwart Gottes zu retten.

- **Halten Sie inne, und lauschen Sie auf »die Musik der Ereignisse«.** Sie werden die Schönheit der Welt niemals wahrnehmen, wenn Sie nicht hinsehen und zuhören. Dies ist kein Plädoyer für das Tragen einer rosaroten Brille. Es soll Sie nur daran erinnern, daß Sie vielleicht ein paar schöne Sachen verpassen könnten.

- **Seien Sie dankbar für das, was Sie haben.** Sie sind vielleicht nicht der schönste, größte, klügste, reichste, schnellste oder glücklichste Mensch der Welt. Aber gibt es nicht irgend etwas, das nach Ihren Wünschen verläuft? Besitzen Sie irgendeine Sache, eine Fähigkeit oder eine Beziehung, die Sie wenigstens ein bißchen Dankbarkeit verspüren läßt? Wenn ja, warum entwickeln Sie dann nicht eine Lebenseinstellung, die auf Dankbarkeit basiert? Dankbarkeit macht aus einem Brummbären noch keinen Heiligen, aber sie wird Ihnen helfen, aus dem Teufelskreis aus Zynismus, Selbstmitleid und Bedauern auszubrechen.

- **Nehmen Sie sich eine Auszeit von der Zeit.** Die Kelten glaubten von sich, viel Zeit zu haben. Wir meinen, nie genug davon zu besitzen. In den letzten fünf Jahrzehnten hat sich eine Menge verändert, die Zahl der Stunden und Minuten, die ein Tag hat, ist jedoch die gleiche geblieben. Warum überlegen Sie nicht, sich ein bißchen Zeit zu nehmen? Gehen Sie irgendwohin – in einen Park, eine Kapelle oder Ihren eigenen Garten – und lassen Sie Ihre Armbanduhr zu Hause. Treten Sie aus den Einschränkungen und dem Druck der Zeit heraus. Wenn möglich, beobachten Sie, wie die Sonne oder der Mond über den Himmel wandert. Konzentrieren

Sie sich auf die Dinge, die wichtiger sind als der nächste anstehende Termin. In seinem Buch ›Der Weg zum Wesentlichen. Zeitmanagement der vierten Generation‹ schreibt Stephen Covey über den Unterschied zwischen wirklich wichtigen und nur dringenden Dingen. Beginnen Sie damit, Auszeiten zu einem festen Bestandteil Ihres Lebens zu machen.

6

Christianisierung der Kelten

Sollte ich dessen würdig sein, bin ich bereit, auch mein Leben ohne Zögern und überaus freudig für Seinen Namen hinzugeben. In Irland möchte ich bis zu meinem Tode bleiben, wenn es der Herr so will.

St. Patrick

Bis zum Ende des vierten Jahrhunderts waren die keltischen Randgebiete von Irland, Wales und Schottland vom dem Prozeß, den man andernorts als »Zivilisation« bezeichnete, praktisch unberührt geblieben. Heidnische Rituale, die in Zentraleuropa entweder verschwunden oder verdrängt worden waren, erfreuten sich im entlegenen, ländlichen Irland noch großer Beliebtheit. In diese rauhe und schroffe Welt trat Patrick, der großen Einfluß auf die Bekehrung Irlands hatte.

Patrick, der auf der Schwelle zwischen den prähistorischen Kelten und ihren historischen Nachfahren stand, ist eine der faszinierendsten Gestalten der Menschheitsgeschichte. Dennoch ist es nach wie vor heftig umstritten, wohin er reiste, was er dort tat und wen er bekehrte. Auch über sein Geburts- und Sterbedatum ist man sich uneinig. Zudem gibt es berechtigte Zweifel an einigen besonders mythischen Teilen seiner Legende, die beispielsweise davon berichten, wie er die Schlangen aus Irland verbannte oder anhand eines dreiblättrigen Kleeblatts das Prinzip der Dreifaltigkeit erklärte.

Doch es gibt einen großen Unterschied zwischen Patrick und seinen Vorgängern. Im Gegensatz zu den Druiden, die das Niederschreiben ihres Wissens für eine schlimme Sünde hielten, war Patrick ein leidenschaftlicher Autor. Zwei Dokumente lassen sich ihm mit Sicherheit zuschreiben und machen ihn zu dem ersten Kelten, der uns wirklich persönlich etwas hinterlassen hat. Wir werden nie mit Sicherheit wissen, welche Bräuche die prähistorischen Kelten pflegten oder was genau die Druiden taten, und es wird uns vermutlich nie gelingen, in den Mythen und Legenden keltischer Helden die Fakten von reiner Phantasie zu trennen. Doch mit dem Erscheinen Patricks auf der historischen Bildfläche haben wir wenigstens einen Menschen, dessen Leidenschaft wir nachempfinden, dessen Ängste wir verstehen und an dessen Glauben wir uns halten können.

Es steht außer Zweifel, daß Patricks Predigten und seine unermüdlichen Reisen einen großen Teil Irlands christianisiert haben. In seinem Brief an Coroticus schreibt Patrick: »Ich bin ein Diener Christi in einem fremden Land zum unaussprechlichen Ruhm des ewigen Lebens, das in Christus, unserem Herrn, ist.« Ein paar Jahrhunderte nach Patricks Tod war die Insel im wesentlichen zum Christentum bekehrt, und bald darauf schickte Irland Missionare in die ganze Welt. Doch ich will nicht vorgreifen.

Den Boden bereiten

Was brachte so viele Kelten dazu, den christlichen Glauben anzunehmen? Gab es einen Bruch in der Gesellschaft oder in ihren heidnischen Überzeugungen? Oder war Patrick einfach nur ein außergewöhnlicher Wanderprediger?

In der Parabel vom Sämann erklärte Jesus das Prinzip der Evangelisierung mit einer einfachen Geschichte von einem Bauern, der hinausgeht, um seine Saat auszubringen. Einige Samen fallen auf den Weg, wo sie von den Vögeln aufgepickt werden, und einige fallen auf felsigen Grund, von wo sie fortgeweht werden. Doch ein Teil der Saat fällt auf fruchtbaren Boden, wo sie Wurzeln schlägt, blüht und Früchte trägt. In Irland fiel die christliche Saat auf einen der fruchtbarsten Böden überhaupt. Die keltische Kirche erblühte und trug wunderbare Früchte, so daß ein Autor von einem »so reinen und heiteren Christentum« schrieb, das »kaum seinesgleichen haben dürfte und sich wohl niemals wiederholen wird«. Was machte Irland so empfänglich für die christliche Botschaft?

Eine Antwort könnte in der Frustration der Kelten angesichts der absoluten Unvorhersehbarkeit ihrer heidnischen Gottheiten liegen; diese überschütteten sie in einem Moment mit Segen und straften sie im nächsten mit einer Hungersnot. Wie die Hindugöttin Kali, die zugleich wohltätige Mutterfigur und brutale, nach Blut lechzende Kriegsgöttin war, besaßen auch die keltischen Götter eine friedliche und eine furchterregende Seite. »Es wäre untertrieben zu behaupten, daß die irischen Götter nicht gerade die freundlichsten Gestalten waren«, schreibt Thomas Cahill in ›Wie die Iren die Zivilisation retteten‹. Hinter der gefälligen Fassade des heidnischen Pantheismus gab es Götter und Göttinnen, die über eine Welt herrschten, die »voller verborgener Fallen« war. Die Kelten mußten folglich unbewußt den Eindruck gewinnen, daß die Realität kein vorhersehbares Muster hatte, sondern willkürlich und

123

nicht faßbar war. Bedenkt man dazu noch die unvermeidliche soziale Instabilität eines Heldenzeitalters mit Häuptlingen und Kriegern, Stammeskonflikten und marodierenden Banden, dann versteht man leicht, warum eine große Zahl von Kelten für die Christianisierung bereit war. Viele waren gewillt, ihre unberechenbaren und unpersönlichen göttlichen Mächte gegen den Gott einzutauschen, den Patrick verkündete, einen individuellen, Mitleid empfindenden Gott mit festen Grundsätzen.

Andrew Greeley beschreibt die Kelten als ein »protosakramentales« Volk, das »prädestiniert war für die katholische Denkweise«. Sie glaubten an die Unsterblichkeit der Seele, doch es fehlte ihnen an einer klaren Vorstellung vom Leben nach dem Tod. Ihre präkeltischen Vorfahren hatten riesige Grabmäler errichtet, darunter Newgrange, das eine kreuzförmige innere Kammer aufweist. Sie hatten jedoch nie eine klar umrissene Theologie entwickelt, die der christlichen Auferstehungsdoktrin ebenbürtig war. Und während Newgrange und Stonehenge nach der Sonne und den Bewegungen der Himmelskörper ausgerichtet waren, predigte Patrick eine Botschaft, die die Geheimnisse der Schöpfung mit einem majestätischen Schöpfer in Verbindung brachte. Der natürliche Mystizismus der Kelten und ihre undogmatische Spiritualität machten sie für Patricks erstaunliche Lehren empfänglich.

Das Leben des heiligen Patrick

Das tatsächliche Leben und Wirken Patricks ist so sehr übertrieben, verdreht und verklärt worden, daß kaum mehr als eine »fromme Fiktion« übrigblieb, wie es ein Autor treffend ausgedrückt hat. Doch hinter all dem Rummel steht ein realer Mensch, dem wir uns, dank seiner Schriften, erstaunlich leicht nähern können. Auch wenn bestimmte Daten und andere Details im Leben des irischen Schutzpatrons umstritten sind, herrscht hinsichtlich der wichtigsten Fakten doch allgemeine Übereinstimmung.

Patrick oder Patrizius, wie er in seiner Heimat, dem von Römern besetzten England, genannt wurde, kam um 390 zur Welt. Er war der Sohn eines römischen Steuerbeamten und relativ wohlhabenden Grundbesitzers namens Calpurnius. Seine Familie gehörte dem christlichen Glauben an: Patricks Vater war Diakon in der örtlichen Gemeinde, und sein Großvater väterlicherseits war sogar Priester gewesen. Patrick erfüllte in religiösen Dingen vermutlich die Erwartungen seiner Eltern, aber es gibt keinen Hinweis darauf, daß er besonders fromm gewesen wäre. »Ich kannte den wahren Gott nicht«, schreibt er in seinem ›Bekenntnis‹, das für die meisten Fragen zu seinem Leben die verläßlichste Quelle darstellt.

Als Patrick etwa sechzehn Jahre alt war, kam es zu dramatischen Veränderungen. Seit einem Jahrhundert oder länger hatten irische Stämme nahegelegene Inseln auf der Suche nach Sklaven und Beutegut überfallen. Angesichts des sich abzeichnenden Niedergangs des Römischen Reiches, das immer weniger in der Lage war, entlegene Regionen wie Britannien zu verteidigen, wurden diese Übergriffe immer häufiger. Eine Räuberbande, die das kleine Anwesen von Patricks Vater überfiel, schnappte sich den Jungen und schleppte ihn zusammen mit Hunderten anderer Briten auf ein Schiff. Sie brachten ihn über das Meer in eine bergige Gegend im Norden Irlands, wo er als Hirte für einen heidnischen Bauern arbeitete. Fern von seiner Heimat und den Menschen, die er liebte, befand sich Patrick unter Menschen, deren Lebensweise und Sprache ihm

fremd waren. Andere hätten auf solche Umstände vielleicht mit Zorn und Widerstand reagiert, wieder andere hätten resigniert und sich in sich selbst zurückgezogen. Patrick jedoch betete. »An einem einzigen Tag
sprach ich nicht weniger als hundert Gebete, und fast
ebensoviele bei Nacht«, schreibt er.

Patrick war etwa 22 Jahre alt, als er nach eigenen
Angaben eine Vision hatte, in der ihm befohlen wurde,
seine Herden zu verlassen und an Bord eines Schiffes
zu gehen. »Sieh, dein Schiff ist bereit«, sagte die Stimme. Nach einer qualvollen, mehr als 300 Kilometer
langen Reise, furchterregenden Gefahren und äußerst
schwierigen Verhandlungen segelte Patrick schließlich
heimwärts. Viele Stimmen sagen, er habe einige Zeit
entweder in England oder auf dem europäischen Festland verbracht und dort studiert. Aber wie dem auch
sei, schließlich kehrte er, wohl mit der Erwartung, sich
dort niederzulassen, in seine Heimat zurück. »Nach ein
paar Jahren kam ich nach Britannien zu meinen Leuten
zurück, die mich als ihren Sohn empfingen und mich
aufrichtig beschworen, sie doch nach soviel Leid nicht
wieder zu verlassen, um anderswo hinzugehen.«

Doch für Patrick sollte es kein geruhsames Leben
geben. Statt dessen hatte er eine Vision, die sein
Schicksal prägen sollte:

Ich sah des Nachts einen Mann, dessen Name
Victoricus war und der mit zahllosen Briefen offenbar aus Irland kam. Er gab mir einen davon,
und ich las die ersten Worte dieses Briefes, die
lauteten »Die Stimme der Iren«. Und während
ich den Beginn des Briefes las, vermeinte ich
gleichzeitig ihre Stimmen zu hören ... und sie riefen wie aus einem Munde: Wir bitten dich, Junge,
komm und geh noch einmal mit uns.

Daraufhin fuhr Patrick wieder nach Irland. Diesmal jedoch nicht angekettet im Bauch eines Sklavenschiffs, sondern als Gefangener seiner eigenen Passion, der zu folgen er für den unmißverständlichen Auftrag Gottes hielt.

Sein offizieller Auftrag von seiten derer, die ihn zum Priester geweiht hatten, lautete, der kleinen und inkonsequenten christlichen Gemeinde in Irland als Bischof zu dienen. Doch es dauerte nicht lange, da wirkte Patrick schon über diese getreue Schar hinaus, reiste kreuz und quer umher, um Heiden für seinen ein Mann starken Keltenkreuzzug zu gewinnen. Er konnte in seiner Mission überzeugend und geradezu unwiderstehlich sein. Seine Konversation mit Ethne und Fedelm, den Töchtern des heidnischen Königs Loiguire, ist ein Dialog wie aus dem Lehrbuch der zur Bekehrung der Frauen führte. Die Fragen der Frauen werden darin als Anstoß zu einem Monolog über die Natur Gottes genutzt: »Wer ist Gott, und wo ist Gott, und wessen Gott ist das, und wo ist sein Haus?« fragten die Frauen. »Gib uns eine Vorstellung von ihm: wie wir ihn sehen, ihn lieben, wie wir ihn finden können.«

Patrick erwiderte: Unser Gott ist der Gott aller Menschen, der Gott des Himmels und der Erde, des Meeres und der Flüsse, der Gott der Sonne und des Mondes und aller Sterne, der Gott der hohen Berge und der tiefen Täler. Er ist Gott über dem Himmel, im Himmel und unter dem Himmel, und er wohnt im Himmel und auf der Erde und im Meer und in allem, was darinnen ist. Sein Leben ist in allen Dingen ... Wahrlich wünsche ich, daß Ihr, als Töchter eines irdischen Königs, glauben werdet, und ich wünsche mir, Euch mit dem König des Himmels zu vermählen.

Die beiden Töchter glaubten, wurden getauft und trugen fortan weiße Schleier, zum Zeichen dafür, daß sie sich Gott geweiht hatten.

Patrick konnte aber auch kämpferisch sein, wie er auf dem Hill of Slane gezeigt hat. Wenn Sie den Hügel besuchen, der eine Stunde Fahrzeit nördlich von Dublin liegt, werden Sie dort einen alten Friedhof, die Überreste einer Kirche und eine Statue Patricks finden, die ihre Hand in einer friedlichen Geste ausstreckt, um die umliegenden Hügel und Täler zu segnen. Aber damals, in jener Beltane-Nacht, als Patrick sich dem heidnischen Brauch widersetzte und sein eigenes Feuer anzündete, gut sichtbar für die Druiden auf dem Hill of Tara, waren die Ereignisse alles andere als friedlich. »Was ist das?« fragte König Loiguire, dessen Töchter sich auf Patricks Seite gestellt hatten. »Wer wagt es, dieses Sakrileg in meinem Königreich zu begehen? Laßt ihn uns töten.«

Das war nicht die letzte Todesdrohung, die Patrick vom heidnischen Establishment erhielt. Doch solche Drohungen erschreckten ihn nicht:

Sollte ich dessen würdig sein, bin ich bereit, sogar mein Leben ohne Zögern und überaus freudig für Seinen Namen hinzugeben. Hier möchte ich bis zu meinem Tode bleiben, wenn es der Herr so will.

Ein Mann mit einer Botschaft

Patrick war nicht der erste christliche Bischof, der nach Irland entsandt wurde. Zuvor hatte man einen auf wenig Verständnis stoßenden Mann namens Palladius geschickt, doch offensichtlich fehlte ihm Patricks Geschick mit den Iren, und seine Bemühungen hatten kaum Erfolg. Der eifrige, aber nicht übereifrige Patrick war genau der Richtige für diese Aufgabe. (Und es sollte nicht das letzte Mal sein, daß die Bekehrung von Kelten einfach nur den richtigen Mann erforderte. Mehr als hundert Jahre später sandten die Mönche von Lindisfarne Corman zur Christianisierung nach Schottland. Nachdem die Schotten ihn als zu streng abgewiesen hatten, schickten die Mönche den sanften Aidan, der sogleich mit offenen Armen empfangen wurde.) Patrick hatte eine herzliche und kultivierte Art, die bewirkte, daß die Iren mehr über seine seltsamen, aber zugleich auch faszinierenden Ideen von Gott erfahren wollten. Nachdem er sechs Jahre lang unter ihnen gelebt hatte, verstand Patrick ihre Kultur, ihre Denkweise und ihr Verlangen nach Gott.

Was er über die Kelten wußte, hatte er nicht in einem Crashkurs »Christianisierung über kulturelle Grenzen hinweg« gelernt. Patrick kannte die Herzen der Menschen in Irland. Und im Unterschied zu den Christen, die die Römer begleitet hatten, als diese ausgezogen und die damals bekannte Welt kolonialisiert hatten, trat Patrick nicht mit der Bibel in der einen und einem von den Behörden ausgegebenen Schwert in der anderen auf. Patricks Geschenk an die Iren war »das erste ent-romanisierte Christentum der Menschheitsgeschichte«, schreibt Thomas Cahill. Diese friedliche und persönliche Annäherung – die man Patricks kultivierte Christianisierung nennen könnte – ist nach wie vor ein Paradebeispiel für alle, die ohne Blutvergießen Herzen für ihre Sache gewinnen wollen. Durch Überzeugungsarbeit, nicht durch Zwang, gewann Patrick ein Land für Gott. »Irland ist einzigartig in der Religionsgeschichte, weil es das einzige Land ist, in dem das Christentum ohne Blutvergießen eingeführt wurde«, meint Cahill dazu. Andrew Greeley schreibt: »Das katholi-

sche Christentum ist auf sanftem Wege nach Irland gekommen. Es gab keine Massen- oder Zwangsbekeh-
rungen, keine blutigen Schlachten, keine Märtyrer.«
Greeley nennt zwei entscheidende Gründe für die sanfte Bekehrung Irlands: »Erstens hatte das Christentum
nirgends sonst auf der Welt genügend Selbstvertrauen,
um die Symbole der heidnischen Religion, auf die es
traf, so voll und ganz zu übernehmen wie in Irland.
Und zweitens ließ sich der heidnische Glaube vielleicht
nirgends so leicht assimilieren und reinterpretieren.«

Abbot Adso, ein keltischer Schriftsteller des zehnten
Jahrhunderts, formulierte es so: »Hibernias Erde war
reich an christlicher Gnade.« Oder um nochmal auf Jesus' Parabel vom Sämann zurückzukommen: Aus dem
Samen, den Patrick gesät hatte, wuchs eine reiche Ernte.

Die Verbreitung des keltischen Christentums

Manchen wird der Ausdruck »sanfte Christianisierung«
zweifellos wie ein Widerspruch in sich vorkommen.
Doch Patrick und diejenigen, die in seine Fußstapfen
traten, predigten kein kulturspezifisches Christentum.
Sie kamen nicht mit dem Geschenk des Evangeliums in
der einen und der Herrschaft des römischen Rechts in
der anderen Hand. In vielerlei Hinsicht war es nicht
einmal ein römisch-katholisches Christentum, das sie
verbreiteten, wie spätere Auseinandersetzungen mit
der römischen Kirchenhierarchie zeigten.

Was Patrick den Iren gab, war ein Glaube, der das
Beste aus dem traditionellen heidnischen Glauben
nahm und es gemäß den christlichen Grundsätzen neu
definierte. Die keltischen Christen zerstörten nicht die
jahrhundertealten Steinkreise und Monumente, wie einige fanatische Prediger es ein paar hundert Jahre spä-

ter tun sollten. Statt dessen fügten sie den heidnischen Symbolen darauf einfach nur Kreuze hinzu.

Die Ankunft des Christentums gestaltete sich nicht wie die Amtseinführung einer neuen Regierung, die sich kraft ihrer Macht der alten »Freunde« entledigt und eigene neue »Freunde« mitbringt. Es handelte sich eher um einen Prozeß des Gebens und Nehmens. Druiden ließen sich bekehren und wurden Priester, aber sie ließen nicht über Nacht von all ihren heidnischen Ritualen ab. Vielmehr vergrößerten sie ihr Repertoire um die christlichen Bräuche. Heilige Quellen und Schreine von Göttinnen und Göttern wurden einheimischen Heiligen geweiht. Kleine christliche Kirchen schossen wie Pilze an traditionell heidnischen heiligen Orten aus dem Boden. Und diese Kirchen enthielten eine Menge keltischer Elemente, wie zum Beispiel Skulpturen abgetrennter Köpfe – lange Zeit eine heilige Darstellung bei den Kelten – oder sogar eindeutig sexuelle Darstellungen, wie die von Sheela-na-gig, einer Fruchtbarkeitsgöttin der Antike. O'Riordain formuliert das so: »Über einen Zeitraum von mehreren Jahrzehnten hinweg billigten die Christen zunächst das Heidentum, danach kultivierten sie es, um es schließlich zu transzendieren.«

Auch wenn man glauben könnte, daß sie zu viele Zugeständnisse im Hinblick auf den heidnischen Glauben machte, erwies sich die christliche Strategie als überwältigender Erfolg. David Clarke, Autor des Buches ›A Guide to Britain's Pagan Heritage‹, schreibt: »Heute fällt es schwer, irgendeinen rein heidnischen kultischen Ort in Irland zu finden, weil sie alle in Kirchen, Klöster oder Grabstätten für die jeweils neuen Heiligen und Nothelfer verwandelt wurden.« Als Folge dieser besonderen Art der Glaubensvermittlung war das Christentum, das im fünften, sechsten und siebten

131

Jahrhundert in Irland blühte und gedieh, ein Glaube, der einheimisch, spontan, ehrlich, ernsthaft, attraktiv, aufgeschlossen, naturverbunden und unglaublich ansteckend war.

In gut einem Jahrhundert war Irland im großen und ganzen von einem entlegenen heidnischen Außenposten in eine »Insel der Heiligen« verwandelt worden. Und nicht lange nachdem die Kirche Patrick als Missionar nach Irland geschickt hatte, entsandte Irland Hunderte von Mönchen und Missionaren in die ganze damals bekannte Welt. Sobald es selbst christianisiert worden war, begann Irland seinerseits, die Welt zu christianisieren. Dieses sogenannte irische Wunder war eine natürliche Folge der lebendigen Schönheit des keltisch-christlichen Experiments. Die Kelche waren bis zum Überlaufen gefüllt, und das, was überlief, ergoß sich über weite Teile der Welt.

WAS MACHT EINEN HEILIGEN AUS?

Als Mutter Teresa, die viele für eine lebende Heilige hielten, im September 1997 starb, erschollen unverzüglich die Rufe nach ihrer formalen Anerkennung als Heilige durch die katholische Kirche. Kirchenfunktionäre erklärten daraufhin, daß so etwas Zeit brauche. Die Heiligsprechung ist ein Prozeß, der sich über die Jahrhunderte entwickelt hat. Wenn ein Mensch den Märtyrertod für Gott gestorben ist, kann er relativ schnell heiliggesprochen werden. Wenn das nicht der Fall ist, kann das Prozedere überhaupt erst fünf Jahre nach dem Tod des Kandidaten beginnen. Zudem bedarf es hinreichender Beweise für übernatürliche Wunder und ein tugendhaftes Leben.

Die keltischen Christen kümmerten sich nicht um solche Formalitäten. Sie liebten und verehrten Tausende frommer Männer und Frauen mit der Bezeichnung »heilig«, obwohl nur wenige der keltischen Heiligen auch offiziell von der katholischen Kirche als solche anerkannt sind. In seinem Buch ›Wisdom of the Celtic Saints‹ beschreibt Edward Sellner die wichtigsten Lebensstationen, die viele der keltischen Heiligen gemein haben.

Schon vor seiner Geburt steht die besondere *Herkunft* des Heiligen fest. Dieser Punkt erforderte manchmal eine gewisse genealogische Kreativität. Kurz vor der Geburt verkündet dann ein Engel oder ein anderer himmlischer Bote die Ankunft des Heiligen auf der Erde, und häufig wird auch die Geburt selbst von Wundern begleitet.

Um die nötige spirituelle Reife zu erlangen, findet der im Werden begriffene Heilige einen *spirituellen Mentor*, der ihn leitet und berät. Nach einer gewissen Zeit wird der Heilige quasi befördert und selbst zum spirituellen *Mentor für andere.*

Die christlichen Kelten waren ein *nomadisierendes* Volk, so daß die Heiligen sich auf wichtige Straßen und über die Meere begaben, um Gottes Willen zu folgen und seine Botschaft zu verkünden. Oft waren diese Reisen Anlaß für zahlreiche *Wunder*, mit denen der Heilige die unglaublichsten Widrigkeiten überwand.

Dann kam schließlich der *Tod*, der oft von jemand anderem vorhergesagt wurde oder den der Heilige selbst intuitiv nahen fühlte. Doch das bedeutete noch nicht das Ende seines Wirkens, denn nach dem Tod des Heiligen bewirkten seine Knochen und andere Reliquien sowie Gebete, die an ihn gerichtet wurden, *weitere Wunder.*

Manche keltischen Heiligen wurden für ihr frommes Leben und ihre Wohltaten verehrt, andere für die Wunder, die sie auf Schritt und Tritt vollbrachten. Wieder andere wurden durch die Gründung eines der vielen keltischen Klöster bekannt, die in Irland und ganz Europa aus dem Boden schossen.

Eine andere Gruppe keltischer Heiliger erlangte ihre Heiligkeit auf keine dieser Arten. Diese »königlichen« Heiligen bewiesen Gottesfurcht in der Feuerprobe weltlicher Macht. Laut Nigel Pennicks ›The Celtic Saints‹ konnten diese Heiligen Heiligkeit auf vier verschiedene Arten erlangen. Die erste war die Gründung einer bedeutenden königlichen Familie. Die zweite bestand in der Entsagung von weltlicher Macht zugunsten eines frommen Lebens. Die dritte war die Übereignung von Land oder sonstigem Besitz an die Kirche. Und die vierte Möglichkeit war der Heldentod im Kampf gegen heidnische Feinde.

Wie Patrick wurden die Mönche und Mystiker, die für die Verbreitung des christlichen Glaubens eintraten, getrieben von dem tiefen Wunsch, ihren Nachbarn Gott nahezubringen; dabei wurden sie oft von Stimmen oder Visionen geleitet. Eine himmlische Vision erreichte sogar zwei Männer gleichzeitig, und zwar Enda von den westlichen Aran Inseln und Ciaran, der dort gerade zu Besuch war. Beiden erschien ein riesiger Baum, der in der Mitte Irlands wuchs. Seine Äste schützten und beschatteten die Insel und boten einem großen Vogelschwarm Zuflucht, der die Früchte des Baumes weit über die Insel hinaus und über die Meere trug. Die beiden Männer interpretierten die Vision als Gottes Auftrag an Ciaran, sein Kloster in Clonmacnoise zu gründen, das in der Mitte Irlands liegt. Rück-

blickend könnte es sich dabei aber auch um eine Vor-
ausschau auf das Wachsen und die Ausbreitung des keltischen Christentums gehandelt haben.

Kulturen im Widerstreit

Während die Kelten das Evangelium, so wie Patrick es
ihnen nahebrachte, mit offenen Armen empfingen,
wußten die Kirchenführer in Rom nicht so recht, was
sie davon halten sollten. Einige waren neugierig, andere besorgt und wieder andere überzeugt davon, daß es
sich bei dieser sogenannten keltischen Spiritualität um
nicht viel mehr als aufgewärmtes Heidentum handelte.
Die keltischen Christen waren jedoch nicht gegen Rom
eingestellt. Es war einfach so, daß sie derart einzigartig
und unabhängig waren, daß diejenigen in der Kirchenhierarchie, die nicht an Abweichungen gewöhnt waren,
nicht wußten, was sie mit ihnen anfangen sollten. Es
gab ganz offensichtlich enorme kulturelle Unterschiede zwischen diesen beiden Versionen des Christentums.

Keltische Kirchen waren kleine, einfache Konstruktionen aus Holz und Flechtwerk. Das war ein starker
Kontrast zu den massiven, prächtigen Kathedralen aus
Stein, die die römische Kirche erbauen ließ. Und dieser
Unterschied war nicht nur architektonischer Natur.
Römische Gebäude symbolisierten eine reiche, welt-
kluge Kirche. Die bescheidenen, demütigen Gläubigen
in Irland konnten sich eher mit den Armen und Mittel-
losen identifizieren als mit Reichtum und Ruhm.

Die römische Kirche war bürokratisch und global
ausgerichtet, die keltische hingegen orientierte sich an
Stämmen und war eher lokal ausgerichtet. Wie die einst
höchst effiziente römische Verwaltung, sicherte sich
auch die römische Kirche die Kontrolle über ihr riesi-

ges Reich mittels Hierarchien und Befehlsketten. Das irische Christentum hatte dagegen eher klösterlichen Charakter. Mönche besaßen hier oft mehr Glaubwürdigkeit und Autorität als die Bischöfe, denen sie offiziell unterstellt waren.

Obwohl die beiden Kirchen ihren Glauben teilten, unterschieden sie sich in der Praxis grundlegend voneinander. Das keltische Christentum war mystisch, intuitiv und persönlich. Keltische Mönche verbrachten Stunden im Gebet oder mit verschiedenen asketischen Übungen. Das römische Christentum dagegen war bürokratisch, von Gesetzen gelenkt und effizient; seine hohen Vertreter schienen mehr Zeit mit wichtigen Besprechungen als mit Schweigen oder in Einsamkeit zu verbringen.

Ursprünglich, ländlich und charismatisch, war die keltische Kirche bestens geeignet, den Iren das Christentum schmackhaft zu machen. Mit ihrem selbstgebastelten Glauben und ihren eigenständigen liturgischen Praktiken fühlten sich die keltischen Christen denen in Rom bald spirituell überlegen. In dem folgenden Vers, der vorgeblich von der Nutzlosigkeit einer Pilgerreise nach Rom handelt, spürt man die versteckte Kritik an den religiösen Praktiken der römischen Kirche:

Wer nach Rom geht
hat viel Mühe und wenig Nutzen;
Denn auch wenn du Gott auf Erden schon lange suchst,
du wirst ihn in Rom nicht finden – außer, du selbst hast ihn mitgebracht.

Doch trotz ihres Stolzes konnte es die keltische Kirche mit der römischen Hierarchie nicht aufnehmen. Im

Jahre 664 fand im Kloster von Whitby an der nordöst-
lichen Küste Englands der entscheidende Konflikt um
zwei Streitpunkte statt: Es ging um das Datum des
Osterfestes und die Haartracht der Mönche.

Die eigenwilligen Kelten hatten ihre eigene Berech-
nung des Ostertermins und feierten diesen wichtigsten
christlichen Feiertag eine Woche früher als der Rest der
Christenheit. In den Augen Roms war diese keltische
Ostertradition der Gipfel der Unverschämtheit. Laut
Bede schrieb Papst Honorius an die keltischen Gläubigen und »warnte sie dringend davor, sich einzubilden,
ihre kleine isolierte Gemeinde am äußersten Ende der
Welt sei weiser als sämtliche alten und neuen Kirchen
auf der ganzen Welt«.

Die Frisur-Frage ist vielleicht ein gutes Beispiel für
das Unbehagen Roms hinsichtlich der Offenheit, die
die Kelten vielen heidnischen Bräuchen entgegen-
brachten. Viele Religionen verlangen von ihrer Prie-
sterschaft einen auf besondere Weise rasierten Kopf
oder eine Tonsur. Die römische Tonsur war eine runde,
kahl rasierte Stelle auf dem Oberkopf, die von einem
Haarkranz umgeben war. Die keltischen Gläubigen
hielten statt dessen an der Tonsur der Druiden fest, die
die vordere Hälfte des Kopfes von Ohr zu Ohr kahl rasierten und das Haar auf dem Hinterkopf lang wachsen
ließen. Nach einer hitzigen Debatte gab die Mehrheit
der Kelten in beiden Punkten nach. Einige Abtrünnige
hielten noch an dem eigenständigen Weg fest, doch ihr
Widerstand währte nicht lange.

Manche Historiker kommen zu dem Schluß, daß die
eigentliche Blütezeit des keltischen Christentums nur
etwa eineinhalb Jahrhunderte dauerte, nämlich von der
Zeit nach Patrick zu Beginn des sechsten Jahrhunderts
bis zum Konzil von Whitby von 664. Nach Whitby
wurde der informelle Einfluß des Papstes auf die irische

Kirche mit Sicherheit offizieller und autoritärer, so daß die keltische Kirche schrittweise ihre Aura des Besonderen verlor. Doch die Blütezeit des keltischen Christentums war so großartig, daß sie bis heute Früchte trägt.

▓ Ein dauerhafter Einfluß

Der keltischen Kirche war es vielleicht vorherbestimmt, den Machtkampf mit ihren römischen Brüdern zu verlieren, etwa so, wie zuvor die lockeren Stammesverbände der Kelten der Macht des römischen Reiches hatten weichen müssen. Doch die irischen Missionare gewannen die Herzen des keltischen Volkes. Selbst Beda, der den Iren bei jedem theologischen Thema von Belang widersprach, mußte zugeben, daß die Kelten ihren Glauben auf löbliche und Respekt gebietende Weise lebten. Bede suchte sich St. Aidan, den Bischof des Inselklosters Iona, für ein besonderes Lob aus und schrieb über ihn: »Abgesehen von anderen Anhaltspunkten für ein frommes Leben, gab er seinem Klerus ein hervorragendes Beispiel für Selbstdisziplin und Enthaltsamkeit, und die beste Empfehlung für seine Lehre war, daß er und seine Gefolgschaft selbst lebten, was sie lehrten ... Sein Leben steht in scharfem Kontrast zur Apathie unserer Zeit.«

Auch St. Cuthbert von Lindisfarne ist als beispielhafter Jünger Christi in Erinnerung geblieben. Der bescheidene Heilige hätte es eigentlich vorgezogen, sein Leben allein in Gemeinschaft mit Gott zu verbringen, doch wegen der Visionen, die er empfing, reiste er kreuz und quer umher, um zu predigen, und erklomm die entlegensten Bergregionen, um das Wort Gottes zu verbreiten. Es heißt, er habe jeden, der ihm begegnete, mit ausgesuchter Höflichkeit und mit Respekt behan-

delt, und er soll viele fast schon allein durch sein Vorbild für seinen Glauben gewonnen haben.

PELAGIUS: EIN KETZER AUS DEN EIGENEN REIHEN

Im Land der Kelten waren Heidentum und Christentum jahrhundertelang miteinander vermengt.
Im Fall von Pelagius, einem britischen Kelten, der
um 350 geboren worden war, entschied die
römisch-katholische Kirche, daß seine Mixtur aus
den zwei Glaubensdoktrinen Häresie sei. Sein Fall
gibt uns die interessante Gelegenheit, die Spannungen zwischen heidnischem Pantheismus und christli-
chem Monotheismus zu untersuchen.
Einer der zentralen Streitpunkte um Pelagius'
Ansichten betraf den freien Willen. Pelagius lehrte,
daß der Mensch mit einem freien Willen geboren
werde, und behauptete, der erwachsene Christ
könne moralische Perfektion erreichen. Sein Schüler
Celestius vertrat die Ansicht, daß Kinder bei der
Geburt frei von Sünde seien.
Augustinus, einer der erbittertsten Gegner des Pelagius, entsprach mit seiner düstereren Sicht der
Dinge der Mehrheit der katholischen Kirche. Er vertrat den Standpunkt, daß der menschliche Wille seit
dem Sündenfall von Adam und Eva korrumpiert sei,
daß der Mensch in Sünde geboren werde und daß
alle Menschen dringend Gottes rettender Gnade
bedürften.
Der Streit wäre nicht eskaliert, wäre Pelagius ein stiller Theologe gewesen, der nur in seiner Studierstube
hockte. Er war jedoch ein charismatischer Lehrer
und ein ausdrucksstarker Autor. Seine Abhandlung
›Über die Natur‹, geschrieben um 414, überzeugte

139

viele von seinen Ansichten und veranlaßte Augustinus im darauffolgenden Jahr zu einer Entgegnung unter dem Titel ›Natur und Gnade‹.

Eine Reihe von Synoden wurde einberufen, um eine offizielle Stellungnahme zu der Frage zu verfassen, ob Pelagius die Wahrheit oder Lügen lehrte. Zwei solcher Synoden, die in östlichen Städten abgehalten wurden, konnten nichts Falsches an seinen Ansichten finden. Doch westliche Synoden in Karthago und Milet im Jahre 416 sprachen ihn der Ketzerei schuldig; im Jahre 417 exkommunizierte Papst Innozenz sowohl Pelagius als auch Celestius.

Die Geschichte war damit aber noch nicht abgeschlossen. Eine Vielzahl katholischer Bischöfe weigerte sich nämlich, Innozenz' Entscheidung mitzutragen. Außerdem stellte der Mönch John Cassian, der in der keltischen Klosterbewegung großen Einfluß hatte, Augustinus' Lehrmeinung von der völligen Sündhaftigkeit der menschlichen Natur in Frage.

Im Jahre 850 fachte der in Irland geborene Theologe John Scotus Eriugena die Debatte neu an. Sein berühmtes Werk ›Über die Uneinigkeit der Natur‹ wurde als pantheistisch verurteilt und 1225 wurden alle verfügbaren Kopien auf Anordnung verbrannt.

Während das römische Christentum der menschlichen Natur mit unnötig großer Skepsis begegnete, war das keltische Christentum vielleicht zu optimistisch. »Auch wenn die alten Kelten mit Sicherheit ein Wort für Schuld und Verantwortung kannten, scheinen sie keine klare Vorstellung vom christlichen Konzept der Sünde gehabt zu haben«, schreibt Peter Berresford Ellis in dem Buch ›The Druids‹. Andrew Greeley drückt den Sachverhalt so aus: »Das Besondere an einem irischen Mystiker oder Träumer ist, daß er Gott fast überall entdecken kann und des-

140

halb Gefahr läuft, Gott überall zu begegnen.«
Der Konflikt um Pelagius sorgte zu Beginn des fünften Jahrhunderts für großes Aufsehen und bleibt bis
heute einer der Wendepunkte in der Geschichte des
Christentums. Die Debatte dauert selbst bis in die
Gegenwart an, wenn auch in ganz anderer Gestalt.
Man findet Spuren des pelagianischen Optimismus
heute in Selbsthilfegruppen, in New-Age-Religionen
und sogar bei Leuten, die den christlichen Glauben
als Weg zu Gesundheit und Reichtum predigen.

ST. BRIGID

Obwohl sie zu den drei wichtigsten keltischen
Heiligen zählt, wissen wir über Brigid sehr viel
weniger als über den heiligen Patrick. Das liegt zum
Teil am Fehlen historischer Quellen, aber auch
daran, daß die Biographie der Heiligen mit Folklore,
Legenden, Mythen und Wundern vermengt wurde.
Die echte Brigid ist also in einem Haufen verwirrender, oft widersprüchlicher Geschichten verborgen.
Vermutlich mehr als bei irgendeiner anderen Heiligen ist ihre Legende von heidnischen Mythen und
spirituellen Praktiken durchwirkt.
Wir wissen, daß sie um das Jahr 525 starb. Aber niemand weiß, wann sie geboren wurde. Sie wird am
1. Februar gefeiert, dem Tag, auf den auch der heidnische Feiertag Imbolc fällt, mit dem man das Herannahen des Frühlings nach einem langen, kalten
Winter begrüßt. Ihr Name ist der einer heidnischen
Göttin des Feuers und des Gesangs.
Außer ihrem Namenstag und ihrem Namen kennen
wir den Namen von Brigids berühmtem Kloster:

141

Kildare, oder »Kirche der Eiche«. Es ist unklar, ob die Kirche nach einem benachbarten Baum benannt wurde oder ob der Name sich auf ein heidnisches Heiligtum bezieht. Vielfach wird die Ansicht vertreten, daß Brigid einen heidnischen heiligen Ort christianisiert hat, wie viele andere Gründer von Klöstern auch. Die Einzigartigkeit von Brigids Kloster ist, daß sie es als Doppelkloster für Männer und Frauen gründete. Damit war Kildare ein eindrucksvolles Symbol der radikalen Gleichberechtigung, die die keltischen Christen praktizierten. Kildare galt als eines der wichtigsten Klöster der keltischen Kirche und bildete zahlreiche Mönche und Nonnen aus, von denen viele fortzogen, um eigene Zentren des Glaubens zu gründen.

Die Ehrfurcht vor Gott und vor Brigid war in Kildare so tief und so stark, daß treue Angehörige des Klosters ein Feuer, das zu ihren Ehren brannte, über tausend Jahre lang in Gang hielten. Erst die Unterdrückung durch die Engländer, die im Zuge der Reformation alle Klöster Irlands auflösten, konnte die Flamme schließlich zum Erlöschen bringen. Weniger einfach war es jedoch, die Liebe der irischen Bevölkerung für diese erstaunliche Heilige auszulöschen. Heute gibt es mehr Statuen von Brigid als von Patrick und auch mehr Kirchen, die nach ihr benannt sind. Aber nicht nur in ihrer irischen Heimat ruft sie große Zuneigung hervor; auch ein Gipfel im Himalaya, eine Insel vor der japanischen Küste sowie viele Orte in Schottland und England sind nach ihr benannt. Man kann wohl sagen, daß der Mythos dieser Heiligen um die Welt gegangen ist. Zuhause bleibt sie darüber hinaus »die meistgefeierte Irin aller Zeiten«, wie Alice Curtayne schreibt.

142

◼ Den eigenen Glauben finden und mit anderen teilen

Die Geschichte von Patrick und den ersten keltischen Christen beweist, daß es praktisch für jeden den passenden Glauben gibt. Diese Missionare konzentrierten sich auf die Grundprinzipien des Christentums und brachten sie auf eine neue und spannende Art zum Ausdruck, die der irischen Kultur entsprach. Ihr Beispiel kann ein Ansporn sein, sich von einer Einheitsreligion ab- und Gott auf einzigartige und persönliche Weise zuzuwenden.

7

Mönche und Klöster

Wie eine klangvolle Glocke, die über dem Tal erschallt, so ist der Wille des lieben Gottes, daß viele Brüder sich einer Vorschrift beugen sollen.

›Die Regel der Grauen Mönche‹

Kevin war ein talentierter Mann, der irgendwann im fünften Jahrhundert in der königlichen Linie des Stammes Dal-Mesincorb geboren worden war. Als begabter Dichter und gefeierter Musiker verzichtete er auf allen weltlichen Reichtum und alle Vorrechte, um dem Ruf Gottes zu folgen. Der gebot ihm, fortan als Eremit in der Wildnis zu leben. Obwohl er zum Priester geweiht worden war, suchte Kevin nicht nach einer Ordensgemeinschaft oder Gemeinde, der er als Hirte dienen konnte. Statt dessen zog er sich in die wilden Ausläufer der wunderschönen und imposanten Wicklow Mountains zurück, genauer gesagt an einen lieblichen Ort namens Glendalough, was soviel heißt wie »Tal der zwei Seen«.

Als meditierender Mystiker, der ein hartes und entbehrungsreiches Leben führte, schlief und aß Kevin wenig und verbrachte den ganzen Tag im Gebet. Der Legende nach bestand sein kleines Zuhause aus einer engen, unbequemen Zelle, die in eine Felswand aus

Granit gehauen war. Dort, so sagt man, hat Kevin sechs Monate des Jahres in düsterem Schatten verbracht. In dieser kleinen Welt betete, meditierte und kommunizierte er sieben einsame Jahre lang mit Gott und der Natur. Es heißt, er habe nur Tierhäute getragen und auf einem Bett aus Stein geschlafen, doch er erfuhr in seiner einsamen Zelle auch Seligkeit aus einer anderen Welt, wenn »die Zweige und Blätter der Bäume ihm manchmal süße Lieder sangen und himmlische Musik sein schweres Los erleichterte«.

Paradoxerweise locken Heilige, die der Welt den Rücken kehren, um Gott in der Einsamkeit zu finden, oft Menschenmassen an. Einsame Mystiker wirken auf Menschen, die ebenfalls Gottes Nähe suchen, geradezu magnetisch. Kevin war bald von einer Handvoll Gefolgsleuten umgeben, die von dem frommen Eremiten lernen wollten. In kurzer Zeit waren aus der Handvoll ein paar Dutzend geworden, und mit den Jahren wuchs die Schar auf einige Hundert an. Glendalough war kein Ort mehr für einen einsamen Mann, sondern hatte sich zum Zentrum einer großen klösterlichen Gemeinschaft entwickelt, zu der Mönche, Kapellen, eine Schule und ein Bauernhof gehörten. Wie auch andere Gemeinschaften in der ganzen Keltenregion sah Glendalough bald eher wie eine kleine, geschäftige Stadt aus als wie ein Hort religiöser Kontemplation.

Der Tagesrhythmus der Gemeinde war von der Regel bestimmt, die Kevin für seine Mönche aufgestellt und in Versform niedergeschrieben hatte. Die Regel ist verlorengegangen, und die Gebäude, die Kevin und seine Brüder errichtet haben, sind verschwunden. Jedoch sind bis heute Überreste der Gebäude zu sehen, die Mönche und andere Bewohner in den Jahrhunderten nach Kevins Tod im Jahre 618 benutzt haben. Das Kloster wuchs und gedieh noch sieben Jahrhunderte lang, und bis zur Schließung aller irischen Klöster im 16. Jahrhundert lebten dort Mönche.

Außer Hunderten von Mönchen lockte Glendalough auch Tausende von Pilgern an. Die Beliebtheit von Pilgerreisen zu heiligen Orten war in den zweitausend Jahren christlicher Geschichte mal größer und mal kleiner, bei den Iren jedoch standen Pilgerfahrten immer hoch im Kurs. Mit der Zeit wurde Glendalough zu einem der meistbesuchten christlichen Zentren Irlands, und bis heute übt der Ort große Anziehungskraft auf Pilger, Touristen und Naturfreunde aus. Jedes Jahr kommen Hunderttausende hierher, um die gut erhaltenen Überreste des Klosters zu besichtigen und um durch das Tal und an einem See entlang zu wandern.

Das Schicksal von Kevin und seinem geliebten Glendalough ist ein Beispiel, das sich im Irland des fünften, sechsten und siebten Jahrhunderts noch vielfach wiederholte. Wie Kevin wandten sich viele fromme Männer von der Welt ab, und es dauerte nie lange, bis Flüchtlinge aus eben dieser Welt sich um sie scharten und ihre Einsamkeit in eine lebendige neue Form der christlichen Gemeinschaft verwandelten.

▓ Eine blühende Klosterbewegung

Man weiß nicht genau, wer das erste keltische Kloster gegründet hat. Es ist ganz klar, daß in Patricks Zentrum Armagh ein Kloster entstand, doch kann diese Gründung auch erst lange nach dem Tod des Heiligen erfolgt sein. Mindestens ein Autor behauptet, das erste Keltenkloster sei bei Tintagel im Südwesten Englands schon im Jahre 470 gegründet worden. An diesem wunderschönen, windumtosten Ort, der sich an der Flanke eines steilen Hügels in Cornwall mit Blick auf die peitschenden Wellen des Meeres befindet, ist eine

Vielzahl von Steinen aus der Antike erhalten geblieben.

Einige der frühesten klösterlichen Siedlungen bestanden wohl nur aus wenigen Gläubigen, die sich in einer Höhle oder Hütte drängten. Falls es solche kleinen Gemeinschaften gegeben hat – und viele glauben, daß dem so war –, sind jegliche Spuren von ihnen längst verschwunden. Die meisten Wissenschaftler meinen, daß das erste irische Kloster um 484 von St. Enda auf der kargen, felsigen Insel Inishmore – der größten der drei Araninseln vor der Westküste Irlands – gegründet wurde. Enda bekam die Inseln von Aengus, dem König von Cashel, übereignet und siedelte dort eine kleine Gemeinde an, die für ihre harschen Regeln, ihre strenge Disziplin und ihre völlige Abgeschiedenheit von der Welt bekannt war.

Noch bevor Enda um 535 starb, war seine kleine Gemeinschaft zu einer Art Leuchtturm des Mönchtums für das übrige Irland geworden. In seiner Schule unterrichtete Enda zahlreiche Männer und Frauen, die später eigene Zentren des christlichen Glaubens gründeten, wie zum Beispiel Brendan in Clonfert, Finian in Clonard und Jarlath in Tuam. Alle seine Schüler lobten die hohen Ansprüche von Endas Unterricht, selbst wenn sie sich später von seinen strengen Regeln entfernten.

Heute ist von Endas ursprünglichem Kloster nicht mehr viel übrig. Wind und Wetter sowie die Gezeiten haben jegliche Spuren der ersten Siedlung getilgt. Doch die wunderschöne Bucht, in der Enda einst betete und lehrte, ist nach wie vor ein stiller, friedlicher Ort, an dem man die Überreste einer später erbauten Kapelle und Dutzende keltischer Grabkreuze finden kann.

Einer von Endas bekanntesten Schülern war Ciaran, der das berühmte keltische Kloster Clonmacnoise gründete. Ciaran war ein außergewöhnlicher Mensch, der ein tiefes spirituelles Empfinden mit einer ausgeprägten missionarischen Vision verband. Er begnügte sich auf der einen Seite damit, Stunden mit mystischen Träumereien zu verbringen, und auf der anderen Seite war ihm die Verbreitung der christlichen Botschaft und des klösterlichen Lebensstils ein leidenschaftliches Anliegen. Diese beiden Interessen brachten Ciaran um 549 dazu, an einer belebten Kreuzung Clonmacnoise zu gründen. Es liegt am Ufer des Shannon, des längsten irischen Flusses, der damals eine wichtige Wasserstraße in nord-südlicher Richtung war. Zugleich befand sich hier die Grenze zwischen zwei keltischen Königreichen, was bedeutete, daß Ciaran sich Unterstützung von beiden Königen holen konnte, ohne einem verpflichtet zu sein. Und schließlich lag sein Kloster an der wichtigsten Überlandstraße der Insel in ost-westlicher Richtung; dieser Weg folgte dem Verlauf eines antiken Fuhrwegs entlang einer Hügelkette.

In gewissem Sinne führten alle Wege nach Clonmacnoise, und das Kloster wurde schnell zu einem lebensprühenden Zentrum, auch wenn Ciaran schon sieben Monate nach der Gründung starb. Seine Nachfolger teilten seine Vision für Clonmacnoise. Im Laufe der Jahre beteten hier viele Könige, einige der weltbesten Gelehrten unterrichteten hier, und Künstler hinterließen Dutzende riesiger keltischer Kreuze. Einige davon stehen noch heute zwischen den beeindruckenden Überresten der Anlage. Der Ort, der ungefähr auf halber Strecke zwischen Dublin und Galway liegt, genau südlich der Stadt Athlone, erfreut sich bei Touristen größter Beliebtheit, weil er ihnen das Gefühl gibt, einen Ausflug in Irlands ferne Vergangenheit zu machen.

Ciarans Clonmacnoise ist jedoch nur eines der bekannteren irischen Klöster. Viele andere Glaubensbrü-

149

der und -schwestern gründeten eigene Zentren, wie Ita in Limerick, Finian in Moville, Comgall in Bangor, Brigid in Kildare, Mobi in Glasnevin, Brona in Clonbroney und Maedoc in Ferns.

🔲 Kinder der Wüstenväter

Dysert O'Dea im westirischen County Clare ist ein uralter Klosterort. Er ist nach einem O'Dea benannt, der eines der dortigen Hochkreuze in den achtziger Jahren des 17. Jahrhunderts restaurierte. Verwirrender ist jedoch der erste Teil des Namens: *Dysert* oder *disert* – das irische Wort für »Wüste«.

Dieses Rätsel taucht in der Welt der Kelten häufiger auf. Es gibt irische Ortsnamen wie Dysert im County Limerick, Dysart und Dysart Tola im County Westmeath, Dysart Gallen sowie Dysartenos im County Leix und Dysserth (oder Dyserth) in Wales – ein Ort, wo es oft kühl und feucht ist. Um zu verstehen, weshalb der Begriff Wüste in so vielen Namen von Orten keltischer Klöster zu finden ist, muß man den klimatischen Aspekt völlig beiseite lassen und sich statt dessen auf die historischen Wurzeln des christlichen Mönchtums konzentrieren, eine Bewegung, die in den Wüsten Ägyptens, Palästinas und Syriens in den ersten Jahrhunderten nach Christus entstanden ist. Alles begann mit Eremiten, die in die Wüste flohen, um allein zu beten.

Antonius von Ägypten war unter den ersten, die diese Einsiedler zu Gruppen organisierten; er gründete zu Beginn des vierten Jahrhunderts eine Reihe von Gemeinschaften in der Nähe des Toten Meers. Das Leben in seinen Gemeinden basierte auf Gebet, Fasten, Enthaltsamkeit, Gehorsam und dem Kampf mit dem Teufel. Im Zentrum seiner Lehre stand die Selbstverleugnung, die er als Voraussetzung für die spirituelle Nähe zu Gott betrachtete. Antonius' ›Leben‹, geschrieben von Athanasius, sorgte für die weltweite Verbreitung von Antonius' Ideen.

Zu denen, die ›Leben‹ studierten und sich mit seinen Lehren befaßten, gehörten auch John Cassian und Martin von Tours, die Antonius' Ansichten in ganz Europa verkündeten. Vermutlich kamen keltische Christen zum ersten Mal in Gemeinden, die diese Männer gegründet hatten, mit Antonius' Lehre in Berührung. Denn bald gründeten keltische Mönche ihre eigenen Wüsten der spirituellen Isolation im reichen und fruchtbaren Land der Kelten. Hinweise auf sogenannte Wüstenväter tauchen in den Schriften keltischer Heiliger häufig auf. Ein frühes walisisches Gedicht zum Lob der Dreifaltigkeit erwähnt »den Gott von Paulus und Antonius«, was man als Hinweis auf zwei bedeutende Eremiten bzw. Mönche im Nahen Osten verstehen kann.

CLOICTHECH

Wenn es an der Zeit war, die Mönche von den Feldern und ihrer Arbeit in Skriptorien und Werkstätten zum Gebet zu versammeln, erklomm einer von ihnen den Rundturm des Klosters. Die irische Bezeichnung für diese Türme, von denen über sechzig noch heute erhalten sind, war cloicthech, was soviel heißt wie »Glockenhaus« oder »Glockenturm«. Damals hörte man das Schlagen der Glocke im ganzen Tal.

Die Rundtürme waren jedoch mehr als nur eine praktische Konstruktion, um eine Glocke aufzuhängen. Die ab dem zehnten Jahrhundert erbauten und zwischen 20 und 30 Meter hohen Türme waren perfekte Aussichtspunkte und erwiesen sich als besonders nützlich beim Schutz gegen die Überfälle der Wikinger.

In den meisten Rundtürmen befand sich die niedrigste Öffnung etwa drei Meter über dem Boden. Man benutzte eine Leiter aus Holz, um dort hin zu gelangen, und wenn alle Mönche im Turm waren, zog man die Leiter mit hinauf.

Es gibt auch Hinweise darauf, daß die Türme mehr als nur die Mönche schützten. Als die keltischen Klöster an Größe und Reichtum zunahmen, häuften sie Besitztümer an, für die sich sowohl räuberische Wikinger als auch einheimische Banditen interessierten. Die Rundtürme dienten den Klöstern dann oft als eine Art Tresor.

Obwohl die Räuber wahrscheinlich keine Gelehrten waren, stahlen sie oft die Manuskripte der Mönche, und sei es nur, um die Einbände abzureißen, die oft mit Edelmetallen verziert oder mit wertvollen Edelsteinen geschmückt waren. Außerdem besaßen die meisten großen Klöster Kelche und andere Gerätschaften für die Eucharistie, kunstvoll gearbeitete Glocken sowie weitere Dinge, die eine schöne Beute darstellten.

Die Rundtürme dienten aber natürlich auch als eine Art Leuchtturm für Pilger, die manchmal viele Kilometer weit zu Fuß zu einem Kloster wanderten, um sich von den Mönchen segnen zu lassen und die Knochen und andere Reliquien der frühesten Heiligen oder des Klostergründers zu berühren. Einige der Rundtürme waren meilenweit zu sehen – was für ein Anblick muß das für erschöpfte Pilger gewesen sein! Interessanterweise scheinen die Rundtürme ein weiterer einzigartiger irischer Beitrag zur christlichen

Tradition zu sein. Dem Historiker Peter Harbinson zufolge, der früher Vorsitzender des irischen »National Monuments Advisory Council« war, gibt es nur drei Beispiele für Rundtürme außerhalb Irlands: zwei in Schottland und einen auf der Isle of Man. Die über sechzig Exemplare, die noch in Irland erhalten sind, befinden sich in sehr unterschiedlichem Zustand, doch bei fast allen fehlen die hölzernen Stufen und Fußböden im Inneren. Einiges von dem Holz dürfte im Laufe der Jahre verrottet sein, doch an anderen Stellen wurde es offenbar von Plünderern verbrannt.

Ein besonders interessantes Beispiel ist der schiefe Turm von Kilmacduagh im County Galway, sozusagen das keltische Gegenstück zum Schiefen Turm von Pisa. Herrliche Exemplare kann man bis heute auch in Glendalough, Ardmore, Clonmacnoise, Devenish und Kildare sehen.

Niemand weiß genau, warum die mönchischen und asketischen Übungen, die ihren Ursprung in unwirtlichen Wüsten hatten, auf die keltischen Mönche einen so großen Reiz ausübten wie sonst nirgendwo auf der Welt. Eines steht jedoch fest: Das mönchische Ideal wurde zu einem wichtigen Teil des keltischen Christentums, als dieses begann zu wachsen, sich zu entwickeln und sich schließlich über die ganze Erde auszubreiten.

Christliche Gemeinden

Das Mönchtum erlebte einen rasanten Aufstieg in der keltischen Gesellschaft, und bald übten Äbte den größten religiösen Einfluß in diesem vormals heidnischen Land aus. Als die Zahl der Klöster zunahm, sie auch

153

Schulen betrieben und eine immer größere Zahl von Mönchen und »zivilen« Arbeitskräften anzogen, begannen Mönche, einen Großteil der Aufgaben zu übernehmen, die traditionell zur Rolle von Druiden und Barden gehörten. Die klösterliche Vorstellung, nach der das christliche Leben eine Angelegenheit der Gemeinde war, fand großen Anklang bei den Kelten, die ja besonderen Wert auf die Bande von Sippe, Clan und Stamm legten.

Die neuen christlichen Gemeinden mit ihrer Betonung der Zusammengehörigkeit von christlichen Brüdern und Schwestern aufgrund des gemeinsamen göttlichen Vaters entsprachen einem alten keltischen Ideal; zudem bekräftigten die christlichen Gemeinschaften auch viele der traditionellen keltischen Werte oder interpretierten sie neu. Vor der Verbreitung der christlichen Lehre fühlten sich die heidnischen Kelten als Teil eines dichten Universums und glaubten sich von zahlreichen Göttern, Heroen und Ahnen umgeben. Nach der Bekehrung Irlands, so schreibt der Wissenschaftler Philip Sheldrake, gab es »eine neue Version des alten heiligen Universums, nun jedoch im Rahmen der Strukturen der christlichen Gemeinschaft. So übernahm der geweihte Ort des Klosters die Aufgabe der Umfriedung des Clans, und der Abt oder die Äbtissin ersetzte den heiligen Herrscher oder kombinierte manchmal auch beide Rollen.« Die keltischen Mönche, die die Errungenschaften von Wüstenmönchen wie Antonius übernahmen, schufen eine Form des Mönchtums, die genau zu ihrer Gesellschaft paßte und von ihren Mitbürgern mit Begeisterung aufgenommen wurde.

Seit Jahren sammelt Uinseann O'Maidin, ein zeitgenössischer Zisterziensermönch, der in der Abtei von Mount Melleray im County Waterford lebt, alte irische

Ordensregeln und Schriften. Einige davon wurden für sein faszinierendes, 1996 erschienenes Buch ›The Celtic Monk‹ ins Englische übersetzt. Diese frühen Dokumente beschreiben die Regeln, die in den verschiedenen Klöstern herrschten, und geben zugleich auch eine Vorstellung davon, wie freudvoll es in manchen dieser spirituellen Siedlungen zuging. ›The Rule of Cormac Mac Ciolionain‹ ist vielleicht ein gutes Beispiel. »Gepriesen sei der Augenblick, wenn ich von einer beständigen Gemeinschaft höre, die sich nicht dem Geschwätz hingegeben hat«, schreibt Cormac. »Der wohlklingende Gesang der Gläubigen ist wie Nahrung für mich ... Die Übung der Beichte, das ständige Bereuen der Sünde, achtsames Verhalten und die Beschränkung auf wenige Worte, all das sind Merkmale des klösterlichen Lebens. Es ist eine wunderbar reine Art zu leben, sich nicht von der Lüge beherrschen zu lassen.«

Die keltischen Christen gründeten mit Begeisterung eine Vielzahl von Klöstern, was die Unterschiede zwischen ihnen und ihren eher bürokratischen Brüdern in Rom noch verstärkte. Ein Autor unserer Zeit sieht einen himmelweiten Unterschied zwischen der hausgemachten Frömmigkeit der keltischen Heiligen und der Geisteshaltung der römischen Kirche: »Keltische Mönche lebten in sichtbarer Armut; römische Mönche ließen es sich gut gehen. Keltische Mönche waren nicht weltlich gesinnt; römische Mönche waren weltlich gesinnt. Keltische Bischöfe übten sich in Demut; römische Bischöfe huldigten dem Pomp. Keltische Bischöfe waren die Hirten ihrer Herde; römische Bischöfe waren die Monarchen ihrer Diözese. Keltische Kleriker sagten: ›Tu, was ich tue‹ und hofften, daß man ihrem Beispiel folgte; römische Kleriker sagten: ›Tu, was ich dir sage‹ und erwarteten, daß man ihnen gehorchte.«

🔳 Das Leben eines Mönchs

So wie die meisten der Klöster, die die ersten keltischen Mönche erbauten, schon vor langer Zeit zerfallen und verschwunden sind, so sind viele der schriftlichen Regeln dieser Gemeinschaften ebenfalls unwiderbringlich verloren. Wir wissen beispielsweise, daß Brendan und Brigid solche Regeln niedergeschrieben haben, doch man hat keine Spur mehr von ihnen gefunden.

Die Regeln wurden notwendig, als die Klöster sich immer mehr ausbreiteten und wuchsen. Ein einzelner Eremit benötigt keine schriftlichen Vorgaben. Er kann Gott folgen, wie es ihm gefällt, und muß sich nicht um Konflikte mit anderen sorgen. Doch sobald zwei oder drei Einsiedler versuchen, zusammenzuarbeiten, kann es bereits zu Mißverständnissen kommen. Und in einer Gemeinschaft aus einem Dutzend oder mehr Mönchen oder Nonnen herrscht schnell Chaos, wenn es keine klaren Verständigungen über die Pflichten jedes einzelnen gibt. Meistens wurden die Regeln vom Gründer des Klosters verfaßt und im Laufe der Jahre von den nachfolgenden Äbten oder Äbtissinnen modifiziert. Jeder, der einer solchen Gemeinschaft beitrat, verpflichtete sich, ihrer Regel zu folgen. Wenn man die erhaltenen und von O'Maidin übersetzten Regeln liest, kann man sich eine gute Vorstellung davon machen, wie das Leben eines typischen keltischen Mönchs ausgesehen haben muß.

Viele der Regeln befassen sich mit der Notwendigkeit von Vorschriften. Manchem mag diese ganze Angelegenheit nach der schlimmsten Form von Unterdrückung klingen, doch für Tausende keltischer Mönche bedeuteten die Gesetze, die ihr Leben regelten, Freiheit. Anpassung an die Regel verhieß Unabhängigkeit, oder, wie eine der Vorschriften es formuliert:

»Niemand kann einen Menschen gefangen nehmen, der sich freiwillig der Regel unterwirft.« Kein Gesetz kann alle Eventualitäten berücksichtigen, und so waren diese Regeln auch nicht gedacht. Doch sie brachten – manchmal in schwindelerregender Langatmigkeit – die fundamentale Mission der Gemeinschaft und die wichtigsten Aufgaben der einzelnen Mitglieder zum Ausdruck: »Darin besteht das Herz der Regel: Christus lieben, Reichtum meiden, dem himmlischen König allzeit nahe und sanftmütig zu allen Menschen sein.«

Manchmal waren die Verpflichtungen der Mitglieder auch durch Verbote definiert: »Iß nicht, bis du nicht Hunger verspürst. Schlaf nicht, bis es nötig ist. Sprich nicht, wenn es die Lage nicht unbedingt erfordert.« In anderen Fällen waren die Formulierungen dagegen positiv: »Jeder Tag bringt drei Pflichten mit sich: beten, arbeiten und lesen.«

Das Gebet stand in allen Klöstern an erster Stelle, und die Mönche beteten tagtäglich allein und zusammen mit anderen. Ein Großteil der detaillierten Regeln, die in den Klöstern galten, sollte sicherstellen, daß das Gebet nicht durch andere Aufgaben, die dringender, aber weniger wichtig waren, verdrängt wurde. Körperliche Arbeit war ebenfalls ein bedeutender Teil des Klosteralltags. Man betrachtete Arbeit per se als gut: Sie sorgte für die nötige körperliche Ertüchtigung und stellte sicher, daß etwas zu essen auf den Tisch kam – auch wenn in einigen Klöstern nur winzige Mengen verzehrt wurden. »Gebt jedem einen Laib Brot von dreißig Unzen Gewicht«, ordnete eine Regel an, »mit einem Zwölf-Inch-Becher.«

Studieren wurde ebenfalls als nützliche Tätigkeit gesehen, solange es dem richtigen Zweck diente. Die keltischen Mönche waren besonders lernbegierig, wie wir in einem späteren Kapitel noch sehen werden. Aber selbst wenn sie beim Studium neue Erkenntnisse über Gott gewannen, brachte es sie ihm doch in spiritueller Hinsicht nicht unbedingt näher. Deshalb schätzte man Wissen besonders dann, wenn es den Mitgliedern des Klosters bei ihren häufigen andersweltlichen mystischen Erfahrungen weiterhalf. Das Studium sollte die Mönche Gott näher bringen, doch wenn es sie behinderte oder sich auf ihre Gebetszeiten auswirkte, wurde es einge-schränkt. Wenn möglich, kombinierte man das Studie-ren mit anderen Tätigkeiten, wie zum Beispiel dem Es-sen. Dazu heißt es in einer Regel: »Das Folgende ist der Brauch ... Einer von ihnen liest laut die Psalme, die Re-geln und aus dem Leben der Heiligen, während die übrigen essen, so daß der Geist der Mönche sich eher auf Gott als auf die Speisen konzentriert.« Bei der stum-men Meditation sollte jedoch weder Essen noch Spre-chen ablenken: »Es gibt drei oder vier Schwächen, die man häufig bei ansonsten hervorragenden Menschen findet; dazu gehört, andere in endlose Plaudereien zu verwickeln und süchtig nach Leckereien zu sein.«

Jedes Kloster besaß »Grenz«-Vorschriften, die dazu gedacht waren, die zur Ausübung spiritueller Disziplin nötige Abgeschiedenheit zu gewährleisten. In der ein-fachsten Form schrieben diese eine Trennung von der übrigen Welt vor: »Laß deine Einsiedelei einen sehr si-cheren Ort mit nur einem Tor sein.« Doch die physi-sche Trennung stand eigentlich nur stellvertretend für einen höheren, spirituellen Zweck. »Wenn du dich von der Welt zurückgezogen hast«, warnte eine Regel, »be-denke, daß du nun einen Leidensweg gehst. Sieh nicht auf die Welt, sondern fliehe sie, als würdest du ver-folgt.« Eine andere Regel schreibt vor: »Löse dein Le-ben ganz von der Welt los und folge der Lehre Christi und den Psalmen.«

Jedes Mitglied der Gemeinschaft hatte seine eigene

Rolle. Die Regel von Carthage etwa nennt detailliert die Verantwortlichkeiten jeder einzelnen Person, insbesondere die Pflichten des Abtes: »Predige gewissenhaft, was Christus, der heilige, befiehlt ... Du sollst die Seelen aller genauso lieben wie deine eigene ... ermuntere die Alten ... unterweise die Jungen ... Deine Aufgabe ist es, den Widerspenstigen zu rügen, alle zu ermahnen, den Unordentlichen, den Sturen, den Eigensinnigen und den Gemeinen zur Ordnung zu bringen.« Die vielleicht beste Beschreibung mönchischen Lebens findet man in ›The Alphabet of Devotion‹ (Das Alphabet der Demut), das vermutlich ein Mönch aus einem Kloster nahe Linsmore geschrieben hat und das ein Programm zur spirituellen Ertüchtigung liefert:

Glaube an gute Taten, Beständigkeit in der Sehnsucht, Gewissenhaftigkeit in der Stille, Keuschheit mit Bescheidenheit, Fasten mit Maß, Armut mit Großherzigkeit, Zurückhaltung in der Unterhaltung, Verteilung mit Maß, Hartnäckigkeit ohne Feindseligkeit, Abstinenz ohne sich zu vergleichen, Eifer ohne Unhöflichkeit, Sanftmut mit Wahrhaftigkeit, Vertrauen ohne Hochmut, Furcht ohne Verachtung, Armut ohne Stolz, Beichte ohne Rechtfertigung, Lehre mit Erfüllung, Fortschritt ohne Rückzug, Bescheidenheit im Angesicht von Stolz, Sanftmut im Angesicht von Aggression, Arbeit ohne Murren, Einfachheit mit Vernunft, Gehorsam ohne Bevorzugung, Demut ohne Verstellung – all das zusammen macht Heiligkeit aus.

▓ Von Einsiedlerhütten zu Klosterstädten

Aus der Ferne dürfte sich ein keltisches Kloster kaum
von den Forts aus Lehm und Stein unterschieden haben, von denen das Land früher übersät war. Die meisten größeren Klöster waren von großen Wällen umgeben. Je nach Tageszeit dürften sie sich für zufällig Vor-
beikommende kaum von nichtreligiösen Gemeinschaften unterschieden haben. Wenn die größeren Klosteranlagen richtig funktionierten, ähnelten sie mit ihren
lärmenden Werkstätten, den Schmieden und Tischle-
reien sowie Menschen, die die Ernte von den Feldern
einbrachten, weniger bescheidenen Orten des Gebets
als vielmehr kleinen Städten.

In ihrer Blütezeit ging es in einigen dieser Gemeinschaften mit tausend oder mehr Einwohnern von morgens bis abends geschäftig zu. Nur ein kleiner Prozent-
satz von ihnen waren Mönche, deren Lebensraum von
den eher weltlichen Bereichen der Gemeinde getrennt
war. Außer den Mönchen beherbergten die hohen,
kreisförmigen Klostermauern noch viele andere Bewohner wie Studenten, Arbeiter, Händler sowie arme
und heimatlose Seelen, die sich in die Obhut der Mönche begeben hatten. Es ist die Frage aufgeworfen worden, ob man diese großen, geschäftigen Gemeinschaften überhaupt als Klöster bezeichnen soll, da sie wesentlich komplexer waren, als es der Begriff normaler-
weise impliziert.

Einige der Gemeinden wuchsen so stark, daß sie zu
den größten Siedlungen des ländlichen Irlands wurden.
Im Laufe der Zeit bedeutete das, daß manche Äbte
Einfluß und Macht in den umliegenden Regionen ausübten. Einige der Mönche übernahmen wichtige soziale Ämter, wie die Verantwortung für die Ernährung,
die Erziehung und die medizinische Versorgung inner-

halb der immer größer werdenden Gemeinschaften. Bald berieten sie Könige und Clanchefs, leiteten Friedensverhandlungen zwischen kriegführenden Stämmen und erließen Gesetze. Die einst so bescheidenen Gemeinschaften der Mönche erinnerten zunehmend an weltliche römische Zentren in kleinerem Maßstab.

Dieser ganze Erfolg hatte zwei unbeabsichtigte Folgen. Die eine bestand darin, daß manche Mönche und Klöster so sehr damit beschäftigt waren, ihre Geschäfte und Gemeinden zu führen, daß ihnen wenig Zeit für Gebet und Meditation blieb. Dementsprechend ließen Disziplin und Demut nach, und viele Klöster fanden auch nie wieder dahin zurück. Zum zweiten machten zunehmender Reichtum und Wohlstand die klösterlichen Gemeinschaften zum primären Ziel von Wikingerüberfällen, die sich erstmals in den neunziger Jahren des achten Jahrhunderts an der irischen Küste ereigneten. Diese Überfälle sollten noch zwei Jahrhunderte lang andauern, so daß es um das Jahr 1000 kaum noch ein Kloster gab, das nicht schon mindestens einmal geplündert worden war.

In den folgenden Jahrhunderten des inneren Niedergangs und des äußeren Drucks zerfielen viele keltische Klöster und wurden geschlossen. Andere überdauerten, jedoch nur dank der Energie und Disziplin anderer europäischer Klöster, deren Reformen auch Irland erreichten und den dortigen Gemeinschaften die letzten Spuren des einzigartigen keltischen Charakters nahmen. Das endgültige Aus erfolgte im 16. Jahrhundert, als Heinrich VIII. von England begann, alle Klöster in England und Irland aufzulösen und ihren Besitz für die Krone zu beanspruchen. Später, im 17. Jahrhundert, löschte der ruchlose Oliver Cromwell Tausende von Iren aus oder verschiffte sie als Sklaven an Orte wie Barbados; die Übriggebliebenen sperrte er in riesige Reservate.

Doch vor dieser dunklen Epoche leuchteten die keltischen Klöster hell im Schein der Demut und trugen dazu bei, einen lebendigen Glauben zu erschaffen, der sich in ganz Europa verbreitete. Sean O'Coileain, ein irischer Dichter des 19. Jahrhunderts, schreibt in seiner ›Elegy on the Ruins of Timoleague Abbey‹: »Es gab eine Zeit, als dieses Haus voll Freude und Glück war.«

Das Vermächtnis der keltischen Mönche

Auch wenn fast keines der keltischen Klöster, die vor etwa 1500 Jahren in Irland entstanden sind, erhalten ist, so können wir aus ihrer Tradition selbst heute noch viel lernen. Hier ein paar Anregungen, die aus dem Schatz der Weisheit der keltischen Mönche stammen.

- **Finde deine eigene Wüste**. Viele von uns schwimmen in einem schnellen Strom von Menschen, Ereignissen, Terminen und Lärm dahin. Ein Leben voll Streß bedeutet für viele einen frühen Tod, aber selbst diejenigen, die dem Ansturm standhalten, erfahren den hektischen Rhythmus des modernen Lebens in spiritueller Hinsicht als tödlich. Um dem zu entkommen, kann man sich eine Wüste suchen und dort Abgeschiedenheit und Stille genießen – die Voraussetzungen für echtes spirituelles Wachstum. Die keltischen Mönche schufen überall in Irland, England und dem übrigen Europa Wüsten der *splendid isolation*. Vielleicht gelingt es Ihnen, irgendwo in Ihrer Nähe ein solches Refugium zu finden oder einzurichten.

- **Besuchen Sie ein Kloster**. Manche Klöster sind abgeschlossene, der Öffentlichkeit nicht zugängliche Gemeinschaften. Doch viele von ihnen bieten der

Allgemeinheit ein breites Programm mit Gebetstraining oder geführter Meditation an. Zudem haben viele Klöster Zellen, in denen man für einen Tag oder länger völlige Ruhe und Abgeschiedenheit finden kann. Besuchen Sie ein Kloster in Ihrer Gegend und erkundigen Sie sich nach möglicher Unterstützung, die Sie dort für Ihre spirituelle Reise bekommen können.

8

Schweigen und Einsamkeit

Zwei Drittel aller Frömmigkeit sind Stille.
›Die Regel von Ailbe‹

Die Mönche, die das entlegene und geheimnisvolle Kloster in Skellig Michael gründeten, wollten ganz sichergehen, daß ihre Gemeinschaft eine stille Zuflucht bleiben würde, in der ihre Zwiesprache mit Gott nicht durch weltlichen Lärm gestört werden konnte. Ihr Bestreben war, einsam und aufs Jenseits gerichtet zu leben und nicht zum Mittelpunkt einer neuen, geschäftigen Klosterstadt zu werden, wie sie überall im Land der Kelten aus dem Boden schossen. Als sich die Mönche auf die Suche nach Einsamkeit und einem Platz für ihr Kloster machten, entschieden sie sich für den denkbar unzugänglichsten und unwirtlichsten Platz: eine steile Felseninsel im Atlantik, acht Meilen vor der Südwestspitze des Countys Kerry.

Skellig Michael liegt dort, wo der atlantische Golfstrom auf die schroffe irische Küste trifft; das Eiland wird von Stürmen umtost und von Wellen gepeitscht, die auf dem zweitausend Meilen langen Weg von den Küsten Neufundlands all ihre Wucht zusammengenommen haben. Wegen kaum vorherzusagender Wetterunbilden und des gefährlichen Wellengangs ist die

Insel manchmal tage- oder gar wochenlang nicht zu erreichen. Und genau das hatten sich die Mönche gewünscht.

Hier hatten sie das Ziel ihrer Suche nach Stille und Einsamkeit erreicht. Skellig Michael (der Name geht auf das irische Wort für »Felsen« und den gleichnamigen Erzengel zurück, der nach altem Glauben seine segnende Hand über hochgelegene Plätze hält) war seit dem sechsten Jahrhundert, als sich die Mönche hier niederließen, bis zu ihrem Weggang im zwölften Jahrhundert die zerklüftete Zufluchtsstätte für eine kleine Gemeinschaft. Diese bestand aus etwa einem Dutzend Männern sowie ein paar Schafen und Ziegen. (Kühe und Schweine wären unweigerlich von den steilen Klippen in die tosende See gestürzt.) Dank der Abgeschiedenheit und Unzugänglichkeit der Insel sind die Überreste des Klosters auf Skellig Michael bewahrt worden und gelten als das besterhaltene Beispiel für frühchristliche Architektur des Nordens.

Alljährlich fahren zwischen 12000 und 15000 Menschen auf Booten zur Insel hinaus, wo sie einen Teil der rund 2300 steinernen Stufen erklimmen, die die Mönche einst liebevoll angelegt haben. Über sie gelangen die Besucher von der stürmischen See in die stille Abgeschlossenheit der klösterlichen Welt fast 180 Meter über dem Meeresspiegel. Die sorgfältig restaurierte Anlage umfaßt ein halbes Dutzend steinerne, bienenkorbähnliche Hütten, die von den Mönchen Stein auf Stein ohne Mörtel errichtet worden sind; sie haben Jahre gebraucht, um die Steine zusammenzutragen und aufeinanderzuschichten. Daneben gibt es noch zwei größere Andachtsräume, in denen sich die Brüder zu Gebet und Gottesdienst versammelten. Von welcher Seite man die Insel auch erklimmt – und selbst wenn man sie nur aus der Ferne bewundert –, man kann sich der überwältigenden Erhabenheit nicht erwehren, die auch den Dramatiker George Bernard Shaw in ihren Bann gezogen hat. Er schrieb, Skellig Michael besitze »eine Zauberkraft, die einen mitreißt, weit hinaus aus dieser Zeit und Welt«.

Obwohl Skellig Michael fast 200 000 m² umfaßt, ist der Boden fast nirgends flach genug, um Gärten oder Äcker anlegen zu können. Moderne Wissenschaftler sind der Meinung, daß die Mönche niemals genügend Lebensmittel erzeugen konnten, um sich selbst zu versorgen. Den größten Teil des Jahres müssen sie von Fischen, Vögeln und Vogeleiern gelebt haben. Wahrscheinlich konnten sie ihre Überschüsse bei den Leuten vom Festland gegen Getreide, Brennholz und andere lebenswichtige Dinge eintauschen.

Es ist nicht viel, was wir über die Mönche, die auf dem Felseneiland hausten, wissen. Schriftliche Zeugnisse sind nicht erhalten, und das ist auch kein Wunder. Seit 820 überfielen immer wieder räuberische Wikinger die Insel. Aber auch wenn kein Eindringling sie je betreten hätte, so wären Pergamente und Handschriften der Mönche längst von den Elementen zerstört worden. Wind und Wellen haben selbst ein starkes eisernes Tor vernichtet, ebenso wie den einst so stabilen Leuchtturm, den man unsinnigerweise auf der Insel gebaut hatte.

▓ Inseln der Stille

Die Mönche von Skellig Michael waren zwar ganz allein auf ihrem Felsennest, doch so wie sie machten sich auch andere auf die Suche nach abgelegenen Plätzen für neue Klostergründungen. Wenn Sie einen Blick auf die Karte von Großbritannien werfen, sehen Sie, daß es an der England und Schottland zugewandten irischen

167

Ostküste oder an der zum Kontinent gerichteten Süd-
küste praktisch keine Inselklöster gibt. Diese Gegenden
waren den frommen Gründern nicht abgeschieden genug. Dafür finden Sie auf den der Westküste Irlands
vorgelagerten Inseln zahlreiche Klöster; hier konnte
die Klosterbrüder in ihrer frommen Versunkenheit
nichts stören als Wind und Wellen. Im Verlauf des
sechsten und siebten Jahrhunderts gründeten Mönche
überall im Westen Irlands Dutzende Inselklöster.

Stellen Sie sich Irland als Zifferblatt einer großen
Uhr vor, auf der Dublin bei drei Uhr liegt. Ungefähr
bei sieben Uhr befindet sich Skellig Michael. Nördlich
davon, also etwa bei neun Uhr, gibt es eine Ansammlung klösterlicher Vorposten, unter ihnen auch Endas
berühmtes Kloster auf Inishmore, der größten unter
den Araninseln in der Bucht von Galway. Man weiß
auch von Klostergründungen auf High Island und Inishbofin, etwa zwischen neun und zehn Uhr. In der
Nähe von zehn Uhr liegt auch – ungefähr auf halber
Strecke zwischen Sligo und Ballyshannon – Inishmur-
ray. Tory Island ist nordwestlich von Londonderry bei
etwa elf Uhr gelegen. Und in der Nähe von ein Uhr
finden Sie Rathlin Island vor der Küste bei Ballycastle.
Auf all diesen Vorposten konnten sich die keltischen
Mönche fast ungestört ihrer Zwiesprache mit Gott
widmen.

Um dieselbe Zeit, als diese religiösen Zufluchtsstät-
ten entlang der Küste entstanden, ließen sich andere
Mönche auf Inseln, die es in den vielen Flüssen und
größeren Seen Irlands gibt, nieder. Von den zahlreichen Klostergründungen im Binnenland hießen zwei
Saint's Island und fünf Church Island. Doch nicht nur
in Irland zogen sich Klosterbrüder auf abgelegene Inseln zurück. Philip Sheldrake hat auf ähnliche keltische
Klöster vor der walisischen und bretonischen Küste

hingewiesen. Kenneth Hurlstone Jackson schreibt in seinem Werk ›A Celtic Miscellany‹: »Die keltischen Einsiedler zogen in die entlegenste Wildnis und auf Felseninseln, um dort ihr Seelenheil zu finden.«

Historiker und Archäologen sind den keltischen Mönchen zu Dank verpflichtet, weil sie sich an derart abgelegene Orte begaben. So hat vieles die Jahrhunderte überdauert, eine Fülle von Wissen und Information wurde überliefert, und überwältigende Anlagen sind auf uns gekommen.Wegen ihrer Abgeschiedenheit blieben diese Inselklöster Zentren der Andacht und Kontemplation. Zahlreiche Klosteranlagen auf dem irischen Festland aber wurden bald zum Kern neuer Städte und Dörfer. Sicher haben viele Mönche Stätten wie St. Kevins Glendalough aufgesucht, die aus winzigen Einsiedeleien hervorgegangen waren und sich dann zu geschäftigen klösterlichen Zentren mit vielen Besuchern entwickelten. Doch nicht alle Klosterbrüder wünschten sich solchen Rummel; viele suchten einen Ort, wo sie in aller Stille Verbindung zu Gott aufnehmen konnten.

▨ Stille und Einsamkeit

Was brachte Männer und Frauen eigentlich dazu, zu immer entfernteren und einsameren Enklaven aufzubrechen? Wahrscheinlich war es der Wunsch, sich ungestört vom Alltagsleben auf Gott zu konzentrieren.

Wir leben heute in einer Welt, in der wir fast unaufhörlich mit programmierter Unterhaltung oder Werbebotschaften bombardiert werden. Sie können in kaum einen Aufzug einsteigen, ohne mit angeblich beruhigenden Klängen berieselt zu werden. Wenn Sie irgendwo anrufen, ertönt in der Warteschleife aufmunternde Hintergrundmusik. Und selbst auf öffentlichen Toiletten, die früher ein Hort der Stille waren, werden Musikkonserven auf Sie losgelassen. In manchen Lokalen verstehen Sie bei all dem Lärm Ihr eigenes Wort nicht mehr, und wenn Sie in einen Park oder in die freie Natur hinausstreben, kann es Ihnen passieren, daß die Stille durch plärrende Ghettoblaster oder dröhnende Klänge aus der rockkonzertreifen Stereoanlage eines Autos zerstört wird. In vielen Haushalten läuft der Fernseher auch tagsüber stundenlang, und auf dem Weg zwischen dem geräuschvollen Zuhause und einem ebenso lauten Arbeitsplatz füllen viele den engen Innenraum ihres Autos auch noch mit Klangkaskaden aus dem Radio oder vom Band.

Und dann sind da noch all die anderen Geräusche, die sich in unsere empfindlichen Seelen drängen: Müllautos, Rasenmäher, Staubsauger und Haartrockner sind nur einige Nebenprodukte unserer Konsumgesellschaft. Ihre unverhofften Attacken machen unser Leben noch geräuschvoller.

Manche Psychologen haben den Verdacht, daß diese röhrende Klangwelt uns alle süchtig nach Geräuschen macht. Laufen wir nicht vor der Stille davon, weil wir Angst haben vor dem, was uns dort begegnen könnte? Vergleichen Sie doch einmal unsere durch Töne und Klänge überfütterte Gesellschaft mit der stillen Gelassenheit der keltischen Mönche, die der Ruhe nachgelaufen sind wie einem lang vermißten Freund. Sie ließen sich von Stille umfangen und fanden darin nicht Einsamkeit und Leere, sondern Gott und dazu noch inneren Frieden und Seelenruhe.

Vergleichen Sie Ihren lauten Alltag mit der Heiterkeit, wie sie aus »Marbham's Hymn of Content« klingt, der Hymne, die ein irischer Mönch irgendwann im zehnten Jahrhundert verfaßt hat:

... Ich habe eine Hütte im Wald, nur mein Gott allein hat sie gesehen; eine Esche auf dieser Seite, eine Haselnuß auf der anderen, ein großer Baum auf einem Hügel schließen sie ein ...

Meine Hütte ist klein, aber nicht gering, ein Ort der vertrauten Wege ...

Eine versteckte, bescheidene Hütte, in dem von Pfaden durchzogenen Wald; gehst du mit mir, sie zu sehen? ...

Im Sommer mit seiner ganzen Fülle, mit wohl-riechenden Düften, da gibt es Erdkastanien, wilden Majoran, die Kresse im Bach – grüne Reinheit!

Schwärme von Ringeltauben mit heller Brust ... die Weise der Drossel, süß und vertraut, gleich über meinem Haus ...

Schwärme von Bienen, Käfern, leise Musik der Welt, ein sanftes Summen ...

Ein flinker Sänger, der kampfbereite braune Zaunkönig vom Ast der Hasel ...

Helle, weiße Vögel kommen, Kraniche, Möwen, das Meer singt für sie, keine Trauermusik ...

Eine schöne Kiefer macht Musik für mich, sie ist von niemand engagiert; dank Christus geht es mir niemals schlechter als dir.

Obwohl du deine eigenen Freuden hast, die größer sind als alle Reichtümer, bin ich doch dankbar für das, was mir mein Christus schenkt.

Ohne eine Stunde des Streits, ohne lauten Ha-der, der nur stört, dankbar dem Fürsten, der mir alles Gute gibt in meiner Hütte ...

Es ist nicht schwer, sich den Verfasser dieser friedvollen Zeilen vorzustellen. Zufriedenheit spricht aus jedem Wort. Vielleicht ist es gar kein Wunder, daß solche Gedichte in großer Zahl aus der Einsamkeit hervorgegangen sind; scheinbar sehnten sich keltische Christen nach einer abgeschiedenen Hütte in den Wäldern, so wie wir von einem hübschen Haus auf dem Land träumen.

Die folgenden Zeilen werden Manchin Leith zugeschrieben, der im siebten Jahrhundert gelebt hat:

Ich wünsche mir, o Sohn des lebendigen Gottes, ehrwürdiger, ewiger König, eine heimliche Hütte in der Wildnis als Wohnung. Daneben ein tiefblaues, seichtes Wasser, einen klaren Quell, darin die Sünden abgewaschen werden durch die Gnade des Heiligen Geistes. Ein schöner Wald ringsum auf allen Seiten, in dem vielstimmige Vögel Nahrung, Schutz und Zuflucht finden. Zum warmen Süden hin ein kleiner Bach jenseits der Umfriedung, ein ausgewählter Grund mit reichen Gaben, die jeder Pflanze wohl bekämen ...

Die Mönche und Mystiker frohlockten in der Stille und Einsamkeit ihrer Hütten, aber sie versteckten sich weder vor sich selbst noch vor ihrem Gott. Statt dessen richteten sie ihr kritisches Auge auf die eigenen Schwächen und wurden sich ihrer Sterblichkeit bewußt. In den Reflexionen eines Mönchs heißt es: »Allein in meiner kleinen Hütte und ohne ein menschliches Wesen in meiner Nähe ging ich meinen schweren Pilgerweg, bevor ich nun dem Tod begegne ... Allein in meiner kleinen Hütte, ganz allein, allein kam ich auf die Welt, allein werde ich sie verlassen.«

▨ Platz schaffen für Gott

Die Mönche waren nicht etwa menschenscheue, introvertierte Einzelgänger, die der Welt aus eigener Bequemlichkeit entflohen. Sie zogen nicht in Inselklöster und Schlupfwinkel in den Bergen, weil sie das Volk verachteten. Die keltischen Mönche legten deshalb so großen Wert auf Schweigen und Stille, weil sie versuchten, in ihrem Leben Raum für Gott zu schaffen. Gott galt ihnen als Herrscher und geliebter Freund, sie wollten Lärm und Störungen vermindern, um einen Platz zu haben, an dem sie die Stimme Gottes vernahmen. Adomnan beschreibt im ›Leben des Heiligen Kolumban‹, daß »das sanfte Leben der Heiligen eine Wohnung schuf für den Heiligen Geist«.

In ›Das Leben der Heiligen Darerca, oder Morinna, der Äbtissin‹ berichtet ihr Biograph vom Wunsch der heiligen Frau, ihre Lieben zu verlassen, mit dem Mönch Ibar auf einer der Inseln im Westen Irlands zu studieren und dort ein Nonnenkloster zu gründen. »Sie wollte ihr frommes Vorhaben nicht durch sinnlose Diskussionen und törichte Gespräche mit Laien entwerten«, schreibt der Gelehrte, »und auch nicht durch Zusammenstöße mit ihren Eltern.« Er erklärt, wie weit die Heilige Darerca zu wandern bereit war, um die Stimme Jesu besser zu vernehmen: »Sie ging zu einem bestimmten Ort am Bergeshang ... wo sie ohne jede irdische Störung den süßen Worten ihres Seelenbräutigams lauschen konnte.« Es sei »durch das Zeugnis jener, die sie kannten, als wahr erwiesen, daß Engel sie dort oft besuchten und vertrauliche Gespräche mit ihr führten«.

Die Regeln der Klöster enthielten, soweit dies möglich war, genaue Vorschriften, um sicherzustellen, daß ihre Mitglieder über all dem irdischen Getöse Gott vernehmen konnten. ›Die Regel von Ailbe‹, die wahrscheinlich im Laufe des achten Jahrhunderts niedergeschrieben wurde, verwendet viel Sorgfalt auf die Beschreibung, wie ein Mönch in den Zustand meditativer

173

Stille gelangen kann: »Laßt ihn seine Arbeit schweigend, also ohne zu sprechen, tun. Laßt ihn nicht geschwätzig sein, sondern ein Mann der knappen Worte ... Seid schweigend und friedvoll, damit Eure Hingabe Früchte trage.«

Frederick Buechners Roman ›Godric‹ vermittelt dem heutigen Leser eine Vorstellung vom Tagesablauf eines keltischen Mystikers. Obwohl dieses Buch das mönchische Leben im England des elften und zwölften Jahrhunderts beschreibt, muß vieles in dem Roman doch auf Tätigkeiten, Riten, Klänge und Gerüche zurückgehen, die auch für die keltischen Mönche des sechsten und siebten Jahrhunderts typisch waren. In einer eindringlichen Passage schildert Buechner eine von Godrics Marathon-Gebetssitzungen mit Ailred, einem Mystiker, der zu Besuch bei ihm weilt. Nach der Beschreibung des Verfassers ist Ailred »Haut und Knochen und Godric ganz in Lumpen. Sie knien endlose Stunden unter dem niedrigen Strohdach, ohne daß ein Wort die Stille unterbricht, abgesehen von den Gebeten, die sie himmelwärts schicken.«

▨ Die Verbindung von Kontemplation und Aktion

In den vier Evangelien des Neuen Testaments geht es recht laut zu. Matthäus, Markus, Lukas und Johannes sprudeln über von Geschichten, in denen viel passiert und viel geredet wird: Jesus spricht zur Menge, und auf den Reisen mit seinen Schülern unterweist er die Menschen. Er disputiert mit den Schriftgelehrten im Tempel, und er wird in aller Öffentlichkeit als der Messias gepriesen. Schließlich verurteilt man ihn im Angesicht einer großen, wütenden Menge zum Tode.

Jenseits solcher Szenen aber war Jesus schweigsam und nachdenklich. Oft beschreiben die Evangelien, wie er sich von den Menschen zurückzieht, um mit seinem himmlischen Vater zu sprechen, in der Wüste vierzig Tage lang zu fasten und zu beten oder vor wichtigen Entscheidungen oder Gesprächen mit der Obrigkeit in aller Stille Gottes Willen zu erforschen. Auch im Leben des heiligen Patrick gab es beides: Komtemplation und Aktion. Seine Bekehrung zum Christentum erfolgte, als er allein war und die Schafe hütete. Er lebte als Sklave in Irland, begann zu Gott zu beten, und Gott traf ihn in seiner Einsamkeit.

Die keltischen Mönche besannen sich in ihrer Sehnsucht, aus dem Quell der Stille und Kontemplation zu trinken, auf einen wesentlichen, aber vielfach vernachlässigten Aspekt christlicher Tradition. Wie bei Jesus und Patrick wechselten auch bei dem im siebten Jahrhundert lebenden keltischen Heiligen Cuthbert Phasen überschäumender Energie und Aktivität mit Zeiten der Einsamkeit und spirituellen Kontemplation. Und wie Sankt Patrick hatte auch Cuthbert beim Schafehüten eine Vision. Er sah ein gleißendes Licht, das eine Heerschar von Engeln beleuchtete, die den langen Weg zum Himmel emporstiegen.

Nachdem er verschiedene Stellungen in der Verwaltung der Klöster von Ripon und Lindisfarne innegehabt hatte, zog sich Cuthbert, der populärste Heilige im Norden Englands, auf Inner Farne Island zurück, um mit Gott allein zu sein. Doch bald scharten sich eine Menge Schüler um ihn, um seinem Beispiel zu folgen. Er spürte, daß Gott ihn berufen hatte, die Einsamkeit aufzugeben und seinen Dienst an der Allgemeinheit zu leisten. Cuthbert kehrte zurück in die Wirbelstürme des Lebens. 684 wurde er zum Bischof geweiht, und bald darauf bestimmte man ihn zum Abt von Lindisfarne. Als eifriger reisender Missionar und Lehrer fand er für seine Arbeit in der Öffentlichkeit viel Anerkennung.

Obwohl er seine Pflichten mit Geschick und Tatkraft versah, blieb Cuthbert doch im Herzen ein Mystiker und fühlte sich sein Leben lang zu Einsamkeit und Stille hingezogen. Wie Bede berichtet, hat Cuthbert oft seine Sehnsucht nach einem Leben abseits des irdischen Trubels zum Ausdruck gebracht: »Selbst wenn ich in einer winzigen Hütte auf einem Felsen im Ozean leben könnte, nur von den Wellen umspült und abgeschnitten von Wissen und Einsicht, so wäre ich doch nicht frei von den vergänglichen Sorgen der Welt.« Doch nach einer Zeit rastlosen Schaffens und immer neuer Führungsaufgaben zog er sich erneut auf sein geliebtes Farne zurück und verbrachte die letzten Jahre seines Lebens bis zum Tod im Jahr 687 in göttlicher Kontemplation.

Ein anderer wohlbekannter Mönch unter den zahlreichen irischen Missionaren des siebten Jahrhunderts war der Heilige Fursey; er hatte ebenfalls ein angesehenes Amt inne und dazu ein frommes Herz. Seine Predigten waren berühmt, und er bereiste große Teile der damals bekannten Welt. Doch Beda berichtet uns über ihn: »... nachdem er viele Jahre unter den Iren das Wort Gottes gepredigt hatte, konnte er die Massen, die ihn umdrängten, nicht länger ertragen. Er gab deshalb alles auf, was er an Besitz hatte ... befreite sich von jeglicher irdischen Verantwortung und beschloß, sein Leben als Einsiedler zu beenden.«

Fursey verbrachte eine Zeitlang in Einsamkeit und Stille, doch ist dies nicht das letzte, was wir von ihm wissen. Er erlebte eine Folge von Visionen über das Leben nach dem Tod, von denen er berichtet hat. In solchen Erscheinungen sah Fursey hinter die Schleier dieser Welt und blickte ins Reich der guten und bösen Geister. Er konnte beobachten, was den Menschen nach dem Tode widerfuhr. Seine genauen, fantastischen Schilderungen von den Qualen der Hölle und den Wonnen des Himmels haben die Christen über Jahrhunderte beschäftigt; für Dante wurden sie zu einer wichtigen Quelle, als er die ›Göttliche Komödie‹ schrieb.

Es wären noch viele andere keltische Heilige zu nennen, deren öffentliches Wirken auf der Basis stiller Kontemplation beruhte. Von Findbarr weiß man, daß er neben anderen Kirchen auch das Kloster und die Stadt Cork gegründet hat. Der Heilige verbrachte aber auch einen großen Teil seines Lebens als Einsiedler auf Gougane Barra, der winzigen Insel in einem kleinen Bergsee; bis heute gibt es alljährlich eine Wallfahrt zu Ehren dieses Heiligen. Koloman, der Abt von Lindisfarne und Begründer des Inselklosters Inishbofin vor der Westküste Irlands war, verbrachte längere Zeit in der bergigen Felsregion von Burren im westlichen Irland. Er hauste in einer Felsspalte, eine Maus war seine einzige Gesellschaft. Das Nagetier konnte dem Heiligen auf mancherlei Weise zu Diensten sein, es weckte ihn beispielsweise zum regelmäßigen Gebet.

Doch keiner übte sich so sehr im Schweigen wie die Brüder, denen Brendan, der Weltreisende des sechsten Jahrhunderts, auf einer seiner fantastischen Reisen begegnet ist. Nachdem ihn ein Vogel aufgefordert hatte, in See zu stechen, wurde Brendan zu einer Insel gesandt, wo er und seine Mönche das Weihnachtsfest »mit vier und zwanzig Brüdern« verbringen sollten. Nachdem sie das Eiland gefunden hatten, hieß sie ein »schöner alter Mann« willkommen; Brendan und seine Männer feierten mit den Inselbewohnern – in absolutem Schweigen. Als er aufbrechen und seine Reise antreten wollte, fragte Brendan, wie lange die Mönche auf der Insel schon in solchem Schweigen lebten. Der ältere Herr erwiderte: »Gott der Herr weiß, daß in die-

sen achtzig Jahren keiner von uns zum andern gesprochen hat.«

🔲 Sein Gleichgewicht finden

Bevor Kevin das Kloster Glendalough gründete, hatte
er als einsamer Eremit sieben Jahre in der Wildnis der
Wicklow Mountains verbracht. Eine rührende Legende
aus dieser Zeit wirft ein Licht auf die Hingabe und den
treuen Eifer des keltischen Mönchs.

Es gibt ein Gebet, das viele Mönche praktizierten,
die sogenannten Kreuz-Vigilien. Während dieses
Nachtgebets stand oder kniete der Betende und streckte die Arme zur Seite wie einst Christus am Kreuz. Ziel
dieses Gebetes war, die Arme noch über den Zeitpunkt, da der Schmerz unerträglich geworden war,
hinaus gestreckt zu halten. Die Mönche wollten in den
Kreuz-Vigilien einen Teil des Schmerzes an sich selbst
erfahren, den Christus am Kreuz durchlitten hat.

Die Legende will wissen, daß Kevin die Kreuz-Vigilien mit solcher Hingabe praktizierte, daß eine Amsel
von einem nahen Baum auf seine Hand flog, darin ein
Nest baute, Eier hineinlegte und sie ausbrütete, bis die
Jungvögel schlüpften. Kevin aber verharrte so tief versunken im Gebet, daß er den Vogel gar nicht bemerkte
und sich von ihm auch nicht beim Beten stören ließ.

Für viele Gläubige ist diese Legende ein mächtiges
Symbol für die spirituelle Tiefe und Lebenskraft der
keltischen Christen. Andere sehen sie als deutlichen
Hinweis auf die Exzesse, die man den keltischen Mönchen nachsagt. So kritisierte beispielsweise Sankt Mo-
chuda den Heiligen Cronan, weil er ein Kloster in solcher Abgeschiedenheit gegründet hatte, daß es für
Normalsterbliche kaum zu erreichen war: »Ich gehe
nicht zu einem Mann, der jeden Besuch verhindert, in-

dem er seine Kirche in einem wilden Sumpf errichtet, fernab von der geraden Straße; sollen doch wilde Tiere seine Gäste sein.«

Die römische Obrigkeit betrachtete das extreme Verhalten, das manche dieser wilden keltischen Mönche an den Tag legten, nicht ohne Spott. Man diskutierte sogar darüber, wie man solche Exzesse einschränken könnte, doch schließlich bestand dafür keine Notwendigkeit mehr, da die Geschichte ihren Lauf nahm und verschiedene Ereignisse zum Untergang der Klöster führten. Eines davon waren die Einfälle der Wikinger, die um 790 begannen und in deren Verlauf viele Klöster zerstört, ihre Güter geplündert, die Mönche getötet und die unschätzbaren Bibliotheken verwüstet wurden, weil die Plünderer Gold und Juwelen von den kostbaren Einbänden abrissen.

Doch manche Klöster erlebten ihren Niedergang noch bevor die Wikinger auf der Bühne der keltischen Geschichte erschienen. Nach dem Tod der Gründer kam es unter den weniger erleuchteten Nachfolgern vielfach zu Disziplinlosigkeit und Leichtsinn. Andere Gemeinschaften wieder waren dem Mystizismus verfallen und so wenig von dieser Welt, daß sie sich ums materielle Überleben und die Verwaltung ihrer Klöster nicht mehr kümmerten und einfach von der Bildfläche verschwanden.

Einige Kritiker sehen die Schuld für den Untergang des keltischen Klosterlebens in einem spirituellen Ungleichgewicht. Ein Vergleich der keltischen Mönche mit den Nachfolgern des Heiligen Franziskus bietet sich an. Der Heilige Franz wollte, daß die Brüder weit genug vom Getümmel der Städte entfernt waren, um Stille und Beschaulichkeit zu wahren; und doch sollten sie den Menschen nahe sein, denen sie dienen wollten. Verglichen mit den Franziskaner-Gemeinschaften hatten sich viele keltische Klosterbrüder zu weit von der Welt entfernt, um ihren Mitmenschen Gutes tun zu können.

Doch zur Blütezeit der keltischen Klöster im sechsten und siebten Jahrhundert haben Mönche Erstaunliches geleistet. Zum einen förderten sie eine einmalige mystische Ausprägung des Christentums, die auf die heidnische keltische Bevölkerung eine große Anziehungskraft ausübte. Zum anderen wurden in den Klöstern viele Missionare erzogen und ausgebildet, die für eine neue Christianisierungswelle in Europa sorgten, indem sie die christliche Botschaft auch in Länder trugen, die noch unzivilisiert und ungläubig waren. Und schließlich hatten die Mönche durch ihre Studien einen wichtigen Anteil an der Bewahrung einiger der bedeutendsten literarischen Denkmäler der westlichen Kultur, wie wir später noch sehen werden. Doch bevor wir zum Ende des Kapitels kommen, bleibt festzustellen, daß bei aller Kritik an den Exzessen keltischer Mönche doch die Zahl derjenigen überwiegt, die die Meinung dieser Kritiker nicht teilen. Sie geben zu bedenken, daß die oft wilden und rauhen Bekenner genau jenes Maß an spiritueller Energie und Tiefe besaßen, das nötig war, damit die keltische Kirche auch schwierigste Phasen überstehen konnte.

Auf der Suche nach Einsamkeit

Sie haben sicher nicht den Wunsch, für die Suche nach einem entlegenen Eiland zum Beten und Meditieren in See zu stechen. Doch bestimmt gab es schon Augenblicke, in denen Sie das Gefühl hatten, Ihr Leben sei außer Kontrolle geraten. Und Sie wünschten sich eine kurze Phase der Einsamkeit, um Ihr Gleichgewicht wiederzufinden. Sie sind mit solchen Wünschen keineswegs allein. Viele Menschen sehnen sich danach, ein wenig Ruhe in ihr lautes Leben zu bringen. Hier ein paar Vorschläge.

- **Unterhaltung auf Sparflamme.** Für viele von uns füllen Fernsehen, Musik und andere Formen der Unterhaltung die stillen, einsamen Stunden des Lebens aus. Warum können wir nicht manchmal ein paar Augenblicke in völliger Ruhe verbringen, statt mit der Fernbedienung zu spielen? Wer in einem lauten Hochhaus wohnt, in dem es selten still und friedlich ist, der kann vielleicht Gregorianische Gesänge oder beruhigende klassische Musik auflegen statt dröhnenden Lärm aus dem Äther zu empfangen. So oder so, drehen Sie die Lautstärke in Ihrem Leben einfach mal zurück statt immer nur auf.

- **Ziehen Sie sich in die Stille zurück.** Natürlich kann nicht jeder wie ein Mönch leben, doch jeder braucht Zeiten der Stille und Einsamkeit. Manche Menschen suchen regelmäßig ihre ganz persönliche Zufluchtsstätte auf; sie kann sich in einem Kloster oder in einem anderen spirituellen Zentrum befinden. Befreit vom Telefon und von Zwängen, Terminen und Störungen können sie einige Zeit allein mit sich selbst und mit Gott verbringen. Leute, die das regelmäßig praktizieren, behaupten, es beruhige ihre Seele, kläre den Geist und besänftige das Herz. Viele sagen, sie hätten nach solchen Auszeiten eine klarere Vision vom Sinn des Lebens.

9

Immerwährendes Gebet

Es muß ein Narr sein, wer darauf verzichtet,
Gott in seiner Allmacht zu lobpreisen,
Wenn selbst der kleine Vogel ohne Geist
Ihn noch im Fluge preist.

Gebet aus dem 16. Jahrhundert

Ein Gebet kann für verschiedene Menschen ganz unterschiedliche Bedeutungen haben. Manchen sagt es so gut wie nichts, anderen ist es eine Lebensader zu Gott. Das Gebet kann Bilder von fernen Ritualen heraufbeschwören, deren Sinn in einem Gemurmel längst untergegangen ist. Viele reagieren auf Angst oder Unsicherheit spontan mit einem Gebet. Eine alleinstehende Mutter, der eine unerwartete Rechnung ins Haus flattert, mag beispielsweise stöhnen: »O Gott, wie soll ich das nur schaffen?« Das gebräuchlichste Gebet aber ist sicher die dringliche Bitte – nach Kraft, nach Trost, sogar nach Leben – in höchster Not. Ein Sprichwort sagt: »Im Schützengraben gibt es keine Atheisten.« Die keltischen Christen waren oft den Elementen preisgegeben oder lebten in Furcht vor Angriffen benachbarter Stämme oder Überfällen der Wikinger, doch Gebete der Verzweiflung waren längst nicht alles, was sie zu Gott emporschickten.

Für sie war das Gebet Teil ihres Lebens, eine Art Nabelschnur zu ihrem himmlischen Schöpfer. In Zeiten der Gefahr flehten sie Gott um Hilfe an; in Zeiten des Glücks aber dankten sie ihrem Schöpfer für seinen Segen. Und in all den Tagen, die weder von Ängsten verdunkelt noch von Licht und Freude erhellt waren, verstärkte das Gebet ihre enge Beziehung zu Gott. Ihre Gebete waren mystisch und konkret zugleich, unbewußt und tief empfunden, ehrerbietig und im Plauderton gehalten. Das Gebet war ein ständiger Dialog, so etwas wie ein Gespräch zwischen Freunden und Liebenden.

Die keltische Kultur hatte stets einen Hang zum Mystizismus. Schon immer glaubten die Kelten an eine Welt voller Götter und Göttinnen. Überall in der Landschaft mahnen Denkmäler an das Wirken von Wesen, die nicht von dieser Welt sind. Alltägliche Bräuche, aber auch besondere Zeremonien haben ihren Ursprung im Bewußtsein einer besonderen Nähe zum Göttlichen.

Als der heilige Patrick im fünften Jahrhundert nach Irland kam und sich christlicher Glaube und heidnisch-keltische Praktiken mischten, änderte sich unter dem Einfluß der christlichen Missionare nicht so sehr die Art des Glaubens, sondern diese gaben lediglich der Frömmigkeit des Volkes eine neue Richtung. Statt Hunderte verschiedene lokale Götter und Göttinnen anzubeten und bestimmte Rituale zu vollziehen, beteten sie nun zu einem Gott, der unergründlich und doch ganz persönlich war, mächtig, aber voller Mitgefühl. Viele keltische Christen haben ihre Nähe zu Gott auf ähnliche Weise geschildert, wie man die sexuelle Intimität zwischen Liebenden beschreibt.

Aber auch wenn ein solcher Zugang zum Glauben fremd klingen mag für jemanden, der eine weniger leidenschaftliche Art der Anbetung pflegt, kann uns die keltische Art zu beten doch Anregungen geben, wie wir unsere eigenen Gebete vertiefen können.

▧ Columba im Gebet

Der heilige Columba (auch Columcille genannt) ist eine der herausragenden Gestalten in der Blütezeit des keltischen Christentums. Im Jahre 521 geboren und aus einer Adelsfamilie stammend hat er wegen seiner großen Verdienste um die Christenheit Berühmtheit erlangt. Er gründete Klöster (Iona und andere Zentren), gab der Missionsarbeit wichtige Impulse (viele seiner Schüler haben zur Rechristianisierung Europas beigetragen) und hat zahlreiche Gedichte und Predigten verfaßt; in Iona soll auch mit der Arbeit am berühmten ›Book of Kells‹ begonnen worden sein.

Weniger bekannt ist Columbas Theologie des Gebets. Seine Beiträge sind zugleich metaphysisch und ungewöhnlich konkret; sie können uns helfen, einen Zugang zum Gebet zu finden, der sehr persönlich und praxisnah ist. Unter den zahlreichen überlieferten Schriften dieses faszinierenden Heiligen gibt es eine Predigt, die seine Ansichten über Mystik und Gebet verdeutlicht. Aus dem Neuen Testament zitiert Columba die Einladung Jesu an seine Jünger: »Laßt die Durstigen zu mir kommen, ich will sie erquicken.« Und dann erklärt der Heilige diese Metapher: »So ist Gott selbst, unser Herr Jesus Christus, die Quelle des Lebens, und so ruft er uns zu sich, zur Quelle, damit wir trinken können.«

Natürlich ist für Columba das Christentum nicht Glaube allein; er sieht es zugleich als lebendige, kraftvolle Beziehung zu Gott. Und Christus ist nicht bloß Lehrer und vorbildlicher Mensch, sondern auch die lebendige Erscheinung, die zu uns kommt und uns erfrischt, wenn wir nach Spiritualität dürsten. Columba spricht über persönlichen Mystizismus in der Sprache der erotischen Liebe, um die spirituelle Verzücktheit in Worte zu kleiden. »Laß uns immerdar trinken von ihm mit all unserem Sehnen«, schreibt er, »und laß den süßen Wohlgeschmack seines Liebreizes uns in Entzücken versetzen.« Columba beschreibt in seinem Gebet die tiefe Sehnsucht nach der Vereinigung mit Christus als Voraussetzung für die wahre Vertrautheit mit Gott:

> ... Wir bitten um nichts anderes, als was du uns geben möchtest; denn du bist unser alles, unser Leben, unser Licht, unser Heil, unser Essen, unser Trinken, unser Gott. Ich bitte dich, unsere Herzen zu erleuchten, unser Jesus, mit dem Atem deines Geistes, und unsere Seelen mit deiner Liebe zu verwunden ... Gesegnet ist eine solche von der Liebe getroffene Seele.

Neben seinen eigenen Worten besitzen wir auch zahlreiche andere Zeugnisse, die Columbas Art zu beten beschreiben. Adomnans ›Life of St. Columba‹ berichtet, daß dem Heiligen mehrfach Engel erschienen. Seine Biographie enthält eine Geschichte mit dem Titel: »Wie eine große Zahl heiliger Engel gesehen wurde, die vom Himmel herabkamen, um sich mit St. Columba zu beraten.« In der Geschichte wendet sich Columba an seine Brüder in Iona und sagt ihnen, daß er fortgehen wird, um an der Westküste der Insel zu beten, und er bittet darum, daß niemand ihn begleiten möge. Ein neugieriger Mönch konnte dem Drang, dem heiligen Vater mit Abstand zu folgen, jedoch nicht widerstehen. Er begab sich auf einen Hügel, von wo aus er den Platz überblicken konnte, an dem Columba betete. Von dort aus, so berichtet die Geschichte, »konnte der Bruder St. Columba auf einer Kuppe inmitten der Felder stehen und mit zum Himmel ausgebreiteten Armen und emporgerichtetem Blick beten sehen«. Während der Mönch ihn beobachtete, sah er, daß »Engel, die Bewohner des himmlischen Königreichs, mit beachtlicher Geschwindigkeit herabflogen. Sie waren in weiße Gewänder gekleidet und begannen sich um den heiligen Mann zu versammeln, während dieser betete.« In einer anderen Sammlung von Geschichten über den Heiligen erzählt Lady Gregory, daß einige der Brüder in Iona eine Kapelle betraten, in der Columba betete. Da sahen sie, daß der Raum voller Engel war, die sich mit dem Heiligen unterhielten und ihm zu Diensten waren.

Moderne Skeptiker mögen in solchen Geschichten den religiösen Eifer eines sehr dunklen Zeitalters sehen. Andere verstehen sie vielleicht als Metaphern und schließen daraus, daß die Schreiber und Priester versuchten, Columba auf diese Weise als Heiligen darzustellen. Doch man hat vom Herz der keltisch-christlichen Spiritualität nicht viel begriffen, wenn man solche Legenden zu entmythologisieren versucht. Die christlichen Kelten glaubten nämlich fest an zwei Dinge: erstens an die Existenz eines persönlichen Gottes, der Engel und anderer spiritueller Erscheinungen; und zweitens daran, daß sie regelmäßig mit diesen spirituellen Wesen kommunizieren konnten.

◈ Machtvolle Gebete

Es mag unklug erscheinen, Columba als Beispiel für die Praxis des Betens anzuführen. »Schließlich war er ein Heiliger«, könnte man einwenden. »Was hat das mit mir zu tun?« Statt uns auf das Gebetsleben von Heili-

187

gen zu konzentrieren, können wir unsere Aufmerksamkeit genausogut den Gebeten ganz normaler Menschen zuwenden. Viele ihrer alltäglichen Gebete, die in den letzten Jahrhunderten von Forschern gesammelt wurden, sind uns überliefert.

Eine Menge dieser Bücher basieren auf der Arbeit des berühmtesten Sammlers, des Schotten Alexander Carmichael. 1832 als Sohn einer Bauernfamilie auf der Insel Linsmore geboren, arbeitete Carmichael später als Beamter, was ihm zahlreiche Gelegenheiten zu Besuchen auf den britischen Western Isles, den Äußeren Hebriden, gab. Auf seinen Reisen machte er die Bekanntschaft der Einheimischen, besuchte sie in ihren Häusern und auf ihren Höfen und schrieb Tausende ihrer Gebete und Segen nieder. Diese wurden in seinen ›Carmina Gadelica‹ in sechs Bänden zwischen 1900 und 1961 publiziert.

Carmichael veröffentlichte die Gebete sowohl in ihrer ursprünglichen gälischen Form, als auch in seiner eigenen englischen Übersetzung im Stil von King James. Dieses Werk wurde von zahlreichen anderen Schriftstellern genutzt, darunter G.R.D. McLean, dessen ›Poems of the Western Highlanders‹ erstmals 1961 erschienen, und Esther de Waal, eine moderne britische Autorin, die neben zahlreichen anderen Werken die Bücher ›The Celtic Vision‹ und ›The Celtic Way of Prayer‹ verfaßt hat.

🔲 Beten mit den Kelten

Mount Melleray Abbey ist ein großes, stattliches Zisterzienserkloster, das auf einem majestätischen Bergrücken mit Blick auf die Landschaft um Cappoquin, eine Stunde westlich von Waterford liegt. In jüngerer Vergangenheit hat ein Mönch und Archivar aus Mount

Melleray, Uinseann O'Maidin, eine große Zahl traditioneller irischer Gebete gesammelt und übersetzt. Obwohl es unmöglich ist, diese Gebete genau zu datieren, hält er viele davon für zwei- bis dreihundert Jahre alt. Man glaubt, daß sie von umherziehenden Barden und Wanderpredigern in ganz Irland verbreitet wurden.

Viele der Gebete sprach man zu den Mahlzeiten, denn das war damals wie heute eine beliebte Gelegenheit, die Menschen zu versammeln, eine Pause zum Nachdenken einzulegen und Gott für den Segen des Lebens zu danken. Ein kurzes Gebet, so schlicht wie zeitlos, dient dazu, eine der grundlegendsten und wichtigsten menschlichen Tätigkeiten zu einem Sakrament zu erheben: »O Jungfrau Maria und Sohn Gottes, segnet diese Speise, segnet diesen Trank.« Es sind jedoch nur wenige keltische Gebete so einfach. Viele kommen von praktischen Angelegenheiten wie dem Dank für das Essen auf weitreichende spirituelle und theologische Fragen. Wenn Sie die folgenden Gebete lesen, fallen Ihnen vielleicht Möglichkeiten ein, wie Sie sich diese zu eigen machen, sie an Ihre persönlichen Wünsche und Bedürfnisse anpassen können.

Ein Hauch von Ewigkeit – In ihrem demütigen Wunsch, Gott für die Gnade des Lebens zu danken, dehnten viele keltische Christen den Zeitrahmen ihrer Gebete aus. Statt Gott nur für das gerade bevorstehende Mahl zu danken, sprachen sie auch ihren Dank für vorangegangene Mahlzeiten aus:

> Ruhm, Lob und Dank sei dir, o Gott, für dieses Essen und unsere Gesundheit.
> Wir danken dir auch für all das Essen und die Gesundheit, für die wir dir noch nicht gedankt haben.

Ein anderes Gebet preist und ehrt Gott »für alles Essen, das er uns je gegeben hat«.

Das folgende Gebet drückt das unerschütterliche Vertrauen in den fortbestehenden Segen Gottes aus und sagt Dank für künftige Mahlzeiten:

Gelobt sei der freigiebigste Herr, möge er immer gelobt sein. Lob und Dank sei Jesus für das, was wir gegessen haben und in Zukunft noch essen werden.

Der folgende Segen dehnt den Bezugsrahmen sogar noch weiter aus, indem er Gottes Segen über die Grenzen der Zeit hinaus erbittet:

Alles Lob dem König des Himmels, alles Lob sei dein, o Gott, alles Lob sei Jesus Christus für dieses Mahl. Er gewährt uns diese Nahrung auf Erden; möge er uns auch ewige Nahrung im Himmel schenken.

Und ein weiteres Gebet nutzt die Gelegenheit einer Mahlzeit, um Gott auch für die spirituelle Nahrung zu danken:

Möge er, der uns dieses Essen schenkt, unseren Seelen und den Seelen der sieben Generationen vor uns das ewige Leben schenken.

Diese fünf einfachen Gebete zeigen auf eindrucksvolle Weise, wie der überschäumende Glaube diese Menschen dazu befähigte, schlichte Segenssprüche bei Tisch als Gelegenheit zu erkennen, Gott für so viel mehr als nur das Essen und Trinken des jeweiligen Tages zu danken. Vielleicht hilft dieses Beispiel Ihnen, Ihre eigenen Tischgebete zu erweitern und zu bereichern.

Das Ewige im Vergänglichen erblicken – Wie wir bereits gesehen haben, besaßen keltische Christen die einzigartige Fähigkeit, hinter den vergänglichen Gegebenheiten des Lebens auch die Wirklichkeiten der Ewigkeit zu sehen. Diese erweiterte Perspektive verwandelte selbst die schlichtesten Gebete in Fenster zu einer sehr viel größeren Realität. Im folgenden Gebet, das die Gläubigen vielleicht sprachen, bevor sie das Sakrament der Messe empfingen, ist praktisch nichts Weltliches mehr enthalten:

> Möge Gott uns segnen. Möge er uns segnen.
> Segne uns, o Herr, und diese Gaben, die wir
> gleich durch Christus unseren Herrn empfangen
> werden. Möge es der Wille des Herrn sein, uns zu
> segnen. Möge der König des ewigen Ruhms uns
> am himmlischen Bankett teilhaben lassen.

Der genaue Anlaß für das folgende Gebet ist nicht überliefert. Alles, was wir kennen, ist der innige Wunsch, über die Beschränkungen von Raum und Zeit hinauszublicken:

> Mögen wir die Vision des Himmels haben;
> Mögen wir die Herrlichkeit der Heiligen vernehmen.
> Herr, schenke uns deine Gnade
> sowie Geduld und Reue,
> und mögest du uns auf den rechten Weg führen.

Schutzgebete – Das menschliche Leben ist zerbrechlich, und die Gefahren, die uns umgeben, sind zahlreich. Die keltischen Christen erkannten dies und machten die Bitte um Gottes Schutz zu einem regulären Bestandteil ihrer Gebete. Die drei folgenden Gebete drücken die normalen Sorgen und Ängste des Alltags aus. Sie sind trotzdem voll Ruhe und Sicherheit, die einem tiefen Vertrauen in einen großmütigen himmlischen Vater entspringen. Das erste Gebet bittet um Schutz durch Gottes Engel:

> Nimm mich in deinen Schutz, o geliebter Engel Gottes, so wie der Herr der Gnade es verfügt hat. Begleite mich allzeit und schütze mich vor Furcht und Gefahr.

Die Kelten lebten in einer turbulenten Zeit, und es war ihnen bewußt, daß der Tod sie jederzeit ereilen konnte. Diese Befürchtung woben sie in ihre Bitten ein:

> Ich stelle meine Seele unter deinen Schutz, o Herr; rette mich vor plötzlichem Tod. Ruhm und Dank sei dir bis in alle Ewigkeit.

Weniger dringlich, aber genauso aufrichtig war dieses Gebet, das man vor dem Zubettgehen sprach:

> O glorreiche Jungfrau Maria, nimm mich und meine Sorgen bis zum Morgen in deine Obhut.

Gebete wie diese wurden nicht in der Gewißheit gemurmelt, daß kein Unheil den Bittsteller treffen würde. Aber schon im Aussprechen solcher Gebete verspürten die Kelten den Frieden, der daher rührt, zu wissen, daß man seine Lasten nicht ganz allein tragen muß. Damit war ein Teil der Verantwortung für die Sorgen und Ängste des täglichen Lebens der wohlwollenden Sorge eines liebenden Gottes anvertraut.

Überschwengliche Gebete – Keltische Gläubige begriffen Gott nicht nur als eine Quelle von Gaben und Gefälligkeiten, und dieses Bewußtsein durchdrang auch ihr Gebetsleben und schloß zahlreiche Formen von Lob und Dank ein. Das folgende Gebet, aufgezeichnet im County Donegal, versucht Gottes Segen aufzuzählen:

Tausend Dank sei dir, o König des Universums;
tausend Dank sei dir, o Herr der Gnade,
für alles, was du uns seit unserer Geburt geschenkt hast,
und für alles, was du uns bis zum Tag unseres Todes noch gewähren wirst.

Das nachfolgende Gebet aus dem County Kerry, wo die Schönheit der Natur den Menschen so manchen »schönen Tag« schenkt, mischt Dank mit Bitten und hebt mit der Aufzählung von Gottes Segnungen an:

Wir sagen dir hunderttausendmal Dank, großer, allmächtiger Gott, der uns diese Gaben geschenkt hat. Mögen Jesus und der glorreiche Gott im Himmel uns vor dem beschützen, der der Gesundheit unserer Seele oder unseres Körpers Schaden zufügen möchte. Möge er, der uns dieses Mahl für den Körper gibt, uns einen schönen Tag bescheren, ein Leben ohne Schande und Ehrlosigkeit ... einen guten Tod und im Himmel ewige Nahrung für unsere Seele.

Dies Gebet aus dem County Galway ist sogar noch überschwenglicher in seinem Dank:

Ich danke dir tausend- und tausendmillionenmal, du gnädige Macht, die du uns Nahrung auf dieser Erde gibst. Gewähr unseren Seelen ewiges Leben und ewige Herrlichkeit.

193

Gebete der Unterwerfung unter Gott – Eines der aus-
drucksstärksten Gebete des Neuen Testaments stammt
aus dem dunkelsten Moment im Leben Jesu. Als er am
Kreuz stirbt, wendet Jesus die Augen zum Himmel
und seufzt: »Nicht mein, sondern dein Wille gesche-
he.« Dieser kurze und spontane Akt der Unterwerfung
unter den Willen Gottes hat Gläubige in allen Jahrhunderten inspiriert, darunter auch die keltischen Christen. Sie sagten Gott nicht nur, was sie brauchten, sondern ließen ihn auch wissen, daß sie alles geben würden, was er verlangte.

Dieses Gebet fügt einem ansonsten einfachen Tisch-
segen ein Element der Unterwerfung hinzu:

> Segne, o Herr, diese Nahrung, die wir gleich zu
> unserem körperlichen Wohle essen werden.
> Mögen wir dadurch gestärkt werden, um deinen
> heiligen Willen zu befolgen.

Ein anderes Tischgebet widmet sich diesem Thema
ausführlicher:

> Wir danken dir, Herr und Gott, für diese Speise.
> Durch deine Gnade können wir unser Leben, un-
> sere Gesundheit und unsere Stärke zu deinem
> Ruhm hingeben.

Es gibt zahlreiche keltische Gebete, die um nichts anderes als Gottes Führung flehen und nichts anderes erbitten als ein stärkeres Verlangen, sich dem göttlichen
Willen zu unterwerfen:

> Reinige mein Herz täglich, o Jesus, mein Herr;
> mach meinen Willen zum Werkzeug der allmäch-
> tigen Herrschaft deiner Liebe. Herrgott, lenke

immer mein Leben, und laß meine Gedanken und Worte immer rein sein.

Manchmal baten diese Gebete der Unterwerfung Gott auch, ihnen dabei zu helfen, sich seinem Willen nicht zu widersetzen:

Möge Gott dafür sorgen, daß wir nie etwas sagen oder tun, das uns oder unseren Nachbarn schadet.

In dem folgenden Tischgebet drückt sich Dank aus sowie die Bereitschaft, bestimmte Aufgaben zu übernehmen, um Gottes Willen zu gehorchen und den Armen und Unterdrückten zu helfen:

Segne, o Herr, diese Speise, die wir gleich essen werden. Möge sie unserem Körper und Geiste nutzen. Sollte irgendeine arme Kreatur hungrig oder durstig an unserem Haus vorbeigehen, schicke sie zu uns, damit wir unser Mahl mit ihr teilen dürfen, so wie Gott seinen Segen mit uns teilt.

Dieses Gebet aus dem County Waterford erbittet von Gott eine tiefere spirituelle Beziehung:

O Jesus, frommes und bescheidenes Herz, mach mein Herz so wie deines.
O Herz Jesu, dich will ich immer lieben.
O Herz Jesu, entflammt von der Liebe zu uns, entflamme unsere Herzen mit der Liebe zu dir.

Vielleicht bringt dieses kurze, einfache Gebet den Geist der Unterwerfung am allerbesten zum Ausdruck:

195

O Gott, Allmächtiger, du bist meine Stärke.
O Herr der Welt, mein Leben gehört dir.

Der höchste Akt der Unterwerfung ist der Tod, so wie bei Jesus. Das folgende Gebet drückt den Glauben von jemandem aus, der sein Leben wirklich ganz in Gottes Hände legen kann:

O Jesus, Sohn Davids, du hast uns die Augen für das Licht geöffnet.
Mögest du uns mit dir nehmen, nach Hause, in die Stadt der Gnade.

Zum Schöpfer beten

Ein weiterer wichtiger Aspekt keltischer Gebete ist die Anerkennung Gottes als Schöpfer und Erhalter des Kosmos. Die Kelten fühlten sich der Erde sehr verbunden und sahen in fast jedem Moment eine neue Gelegenheit, den Schöpfer zu preisen. Heute sehen viele Menschen von der Natur nicht mehr als eine Topfpflanze auf einer Fensterbank oder ein Büschel Gras, das aus einer Ritze im Beton wächst. Vielleicht können uns die überschwenglichen Naturgebete der Kelten dabei helfen, unseren Blick neu auszurichten, und unsere Herzen ermuntern, Gott mehr zu preisen.

Keltische Christen kombinierten Gebete um Schutz und Führung oft mit tiefem Dank an Gott für die Schönheit der Natur. O'Maidins Sammlung ›The Celtic Monk‹ enthält auch folgendes Gebet »An Gott den Vater«:

Erbarme dich unser, o Herr, allmächtiger Vater.
O Gott der Hostie.
O edler Gott.

O Herr der Welt.
O unbeschreiblicher Gott.
O Schöpfer der Elemente ...
O Gott der Erde.
O Gott des Feuers.
O Gott des Wassers voller Wunder.
O Gott der wehenden und brausenden Lüfte ...
O Gott der Wellen, die aus der Tiefe des Ozeans
kommen.
O Gott der Planeten und der vielen leuchtenden
Sterne.
O Gott, Schöpfer des Universums, der Nacht und
Tag eingeführt hat ...

Ein anderes Gebet an den Schöpfer führt die Visionen
himmlischen Ruhms und Bilder der Schönheit der rea-
len Welt zusammen, in dem es lobpreist: »Den Schöpfer aller Dinge,/den Herrgott verehren wir:/ Den
Himmel, weiß von Engelsschwingen,/die Erde und
das Meer mit weißgekrönten Wellen.« Das Gebet
›Christ's Bounty‹ (Mildtätigkeit Christi) beginnt mit
einer Bitte um Vergebung und fährt dann fort mit dem
Lob Gottes für die Wohltätigkeit der Natur:

Du läßt die helle Sonne meinen Kopf segnen,
Du bringst das Eis unter meine Füße,
schickst den Lachs in die Gezeiten,
gibst der Ähre den Weizen ...
Du füllst die Flüsse mit köstlichem Fisch,
den Himmel mit Vögeln ...
Du läßt die kleinen Blumen blühen
in gesunder Luft,
Du bringst Süße in die ganze Welt.
Welches Wunder ließe sich damit messen?

Keiner der keltischen Heiligen brachte die Liebe zur Natur so klar zum Ausdruck wie St. Columba. Vielleicht ist es deshalb auch kein Zufall, daß dieser als Standort für sein Kloster Iona eine Insel ausgewählt hat. Die Lage des Klosters bot der Gemeinschaft nicht nur Abgeschiedenheit, sondern sie gab den Brüdern auch die Möglichkeit, die Schönheiten der Natur und die Erhabenheit des Meeres aus nächster Nähe zu beobachten. Das folgende Gedicht wird dem beliebten Heiligen zugeschrieben:

Ich sehne mich danach, im Herzen einer Insel zu sein,
auf einem felsigen Gipfel, um oft auf die
glatte Fläche des Meeres zu blicken.
Um die großen Wellen auf dem glitzernden
Ozean zu sehen, die ihrem Vater endlos Musik
vorsingen.

Die christlichen Kelten beteten nicht nur über die Natur, sondern auch in der Natur. Sie umgaben sich selbst mit der Schönheit der Schöpfung, und die spontane Reaktion ihrer Herzen war, den Schöpfer, der für all das verantwortlich war, zu lobpreisen.

Bete immer und auf alle erdenklichen Arten

In seinem ersten Brief an die Thessalonicher erteilt der Apostel Paulus diesen Rat: »Sei immer fröhlich; bete beständig; sage Dank in allen Situationen.« Vielleicht mehr als irgendein anderes Volk nahmen die Kelten Paulus beim Wort. Einmal wandte sich ein Mönch an St. Samthann und fragte sie nach der besten Art zu beten, denn er war sich nicht sicher, ob er es im Sitzen, im Stehen oder im Liegen tun sollte. Die Antwort der Heiligen war eindeutig: »In jeder Lage sollte ein Mensch beten.« Die Kelten beteten fast immer und kommunizierten mit Gott auf jede nur erdenkliche Weise.

Insbesondere die keltischen Mönche machten das Gebet zu einer Art Dauerzustand. Die Regel von Ailbe sagt über den guten Mönch, »er soll immer im Gebet sein ... Widme dich treu dem Gebet in deiner Zelle und laß dich durch keine äußeren Einflüsse stören.« Die Regel von Comghall ermutigt außerdem zur Beständigkeit: »Ein Feuer aus Farnkraut erlischt schnell. Sei nicht wie Treibgut, das mit jeder Strömung geht, wenn du in Hingabe zu verharren wünschst.« Die Regel von Columcille (oder Columba) trug den Mönchen auf, für andere zu beten. »Bete immer für jene, die dich ärgern«, beharrte sie. »Sei sehr beständig in deinen Gebeten für die im Glauben Verstorbenen, so als ob jeder Tote ein enger Freund von dir gewesen wäre.« An anderer Stelle sagt Columcilles Regel, Mönche sollten beten, bis es weh tut: »Deine Gebete sollten so lange dauern, bis dir die Tränen kommen.«

ASKESE: BETEN, BIS ES WEHTUT

Askese, das heißt körperlichen Annehmlichkeiten zu entsagen oder sich körperlichen Schmerz aufzuerlegen, um spirituelle Erleuchtung zu erlangen. In den meisten großen Weltreligionen ist das der Gipfel der Frömmigkeit. Das keltische Christentum war, wie Uinseann O'Maidin schreibt, »extrem asketisch«.

›The Celtic Monk‹, O'Maidins Sammlung früher Klosterschriften und -regeln, gibt zugleich auch ein

Bild von der harten spirituellen Lebensweise der Mönche. »Laß ihn einhundert Kniefälle vor den Beati am Morgen machen, bevor er zu lesen beginnt«, heißt es im ›Rule of Ailbe‹. »Am Abend soll er wieder hundert Kniefälle machen.«
An anderer Stelle beschreibt dieselbe Regel Mönche bei der Anbetung Gottes, »denen eine Fülle von Tränen über die ausgezehrten Wangen läuft«.
Andere Regeln waren sogar noch strenger. Die Regel von Comghall forderte Mönche zu zweihundert Niederwerfungen auf, und während der Fastenzeit sollte man sich selbst »zweihundert Rutenstreiche auf die Hand« geben. Das Fasten war sehr verbreitet, und manche Mönche aßen so wenig, daß sie davon ganz schwach wurden und ihrer Gesundheit schadeten. »Der Mönch soll sich der körperlichen Buße hingeben, selbst wenn er eine miserable und ausgemergelte Konstitution davonträgt«, sagt die Regel von Cormac Mac Ciolionain.
›The Rule of Tallaght‹ instruierte die Mönche zur »Selbstgeißelung von ... Ostern bis Pfingsten« sowie zur »Selbstkritik«, die der physischen Züchtigung noch die verbale hinzufügte.
Viele Mönche praktizierten Askese auch im Schlaf. Die meisten ruhten nur wenige Stunden, und viele folgten Columbas Beispiel und benutzten einen nackten Felsen als Bett und einen Stein als Kissen. Der Schriftsteller Frederick Buechner liefert in seinem für den Pulitzer-Preis nominierten Roman ›Godric‹ ein Bild dieser erbarmungslosen Askese. Er beschreibt in Romanform das Leben eines Heiligen, der tatsächlich um 1065 bis etwa 1170 in England gelebt hat. Ein Abschnitt schildert nicht nur Godrics selbst auferlegte Bestrafungen, sondern auch seine spirituellen Motive dafür:

Wie Jakob benutze ich einen Stein als Kissen, und wenn ich mich mit dem Rücken darauflege, dringen mir die Dornen meiner eisernen Weste tief ins Fleisch. Die Dornen sollen mich keusch halten und mich an die grausameren Dornen erinnern, die unser Erlöser für uns am Kreuz trug ...

An anderer Stelle beschreibt Godric seine Entsagungen als Geschenke für Gott: »Das Feuer, das ich nicht entzündete, die wärmende Wolle, die ich nicht trug, die Speise, die ich nicht aß – all diese Dinge waren wie kleine Aufmerksamkeiten, die ein Mann seinem Mädchen schenkt.«

Bevor er sein Kloster bei Bangor gründete, lebte St. Comghall als Eremit auf einer Insel in Lough Erne im County Fermanagh. Bald schlossen sich ihm Schüler an, die seinem Vorbild folgen wollten, doch Comghalls Regel war so hart, daß der Überlieferung zufolge sieben von ihnen an Kälte und Hunger starben. Vor seinem Tod litt Comghall an einer Reihe schwerer Krankheiten, und manche Mönche betrachteten diese Plagen als göttliche Strafe für Comghalls exzessive Härte gegen sich selbst und andere.

In der Tat kritisierten viele keltische Mönche die exzessive Askese von Comghall und anderen und riefen nach Ausgewogenheit und Mäßigung. Das ›Alphabet der Frömmigkeit‹ verlangt nach »maßvoller Hingabe«, und die Regel von Tallaght warnt vor den Folgen, die ein Mönch zu tragen hatte, der täglich siebenhundert Kniefälle machte: » ... Seine Beine wurden so steif, daß er unfähig zu einem einzigen Kniefall war, und das war die Folge davon, daß er es zuvor so übertrieben hatte.«

⬛ Tun Sie es einfach

Über Gebete zu lesen, ist vergleichbar mit dem Ablegen der Führerscheinprüfung. In beiden Fällen ist das Ziel, die Vorbereitung abzuschließen und raus auf die Straße zu kommen, wo das wirkliche Leben spielt. Hier ein paar Vorschläge für die Anwendung keltischer Weisheit in Ihrem eigenen Gebetsleben.

- **Danken Sie immer.** Bei Tisch, zur Schlafenszeit und zu jeder beliebigen anderen Stunde des Tages dankten die Kelten Gott für die Segnungen des Lebens. Haben Sie Gott in letzter Zeit einmal gedankt? Wenn nicht, machen Sie sich eine Liste der Menschen und Dinge, über die Sie sich in Ihrem Leben freuen. Oder gehen Sie einmal in Ihrem Zuhause herum, und bringen Sie Gott gegenüber Ihre Dankbarkeit für so viele wunderbare Gaben zum Ausdruck. Vielleicht möchten Sie sich ein eigenes Gebet ausdenken. Seien Sie nicht undankbar, sondern danken Sie statt dessen Gott.

- **Suchen Sie in der Mühle des Alltags nach dem Göttlichen.** Was sie auch taten, die keltischen Christen fanden überall ein Fenster zum Göttlichen. Die Essenszeit war eine Gelegenheit, für die Nahrung zu danken und Gott um Führung im Leben zu bitten. Die Schönheit der Natur inspirierte die Menschen, Gott für die Schöpfung des Universums zu preisen. Versuchen Sie, die Dinge aus dieser Perspektive zu betrachten, während Sie durch die Stadt fahren oder durch Ihr Büro gehen. Beten Sie für die Menschen, die Ihnen begegnen, und für die Bedürftigen, die Sie sehen. Und während Sie beten, bitten Sie Gott, Sie zu leiten.

- **Beten Sie auf Ihre Weise**. Eines Tages ließ Jesus die Menschenmassen hinter sich, sammelte seine Jünger um sich und begann, sie über das himmlische Königreich zu unterrichten. Diese Lektion, die heute Bergpredigt genannt wird, enthält auch Anweisungen zum Gebet. »Und so sollt ihr beten«, sagte Jesus, bevor er seinen Jüngern zum ersten Mal etwas verkündete, was wir das »Vaterunser« nennen. Das wahrscheinlich berühmteste Gebet der Welt ist ein ausgezeichnetes Beispiel dafür, wie man beten kann, und steht im sechsten Kapitel des Matthäus-Evangeliums. Hilfreiche Beispiele finden Sie aber vielleicht auch in den keltischen Gebeten dieses Kapitels oder in denen anderer Bücher.
  Gleichzeitig sollten Sie aber darauf achten, auf die Ihnen entsprechende Weise zu beten. Es ist völlig in Ordnung, von anderen zu lernen; damit es aber wirklich wirkungsvoll ist, muß ein Gebet direkt aus dem Herzen kommen. Lernen Sie, auf eine Weise zu beten, die für Sie natürlich ist, teilen Sie Ihre Sorgen, Gefühle und Ängste klar und deutlich mit Gott. Blasen Sie Ihre Gebete nicht mit blumigen Formulierungen auf, die Ihr Gespräch mit Gott nur behindern. Sprechen Sie statt dessen zu Ihrem Schöpfer wie zu einem engen Freund, dem Sie vertrauen.

- **Geben Sie etwas von sich selbst**. Überlegen Sie, was Sie Gott schenken könnten, statt etwas für sich zu erbitten. Gehen Sie mit offenen Armen auf Gott zu, legen Sie Ihr Leben und Ihren Willen in die Hände desjenigen, der für jedes Geschöpf sorgt.

10

Wandern für Gott

Soll ich die Spuren meiner Knie im Sand des Strandes hinterlassen, als Zeugnis meines letzten Gebets in meinem Heimatland?

Gebet des heiligen Brendan

>Navigatio Sancti Brendani Abbatis< (>Die Reise des heiligen Brendan<), ist eine phantastische Erzählung über die Erlebnisse und Wandlungen eines der berühmtesten keltischen Heiligen. Es ist eine echte Herausforderung, Geschichte von Hagiographie, Fakten von Fiktion und Mystik vom Abenteuer auf hoher See zu unterscheiden.

Wir wissen, daß St. Brendan tatsächlich gelebt hat, aber nur wenige Details aus seinem Leben sind gesichert. Er wurde um 486 im wunderschönen westirischen County Kerry geboren, gründete viele christliche Zentren, darunter Clonfert, das sich schnell zu einer der größten Klosterschulen Irlands entwickelte, und starb im Jahre 578. Es gibt allerdings keine schlüssigen Beweise für einige der gewagtesten Behauptungen über diesen Heiligen: Unter anderem heißt es, daß er und seine Männer sieben Jahre lang auf der Suche nach einem verheißenen Paradies die Meere durchkreuzt hätten, daß er Island und Nordamerika besucht und daß er riesige Meeresungeheuer besiegt habe. Allerdings kann man solche Ereignisse auch nicht ganz ausschließen.

Die Legende berichtet, Brendan habe eine Predigt gehört, die auf einer der eher rätselhaften Äußerungen Jesu basierte. Laut Matthäus 19:29 sagte Christus: »Jeder, der sein Haus oder Brüder, Schwestern, Vater oder Mutter oder Kinder oder Felder um meinetwillen verläßt, wird hundertmal mehr bekommen und das ewige Leben erlangen.« Brendan nahm sich diese Predigt zu Herzen und betete zu Gott um die Erlaubnis, die Meere überqueren zu dürfen, um das sogenannte Land der Verheißung, einen Paradiesgarten, den man westlich von Irlands felsiger Küste im Meer vermutete, zu suchen. Bald erschien Brendan ein Engel und sagte : »Erhebe dich, Brendan, denn das, worum du gebetet hast, sollst du von Gott bekommen, du sollst endlich das Land der Verheißung sehen.« Darauf folgte eine Reihe von Abenteuern und Unglücksfällen, die zwei voneinander getrennte Reisen und sieben Jahre erforderten. Als eine Art Mischung aus den Evangelien des Neuen Testaments und Homers ›Odyssee‹ ist ›Die Reise des Heiligen Brendan‹ eine große, kraftvolle Sage von der spirituellen Suche, ausführlich beschrieben vor dem Hintergrund der Meeresbrandung.

Aus einer Reise, die reich an erinnernswerten Ereignissen war, stechen folgende Abenteuer hervor: Brendan und seine Mannschaft besuchen den Heiligen Enda auf den Aran-Inseln und segeln dann westwärts weiter, wo sie auf eine Insel »voller scheußlicher pelziger Mäuse so groß wie Ratten« stoßen. Als nächstes kommen sie zu zwei noch erstaunlicheren, von Tieren bewohnten Inseln – die eine bevölkert von großen, strahlend weißen Schafen, die andere voll von »wunderbaren« Vögeln. Dann lullt gefährliches Wasser Brendans Männer in den Schlaf; und gerade als alle verzagen wollen, »läßt sich ein Vogel auf dem Bug des Schiffes nieder und macht mit seinen Flügeln, die er auf die Seiten des Schiffes schlägt, Musik, die so süß ist als käme sie von einer Orgel«.

Als Ostern naht, und es Zeit ist, an Land zu gehen, um die Auferstehung des Herrn zu feiern, stoßen die Männer auf eine Insel, die sich als riesiger, gastfreundlicher Wal herausstellt. Nach Ostern setzen die Männer ihre Reise fort und der Wal schwimmt weg. Doch das riesige Tier kehrt in den drei folgenden Jahren jeweils pünktlich zu Ostern zurück und erlaubt Brendan und seinen Männern die Eucharistie auf seinem Rücken zu feiern. Nachdem sie mehreren gefährlichen Strudeln entkommen sind, kehren Brendan und seine Leute schließlich nach Irland zurück.

Und das war erst die erste seiner langen Reisen! Der zweite Ausflug hielt noch zahlreiche weitere Begegnungen bereit: Sie trafen dämonische Zwerge und gemeine Schmiede, die versuchten, geschmolzenes Metall auf ihr Boot zu schleudern, sie erlebten einen Kampf zwischen zwei Seeungeheuern, entkamen nur knapp einer gefährlichen Meerkatze und besuchten eine kleine Insel, auf der der Verräter Christi, Judas Ischariot, in ewiger Pein lebte. Sie stießen auch auf eine mysteriöse Insel:

Eines Tages, als sie ihre Messen gefeiert hatten, erschien ihnen im Meer eine Säule ... Sie war höher als der Himmel. Ein weitmaschiges Netz war um sie herumgewickelt. Die Maschen waren so groß, daß das Boot sie passieren konnte. Sie vermochten nicht zu erkennen, aus welchem Material das Netz gemacht war. Es hatte die Farbe von Silber, doch es schien härter als Marmor. Die Säule selbst war aus strahlendem Kristall.
(Nach einer Übertragung von John J. O'Meara)

Einige der Männer warnten davor, der mysteriösen Insel zu nahe zu kommen, doch Brendan drängte vorwärts, erfüllt von kindlicher Neugier auf die Welt und vom Glauben eines Heiligen an seinen allmächtigen Gott. Er sagte zu seinen Mönchen: »Steuert das Boot durch eine der Maschen, so daß wir aus der Nähe einen Blick auf die Wunder unseres Schöpfers werfen können.« Danach verließen sie die Insel wieder und setzten ihre Fahrt fort.

Auf all ihren Reisen riskierten Brendan und seine Männer zu ertrinken, waren den Angriffen diverser Seeungeheuer ausgesetzt und darbten wochenlang ohne Essen oder Trinken, doch sie gaben die Hoffnung niemals auf. Statt dessen zehrten sie von einem großen Vorrat an Gottvertrauen. Ihr Glaube war so stark, daß sie manchmal ohne die Verwendung von Rudern, Segeln oder Steuer dahintrieben und sich einfach darauf verließen, daß Gott sie leiten würde. »Ist nicht Gott der Steuermann unseres Schiffes?« erklärte Brendan. »Überlaßt es ihm. Er selbst lenkt unsere Reise nach seinem Willen.«

Nach fast sieben Jahren, in denen sie viel Haarsträubendes erlebt und viele wunderbare Inseln voll herrlicher Vögel und betender Mönche besucht hatten, bekamen Brendan und seine Männer schließlich das Land der Verheißung zu sehen, das all ihre Erwartungen erfüllte. Nachdem sie an Land gegangen waren, wurden sie von einem Jüngling willkommen geheißen, der jeden von ihnen mit Namen begrüßte und ihnen erklärte, warum sie die Insel erst so spät erreicht hatten: »Ihr konntet sie nicht sofort finden, weil Gott euch seine vielfältigen Wunder im großen Ozean zeigen wollte.«

Brendans episches Märchen von der Seefahrt und dem Glauben ist vermutlich wenige Jahrhunderte nach seinem Tod niedergeschrieben worden. Es avancierte praktisch sofort zu einem Bestseller des Mittelalters und wurde von Heiligen und Seeleuten in ganz Europa gelesen. Jahrhundertelang konnten sich Menschen, die glaubten, daß Brendan tatsächlich all die Dinge erlebt hatte, von denen seine Legende berichtete, auf kaum mehr als ihren eigenen Glauben stützen. Doch dann tauchten immer mehr Beweise auf. Als die Norweger im neunten Jahrhundert Island »entdeckten«, stießen sie dort auf irische Bücher und Glocken. Keltische Mönche mußten also schon vor ihnen dort gewesen sein! Bevor Christoph Kolumbus nach Amerika segelte, begab er sich 1477 in die irische Stadt Galway, wo er Brendans Aufzeichnungen und Karten studierte und einen einheimischen Seemann für seine geplante Atlantiküberquerung anheuerte. Bis in die siebziger Jahre des 20. Jahrhunderts beharrten viele Wissenschaftler vehement darauf, daß es für Brendan und seine Männer unmöglich gewesen wäre, in einem der kleinen Lederboote der irischen Mönche nach Amerika zu segeln. Sie verstummten 1977, als Tim Severin den Atlantik mit der gleichen Art von Boot überquerte, das Brendan benutzt haben dürfte.

Die Wissenschaftler werden wohl noch endlos darüber debattieren, wo die Fakten in Brendans Legende enden und die Fiktion beginnt. Dennoch besteht kein Zweifel daran, daß Brendan ein wichtiges Symbol der Wanderlust ist, die ihre Wurzeln tief im Herzen des keltischen Christentums hat. Und Brendan war bei weitem nicht der einzige irische Mönch, der Gottes Willen folgend die Meere befuhr.

◪ Die Liebe zum Reisen

Wie entwickelten die Kelten – ein Volk, das die auf der Welt vielleicht stärkste Bindung an Sippe, Clan und Heimat hatte – eine Lust an Reisen in die entlegensten Gegenden der Erde?

Vielleicht wurden sie vom Leben Jesu inspiriert, über den es bei Matthäus heißt: »Der Sohn Gottes hatte keinen Ort, um sein Haupt niederzulegen.« Weitere biblische Anregungen liefert die Geschichte von Abraham, dem jüdischen Patriarchen. Ihm befahl Gott: »Verlaß dein Land, dein Volk und das Haus deines Vaters und geh in das Land, das ich dir zeigen werde.« Vielleicht läßt sich die Wanderfreude teilweise auch auf St. Patrick, Irlands umherziehenden Schutzheiligen, zurückführen, der aus England nach Irland verschleppt wurde und später freiwillig zurückkehrte, um durchs Land zu wandern und an den entlegensten Orten der Insel zu predigen. Nicht zu vergessen ist auch, was Edward Sellner »ihre angeborene Sehnsucht nach der Erkundung des Unbekannten« nennt.

Obwohl jede größere Religion Pilgerschaften und Reisen mit sich bringt, hatten die Christen im Land der Kelten ein besonders ausgeprägtes Bedürfnis danach. Ein Teil dieser Sehnsucht unterscheidet sich vermutlich nicht so stark von dem Wunsch moderner Touristen, bislang ungekannte Sehenswürdigkeiten und Städte zu besuchen. Auch die Kelten hatten dieses Verlangen – und zudem eine ausgeprägte Liebe zur Natur sowie den Wunsch, christliche heilige Orte auf den britischen Inseln und im restlichen Europa zu besuchen. Bei den Iren, die einer ihrer Heiligen als »Bewohner des Randes der Welt« bezeichnete, hing das Reisen auch mit ihrer geographischen Lage zusammen. Ihre Isolation auf einer Insel im äußersten Westen Europas machte es nötig, daß sie ausgezeichnete Seefahrer wurden.

Christliche Kelten wie Brendan und jene, die in seinem Kielwasser segelten, waren auch von der Suche nach etwas getrieben, das sie »den Ort der eigenen Auferstehung« nannten. Diese einzigartige keltische Vorstellung kombinierte die christliche Auffassung vom Leben nach dem Tod mit der legendären keltischen Liebe zur Heimat und ging davon aus, daß Gott jeden an einen bestimmten geographischen Ort ruft, wo er oder sie eine tiefere spirituelle Einsicht gewinnt. Und schließlich war da noch der missionarische Impuls. Die christlichen Kelten begriffen, daß sie ein einzigartiges und eindrucksvolles Verständnis des christlichen Glaubens besaßen; daher fühlten sie sich verpflichtet, dieses über den Land- oder Wasserweg zu verbreiten, Klöster und Gemeinden zu gründen und Kirchen zu bauen, wo immer sie hinkamen.

Diese göttliche Ruhelosigkeit hatte oft einen zutiefst asketischen Charakter, und die Kelten besaßen sogar einen eigenen Ausdruck dafür: weißes Martyrium. Das war der spirituelle Aufruf, das Bekannte und Vertraute zu verlassen, um hinaus in unbekannte, oft unzivilisierte Länder zu ziehen. Lisa Bitel, Autorin des Buchs ›Isle of the Saints‹, schreibt, daß die »irischen Mönche entschlossen ihr Zuhause, ihre Sippe und Freunde verließen, um Heiligkeit in fremder Einöde zu finden. Sie glaubten inbrünstig daran, daß sie durch ihren Tod in der Einöde ... spirituellen Lohn erhalten würden, der über das hinausging, was sie zu Hause finden konnten«. Ein anderer Autor stellt die Behauptung auf, daß die keltischen Mystiker in ihrem selbst auferlegten Exil »ihre Körper auf den blauen Wellen kreuzigten«. Oder wie Columba, einer der am weitesten gereisten Mönche, es formulierte: »Deshalb laßt uns dem Grundsatz treu bleiben, daß wir auf der Straße als Reisende, als Pilger, als Gäste der Welt leben.«

Missionen in ferne Länder

Wenn Sie sich eine Karte Europas ansehen, ist das dauerhafte Vermächtnis dieser keltischen Pilger nicht zu übersehen. Von dem kleinen Außenposten ihrer Insel entsandten sie Hunderte von Mönchen zur Rechristianisierung der Welt. Auf ihren Reisen durch Frankreich, Deutschland, Italien und andere Länder gründeten sie Klöster entlang ihres Weges. Der Keltenforscher Gerhard Herm nennt dieses Unternehmen »eine der großen Missionsleistungen der Kirchengeschichte«.

Der berühmteste unter den irischen Wandermönchen in Europa war Columba der Jüngere, nicht zu verwechseln mit Columba dem Älteren aus Iona. Columbas überlebensgroße Legende paßt zu dem Heiligen, der so viele Spuren in der zivilisierten Welt hinterlassen hat: Angeblich wurde er vor dem Ertrinken gerettet, aus dem Gefängnis befreit und bändigte wilde Wölfe und Bären. An dem dauerhaften Eindruck, den er hinterließ, besteht also kein Zweifel. Der irische Autor Sean McMahon schreibt in seinem Buch ›Rekindling the Faith‹: »Er bleibt der bedeutendste Ire Europas, der das Licht neu entzündete, das unauslöschlich wurde.«

Columba der Jüngere war ein widersprüchlicher Mensch, der von etwa 543 bis 615 lebte. Der Dichter vieler wunderbarer Werke war zugleich ein extremer Asket. Die beiden Mönchsregeln, die er für Gemeinschaften verfaßt hatte, die er in Europa gegründet hatte, sahen strikte Bestrafungen selbst für kleinere Verstöße vor. Nachdem er Irland 591 mit zwölf keltischen Mönchen verlassen hatte, segelte er zuerst nach Frankreich, wo er zahlreiche Klöster gründete. Das berühmteste davon war Luxeuil, das etwa 370 Kilometer südöstlich von Paris bei der heutigen Stadt Luxeuil-les-Bains liegt. Es diente als Zentrum der Evangelisierung des Kontinents und wurde zu einem der großen Mutterhäuser des europäischen Mönchtums.

Bald sprossen überall in der französischen Provinz irische Klöster wie Sonnenblumen aus dem Boden. Da gab es Angoulême am Fluß Charente im Westen Frankreichs, Péronne an der Somme im Norden, und Laon, 120 Kilometer nordöstlich von Paris. Die Mönche kamen bis ins heutige Belgien und gründeten eine wichtige Domschule in Liège (Lüttich).

Sie reisten auch nach Deutschland und gründeten Glaubenszentren in Aachen und Würzburg (die Stadt ist bis heute ein beliebtes Ziel für irische Pilger). In Bregenz schufen sie ein Kloster an dem Standort eines alten heidnischen Tempels, und ein Mönch namens Pirmin gründete ein Zentrum auf der Reichenau, einer Insel im Bodensee. Der Heilige Gallus, einer der zwölf Schüler Columbas, widersetzte sich dessen Forderung, die Alpen zu überqueren, und begründete 72 Kilometer östlich von Zürich das wichtige religiöse Zentrum St. Gallen.

Die irischen Mönche kamen auch nach Italien, wo sie 80 Kilometer südlich von Mailand das Kloster Bobbio gründeten, das zu Beginn des 13. Jahrhunderts, als der Heilige Franziskus es besuchte, noch immer florierte und das bis heute existiert. Sie gründeten außerdem Klöster in Lucca, Auxerre, Fiesole, Fulda, Lumieges, Regensburg, Rheinau, Trier, Salzburg und Wien.

Die Wanderer

Columba und seine Truppe von Wandermönchen reiste, um die christliche Botschaft zu verbreiten, so wie Patrick es getan hatte. Inzwischen folgten andere keltische Mönche dem Beispiel Brendans, der manchmal die Ruder einzog und das Segel einholte, damit Gott sein Schiff zu einem unbekannten Ziel lenkte. In ›The Voyage of Maeldune‹, einer Heiligenlegende, die viele

213

Ähnlichkeiten mit Brendans ›Navigatio‹ aufweist, sagt Maeldune zu seinen verlorenen und verzweifelten Männern: »Laßt das Boot, ohne zu rudern, ruhig treiben, und wohin auch immer Gott es bringen will, laßt es fahren.« Diese mutigen heiligen Männer zogen los ohne irgendein Ziel im Kopf, ließen sich vom Wind und vom Willen Gottes lenken und holten sich vielleicht Hinweise aus dem mystischen Johannes-Evangelium, das besagt: »Der Wind weht, wo er will. Man hört sein Geräusch, kann aber nicht sagen, woher es kommt oder wohin es geht. So ist es mit jedem, der aus dem Geiste geboren ist.« Nach Meinung des anglikanischen Priesters Michael Mitton war die Bereitschaft der keltischen Christen zur Wanderschaft Teil ihrer »völligen Offenheit für den Wind des Geistes«.

Selbst wenn wir nicht alle historischen Einzelheiten kennen, so ist doch klar, daß solche Taten keine reinen Phantasieprodukte waren. Das ›Anglo-Saxon Chronicle‹, eines der frühen britischen Geschichtswerke, berichtet, daß 891 drei keltische Mönche »aus Irland zu König Alfred kamen, und zwar in einem Boot ohne Ruder. Diese hatten sie fortgenommen, da sie auf Pilgerfahrt um der Liebe Gottes willen waren und nicht darauf achteten, wohin sie führte.« Es liegt nahe, solche Mönche als »ziellos« zu bezeichnen, doch ihr Ziel war klar: Sie wollten zur Verfügung stehen, wo auch immer Gott sie hinschicken mochte.

▓ Der Schmerz des Exils

Angehörigen einer mobilen Gesellschaft wie der unseren fällt es schwer, zu verstehen, wie hart es für Kelten war, die Bande zwischen sich, ihren Angehörigen und ihrer Heimat zu durchtrennen und mit unbekanntem Ziel fortzugehen. Egal, ob es sich dabei um Missionare handelte, die so unbarmherzig gegen sich selbst waren wie Columba, oder um Mystiker auf Wanderschaft wie Brendan; diese Pilgermönche trotzten jahrtausendealten Traditionen und Instinkten, indem sie aus ihrer Heimat aufbrachen, um Gott zu dienen. In ihrer eigenen Gesellschaft wurden Kriminelle mit Verbannung bestraft, was den damit verbundenen Schrecken verdeutlicht. In den Brehon-Gesetzen, die die irische Gesellschaft jahrhundertelang bestimmt haben, hieß es, daß ein des Mordes Schuldiger auf offenem Meer ausgesetzt werden sollte, falls er den Angehörigen des Opfers nicht die angemessene Entschädigung zahlen konnte. Selbst eine so starke Säule der keltischen Spiritualität wie Columba, der Irland verlassen hatte, um das Kloster von Iona zu gründen, scheint sein Heimweh nach der geliebten Heimat nie ganz überwunden zu haben. Obwohl er gelobt hatte, für immer fortzugehen, kehrte er mindestens einmal zurück, um seine Mönche im Kloster von Durrow zu besuchen.

Die Angst, die alle Wandermönche manchmal empfunden haben müssen, kommt in dem folgenden Gebet zum Ausdruck, das Brendan zugeschrieben wird:

Soll ich, o König der Mysterien, die bequemen Annehmlichkeiten des Heims aufgeben?
Soll ich meiner Heimat den Rücken kehren und mein Gesicht dem Meer zuwenden?
Soll ich mich ganz der Gnade Gottes anvertrauen, ohne Silber, ohne ein Pferd, ohne Ruhm und Ehre?
Soll ich mich ganz dem König der Könige hingeben, ohne Schwert und Schild, ohne Speise, ohne Trank, ohne ein Bett, darauf zu liegen?
Soll ich meinem wunderbaren Land Lebewohl sagen, mich unter das Joch Christi fügen?
Soll ich mein Herz ihm ausschütten, meine man-

nigfachen Sünden bekennen und Vergebung er-
bitten, während mir Tränen über die Wangen
strömen?
Soll ich die Spuren meiner Knie im Sand des
Strandes hinterlassen, als Zeugnis meines letzten
Gebets in meinem Heimatland?
Soll ich sodann jede Verwundung erdulden, die
das Meer mir zufügen kann?
Soll ich mit meinem kleinen Boot über den wei-
ten, glitzernden Ozean fahren?
O König des ruhmreichen Himmels, soll ich mich
freiwillig aufs Meer begeben?
O Christus, wirst du mir auf den wilden Wellen
beistehen?

Heute bezeichnet man das spirituelle Leben oft als eine
Reise. Predigten werden mit Metaphern von der langen und gewundenen Straße des Lebens gewürzt. Die
Kelten setzten diese universal gültige Metapher in die
Realität um. Lisa Bitel schreibt in ihrem Buch ›Isle of
the Saints‹: »Der höchste Ausdruck mönchischer Spiritualität war es, alle sozialen Bande zu lösen und durchs
Tor der heiligen Anlage in die Wildnis zu gehen, ohne
sich umzublicken. Die Iren wurden berühmt für ihre
selbst auferlegten Exile und Pilgerfahrten, die sie weit
von der Sicherheit ihres Heims entfernten. Die größten
Helden des irischen Mönchtums waren Vagabunden.«
    Diese Vermengung von Metapher und Realität
brachte einen lebendigen Glauben hervor, der dem keltischen Christentum eine Eindringlichkeit und Ausdruckskraft verlieh, die sich in seinen Gebeten, seiner
Prosa und seinen Gedichten widerspiegelt. In dem folgenden Gedicht aus dem zehnten Jahrhundert kann
man das Wogen der Wellen und den Geschmack des
Salzwassers förmlich spüren. Das Gedicht stammt von

Cormac Mac Ciolionain, einem einflußreichen König, Bischof und Gelehrten:

> Wilt thou steer my frail black bark
> O'er the dark broad ocean's foam?
> Wilt thou come, Lord to my boat,
> Where afloat, my will would roam?
>
> Thine the mighty: thine the small:
> Thine to mark men fall, like rain;
> God wilt Thou grant aid to me,
> Who come o'er th'upheaving main?

> (Willst Du meine zerbrechliche schwere
> Barke steuern
> über den Schaum des dunklen, weiten Ozeans?
> Willst Du kommen, Herr, zu meinem Boot,
> wo auf See mein Wille schweigt?
>
> Dein sei das Große, Dein das Kleine:
> In Deiner Hand liegt es, Männer wie Regen fallen
> zu lassen
> Gott, willst Du mich Deiner Hilfe versichern,
> kommst Du zu mir über das weite Meer?)

Von der Reise zur Pilgerfahrt

In der westirischen Stadt Westport im County Mayo steht ein kegelförmiger Hügel, der über 800 Meter hoch und meilenweit zu sehen ist. Das ist Croagh Patrick, Irlands heiligster Berg. Traditionell glaubt man, Patrick habe vierzig Tage und Nächte fastend und betend auf seinem felsigen Gipfel verbracht und Gott dabei um seinen besonderen Segen für die Iren angefleht. Historikern zufolge erklimmen Menschen den Berg

217

bereits seit Tausenden von Jahren. Ihn zu besteigen, galt schon immer als heilbringend. Bevor Patrick den Gipfel im sechsten Jahrhundert weihte, verehrten die Kelten hier den heidnischen Gott Lugh. Heute kommen auch Wanderer und Kletterer hier herauf, aber der Weg ist uneben und unbefestigt.

Das hält jedoch die etwa 30 000 Männer, Frauen und Kinder nicht ab, die Croagh Patrick jedes Jahr im Juli aus Frömmigkeit als Wallfahrtsort zu besteigen. Viele erklimmen den Berg barfuß und holen sich dabei zerschundene, blutige Füße. Aber selbst wer seine Schuhe anbehält, hat genügend Gelegenheit, sich zu verletzen: entweder durch den Hagel herabfallender Steine, die andere Kletterer lostreten, oder durch Stürme, die einen befürchten lassen, vom Gipfel herab- und in die wunderschöne Clew Bay geweht zu werden.

Doch die Besteigung des Croagh Patrick ist der reinste Spaziergang, verglichen mit den freiwilligen Entbehrungen, denen man sich in Lough Derg in den nördlichen Ausläufern des Countys Donegal aussetzt. An diesem Ort finden seit mindestens tausend Jahren Bußwallfahrten statt. Die englische Regierung hat diverse Versuche unternommen, die Menschen davon abzuhalten, daran teilzunehmen, jedoch ohne Erfolg. Der kleine See und die spirituellen Übungen, die dort stattfinden, sind so berühmt, daß 1492, als Kolumbus nach Amerika segelte, auf den meisten Weltkarten Lough Derg als einziger Ort Irlands eingezeichnet war. Im Zentrum der Aufmerksamkeit steht eine Insel, die St. Patrick's Purgatory (St. Patricks Fegefeuer) genannt wird. Hier soll der Heilige einen Vision vom Leben nach dem Tod gehabt haben. Heutzutage setzen mehr als 30 000 Menschen jährlich zu der Insel über, jeweils hundert auf einmal, um dort dreitägige Vigilien abzuhalten, zu denen Fasten, Schlafentzug und unablässiges Beten und Meditieren gehören.

▨ Pilgerreise

Wallfahrten wie die Besteigung von Croagh Patrick oder das Fasten und Beten in Lough Derg sind zeitgemäße Alternativen zu Brendans siebenjährigem Abenteuer, die zeigen, daß jeder sich auf die Reise zu Gott machen kann. Kritiker halten diese Unternehmungen jedoch für unselige Rückfälle in mittelalterliche Denkstrukturen. Der irische Journalist Liam Fay etwa schreibt geringschätzig: »Wenn die Besteigung des Croagh Patrick etwas anderes wäre als ein religiöses Ritual, dann wären längst Rufe laut geworden, sie zu verbieten.« Auch zu Brendans Zeiten gab es bereits Beschwerden. »Es ist besser, fromm an einem Ort zu leben als umherzuwandern«, schrieb ein Heiliger. Andere behaupteten, das Verlangen nach Wanderschaft käme vom Teufel und von Dämonen der Wanderlust. Im Laufe der Zeit traf man Maßnahmen, um die Reisen der Mönche einzuschränken; wer ohne Erlaubnis seines Abtes auf Wanderschaft ging, wurde bestraft.

Dennoch wird das keltische Christentum immer als der Glaube in Bewegung im Gedächtnis bleiben, nicht als Credo für Stubenhocker. Während sie für Gott auf Reisen gingen, entwickelten die Kelten eine wohldurchdachte Theologie der spirituellen Reise, von der Pilger bis heute profitieren und inspiriert werden. Da war die Heilige Brigid, die man als Schutzpatronin der Pilger und Reisenden verehrte. Da gab es Wunder, die Pilger zu Wasser und zu Land beschützten, wie damals, als St. Aidan Öl in die rauhe See goß, um die Wellen zu besänftigen und die Leben einiger seekranker Mönche zu retten. Es gab zahlreiche Gebete, die einen auf Reisen vor Räubern oder wilden Tieren schützen sollten, und Hymnen, wie beispielsweise die, die Columba auf einer seiner Reisen gesungen haben soll: »Es gibt niemand, der mich töten kann, auch wenn er mich in Gefahr bringen sollte; es gibt niemand, der mich schützen kann, an dem Tag, wo mein Leben zu Ende sein wird. Mein Leben, ich überlasse es dem Willen Gottes.«

◈ Sich auf die Reise begeben

Ein gelassener Glaube im Angesicht permanenter Gefahren und der Möglichkeit eines plötzlichen Todes kann uns alle ermutigen, egal, was für eine Reise vor oder hinter uns liegt. Die keltischen Heiligen waren willens, um die Welt zu reisen, wenn Gott es so wollte. Wohin sind Sie bereit, für Gott zu gehen? Hier ein paar Ideen, wie Sie testen können, ob Sie reisefertig sind.

- **Suchen Sie Gottes Führung.** Sie werden nie erfahren, wohin Gott Sie schicken will, wenn Sie nicht danach fragen. Es könnte die andere Seite des Globus' sein. Es könnte sich aber auch nur um die andere Straßenseite handeln. Vielleicht müssen Sie nur die Richtung einschlagen, die näher zu Gott führt. Machen Sie es sich zur Gewohnheit, um göttliche Führung zu bitten, bevor Sie Ihren Tag beginnen oder Ihre Woche planen. Bitten Sie Gott darum, Ihnen zu zeigen, was am wichtigsten ist.

- **Gehen Sie für Gott irgendwohin.** Sie gehen in ein Lebensmittelgeschäft, um etwas zu essen zu kaufen. Sie fahren zur Tankstelle, um zu tanken. Und wohin gehen Sie für Gott? Überlegen Sie, wen Sie irgendwohin fahren könnten, auch wenn es nicht auf Ihrem Weg liegt. Denken Sie mal darüber nach, ob

Sie für jemanden einkaufen oder andere Gänge erledigen könnten, der das selbst nicht kann. Halten Sie sich zur Verfügung, um nach Gottes Willen zu reisen.

- **Machen Sie selbst eine Wallfahrt**. Die Kelten unternahmen sowohl lange Pilgerreisen als auch kurze Wallfahrten. In beiden Fällen diente die physische Fortbewegung dazu, ein spirituelles Ziel zu erreichen. Ihre Pilgerfahrt könnte eine Reise an einen bekannten heiligen Ort oder zu einer stillen Berghütte sein, wo Sie mit sich und Gott allein sind, um Inventur in Ihrem Leben zu machen. Egal, wohin Sie sich begeben, nehmen Sie sich vor, für Gott dorthin zu gehen.

11

Die Liebe zum Lernen

Lieber als das Lob der Welt
Sind mir Buch und Kiel bei weitem.
Aus dem Gedicht eines irischen
Mönchs des 9. Jahrhunderts

Das ›Book of Kells‹, eine großartige Sammlung von
Texten aus dem Neuen Testament mit faszinierenden Illustrationen, gehört zu den Meisterwerken der
westlichen Kultur. Zugleich ist es ein mächtiges Zeugnis für die Blüte von Kunst und Literatur, die mit dem
Aufstieg des keltischen Christentums in Irland und
auch in anderen Ländern einherging.

In vielen der wichtigsten keltischen Klöster gab es
Skriptorien; das sind Schreibstuben, in denen Mönche
mit unvorstellbarer Sorgfalt der Arbeit des Kopierens
und Illustrierens von Handschriften nachgingen. Obwohl sie sowohl geistliche als auch weltliche Schriften
kopierten, statteten sie gerade die biblischen Texte besonders verschwenderisch mit Malereien aus; ein von
Ehrfurcht ergriffener Betrachter hat im zwölften Jahrhundert darüber geschrieben:

Hier kann man auf wundersame Weise der göttlichen Majestät ins Angesicht schauen ... wer sich

die Mühe macht, ganz genau hinzusehen und mit den Augen bis zu den Geheimnissen der Kunst vorzudringen, der bemerkt so Zartes und Subtiles, so viel auf engstem Raum, so wohl durchdacht, verschachtelt und verbunden, und doch so frisch in der Farbgebung, daß er nicht anstehen kann, festzustellen, dies sei nicht die Arbeit von Menschen, sondern von Engeln.

Das spektakuläre ›Book of Kells‹ zeigt atemberaubende Bilder, mit denen Menschen, die nicht lesen konnten, die biblischen Geschichten nahegebracht wurden. Dieses Buch war zugleich Ausdruck tiefster Gottesverehrung und ein Zeugnis der fast magischen Kräfte des geschriebenen Wortes; mehr Gegenstand der Verehrung als Lesestoff. Tatsächlich haben Dutzende der reizvollen Illustrationen Bücher zum Gegenstand.

Fast alles, was über die Geschichte des ›Book of Kells‹ bekannt wurde, ist Gegenstand heftiger Dispute, doch über manches ist man sich völlig einig. Die Arbeit an diesem Buch hat irgendwann vor 800 in Iona, dem von Columba gegründeten Inselkloster vor der Westküste Schottlands, begonnen. Doch zwangen Überfälle der Wikinger die Mönche, das unvollendete Kleinod in höchster Eile zum Kloster Kells zu schaffen, das dreißig Meilen nordöstlich vom heutigen Dublin in der Provinz Meath lag. In Kells setzten Mönche die Arbeit an dem Projekt im neunten und möglicherweise auch noch im zehnten Jahrhundert fort, doch aus irgendeinem Grunde ist sie nie vollendet worden. Einige leere Seiten und angefangene Malereien sind der Beweis dafür. Dann war das Buch von der Bildfläche verschwunden und tauchte erst Jahrhunderte später wieder auf. Wunderbarerweise hatten etwa neunzig Prozent des Buches Einflüsse der Elemente, Raubzüge der

Wikinger und andere Verheerungen überdauert. Um 1653 fürchtete das Stadtoberhaupt von Kells, daß die britische Armee unter Cromwell das schaffen würde, was den Wikingern nicht gelungen war, und schickte das Buch zur sicheren Verwahrung nach Dublin. In den folgenden Jahren gelangte es ins Trinity College, wo es seither sorgfältig aufbewahrt und bewacht wird.

Bernard Meehan, der Hüter der Handschrift im Trinity College, schreibt, daß die Malerei im ›Book of Kells‹ »tiefen Ernst mit Humor verbindet.« Jedes der vier Evangelien beginnt mit der ganzseitigen Darstellung eines Evangelisten, also Matthäus, Markus, Lukas und Johannes; auch gibt es ganzseitige Illustrationen von Christus sowie der Jungfrau Maria mit dem Kind. Meehan vermutet, daß es mindestens einen Monat gedauert haben muß, bis ein solches Bild fertig war. Das am häufigsten wiederkehrende Motiv im ›Book of Kells‹ ist Christus als blonder Jüngling mit großen Augen, der manchmal wie ein sonnengebräunter Schwimmer aussieht und nicht wie der leidende Retter der Menschheit. Natürlich sind auch unzählige Kreuze, Engel, Abendmahlskelche u.a. zu sehen.

Doch nicht jede Illustration geht auf biblische Geschichten zurück. Die meisten Seiten des Buches zeigen eine wunderschöne Handschrift, die durchwirkt ist mit verspielten Illustrationen von Menschen und Tieren, aber auch mit ähnlich verflochtenen, abstrakten geometrischen Mustern und Spiralen, wie sie auf keltischen Kreuzen und Metallarbeiten zu finden sind. Viele Bilder zeigen menschliche Gestalten, von denen manche in unglaublich verschlungenen, an Yoga erinnernde Positionen gezeigt werden, damit sie in winzige Zwischenräume im Text hineinpassen; andere wieder sind ineinander verwickelt oder ziehen sich an Beinen oder Bärten. Man findet im Buch auch zahlreiche Nagetiere, die darauf hinweisen, daß Mäuse die ständigen Gefährten der einsamen Mönche waren. Auf einer Illustration tragen Mäuse Hostien in der Schnauze, und auf einem anderen Bild sieht man eine Katze eine Maus jagen, die eine Hostie davonträgt.

Manche Illustrationen haben ausschließlich schmückende Funktion, andere sollen die biblischen Sachverhalte erklären, interpretieren und verdeutlichen helfen. Eine anzügliche Darstellung neben der langatmigen Genealogie von Jesus Christus am Anfang des Lukas-Evangeliums zeigt einen bärtigen Krieger, der in einer Hand einen Speer, in der anderen seinen Schild hält; zwischen den Beinen sieht man seinen erigierten Penis. Meehan sieht in diesem Bild eine Anspielung auf den unendlichen Kreislauf von Zeugung und Tod. Wir wissen nicht, was sich der Künstler dabei gedacht hat, doch die Malerei zeigt, daß die keltischen Christen die irdische Lebenslust ihrer heidnischen Vorfahren nicht eingebüßt hatten.

Das ›Book of Kells‹ liefert zahlreiche Hinweise auf seine keltischen Urheber, die vollendete Künstler waren. Ihre Bekehrung zum Christentum führte zu einer Blütezeit von Kunst und Kreativität, nicht etwa zu weltabgewandter Verachtung alles Weltlichen.

Vor der Zeit des heiligen Patrick konnten die meisten Kelten nicht schreiben. Innerhalb von ein oder zwei Jahrhunderten nach Patrick wurde das Irische die dritte Schriftsprache Europas. Der Eifer, mit dem die Kelten unglaubliche literarische Werke wie das ›Book of Kells‹ schufen, beweist, daß dieses einstige Volk von Analphabeten in großartiger Weise des Wortes mächtig wurde, und es zeigt, welchen Stellenwert Denken und Lernen für diese Menschen hatte.

⬛ Eine blühende Kultur

Wenn man an ein Kloster denkt, kommen einem un-
willkürlich Bilder von stillem Gebet und Weltabkehr in
den Sinn. Einige keltische Klöster waren tatsächlich
Orte der Strenge und Askese, manche aber erwiesen
sich als fruchtbarer Boden für Kunst und Literatur, die
überall im Land der Kelten blühten. Außer dem ›Book
of Kells‹ entstanden auch in Durrow und Lindisfarne
fantastische Handschriften mit Illustrationen.

In der keltischen Kultur standen Barden und Erzähler
in hohem Ansehen, und in alter Zeit wurde ein ausgewie-
sener Verseschmied fast so verehrt wie der König. Die
christlichen Kelten übernahmen dieses kulturelle Gebot
und fanden Bestätigung dafür in den Eingangspassagen
des Johannes-Evangeliums, in dem es heißt, daß Christus
das göttliche Wort (Logos) ist: »Am Anfang war das
Wort, und das Wort war bei Gott, und Gott war das
Wort.« Oliver Davies und Fiona Bowie schreiben dazu in
ihrer Anthologie ›Celtic Christian Spirituality‹: »Wir finden im keltischen Christentum eine hohe Wertschätzung
der kreativen Fantasie des Einzelnen.« Für diese Neube-
kehrten »standen die schöpferischen Kräfte nicht am
Rand, sondern im Mittelpunkt des kirchlichen Lebens«.

Die Klöster aber wurden zu Brutstätten für die Lust
am Lernen. Die Mönche waren damals die am höch-
sten Gebildeten, und sie lehrten jeden, der daran Interesse hatte, biblische Geschichte, Theologie und auch
weltliche Literatur. Ciarans Clonmacnoise beispielsweise war als literarisches Zentrum berühmt; zu dem Kloster gehörten eine Schule, ein Skriptorium und eine Bibliothek mit religiösen und weltlichen Schriften. Die
Mönche haben eine wunderschöne weltliche Fabel geschaffen, das ›Book of the Dun Cow‹, sowie Annalen
und Geschichtswerke über die Region.

Die wachsende Zahl der Klosterschulen und die zu-
nehmende Wanderlust der Mönche brachten es mit
sich, daß viele Brüder von Zentrum zu Zentrum reisten, mit anderen Mönchen Studien betrieben und dabei die großzügige Gastfreundschaft der Klöster in Anspruch nahmen. Jahrhundertelang wurden heranwach-
sende Knaben von Mönchen im Lesen, Malen, Musi-
zieren und im Auswendiglernen von endlos langen Bi-
beltexten unterwiesen. Auch als immer mehr handge-
schriebene Bücher in Umlauf kamen, legten die Mönche noch großen Wert auf das Auswendiglernen, weil
es einer uralten keltischen Tradition entsprach. Von
den Studierenden wurde erwartet, daß sie im Laufe einiger Jahre 150 biblische Psalmen, aber auch andere
religiöse und weltliche Texte lernten.

Die Kelten, die früher keine Bücher gehabt hatten,
begannen nun, buchstäblich alles, was lesbar war, zu
verschlingen. Dieses beliebte Gedicht, das ein anonymer
Autor des neunten Jahrhunderts verfaßt hat, kann uns
etwas von der Lese-Faszination der Kelten vermitteln:

Ich und Pangur Ban, mein Kater,
Ähneln uns, in dem, was wir tun:
Mäusejagd ist sein Vergnügen,
Wörterjagd läßt mich nicht ruhn.

Lieber als das Lob der Welt
Sind mir Buch und Kiel bei weitem.
Pangur tut, was ihm gefällt,
Ohn' mir meine Lust zu neiden.

Reizend ist es doch, wie gut
Wir uns zu beschäftigen wissen,
Wenn wir still zu Hause sitzen,
Jeder froh, mit dem, was er tut.

Oftmals fällt ein Nagetier
Meinem Pangur in die Krallen;
Oftmals geht ein Sinn-Fisch mir
In die klug geknüpfte Falle.

Fest hält er die Wand im Blick,
Listig, lüstern, schlau und scharf;
An des Wissens Wand sein Glück
Mein kleiner Geist versuchen darf.

Schießt ein Mäuschen aus dem Loch,
O wie froh ist Pangur doch!
O wie froh ist mir zumut,
Mache ich meine Sache gut!

Also gehen ohn' Ungemach
Ich und Pangur mein Gevatter,
Jeder seinem Handwerk nach:
Ich hab' meins, seins hat der Kater.

Langes Üben, Tag und Nacht
Hat zum Meister ihn gemacht;
Ich schürf' Wissen, Schicht um Schicht,
Wandle Dunkelheit in Licht.

▨ Schreiber und Schreibstuben

Das Skriptorium, die Schreibstube eines Klosters, war
das Nervenzentrum des intellektuellen Aufbruchs der
Kelten. Vieles, was wir über die Zeit wissen, ist aus den
Federn von Schreibern geflossen, die sich hier geplagt
haben. Sie schrieben Gedichte und Notizen in die
Randspalten der Werke, die sie kopierten. Der englische Romancier Stephen Lawhead, dessen umfangrei-
cher, 1996 erschienener Roman ›Byzantium‹ im Klo-

ster Cenannus na Rig (die irische Bezeichnung für Kells) beginnt, liefert eine lebendige Beschreibung des Schauplatzes. In einer Szene des Buches betritt die Hauptfigur des Romans, der Mönch Aidan Mac Cainnech, die Schreibstube und liest prüfend ein Manuskript, das seit Tagen im Mittelpunkt seiner Arbeit steht:

Nachdem ich die Feder niedergelegt hatte, saß ich in dem leeren Raum, schaute und lauschte und erinnerte mich an alles, was ich hier gelernt und eingeübt hatte. Ich sah auf die mit Schriften beladenen Tische, vor jedem eine Bank, beide aus harter, harter Eiche und beide blank poliert durch ständigen Gebrauch. In diesem Raum war alles wohl geordnet und akkurat: Pergamentblätter lagen genau aufeinander, die Federn jeweils am oberen rechten Ende des Tisches, und die Tintenhörner standen neben jeder Bank aufrecht am Boden ...
Für mich war die Schreibstube kein Raum, sondern eine vollständige, sich selbst genügende Festung, ein Fels in der Brandung des Chaos jenseits der Klostermauern. Hier regierten Ordnung und Harmonie.

Lawheads Prosa spart die Tatsache aus, daß das Leben in den Schreibstuben auch ein harter Kampf sein konnte und daß es dort oft bitterkalt war. Die Arbeit mußte regelmäßig unterbrochen werden, weil die Hände der Schreiber vor Kälte die Federn nicht mehr halten konnten. Und selbst bei warmem Wetter war das Tagewerk ermüdend. Ein irischer Mönch hat seine Klage in die Randspalte eines Dokumentes geschrieben, das er gerade kopierte: »Diese Seite ist schwierig. Die dritte Stunde. Zeit zum Essen.«

Auch wenn die Arbeit mit dem geschriebenen Wort oft hart war, konnte sie doch die Leidenschaft, die die Mönche für alles Literarische empfanden, nicht mindern. Sie nahmen ihre Bücher, ihre Wißbegier und die Lust am Lernen überallhin mit. Einer der Iren, die im Kloster Sankt Gallen gelandet waren, hat diese schlichten Zeilen verfaßt, aus denen deutlich wird, daß der Trost der Literatur ein fast ebenso großes Labsal ist wie die Freude an der Natur:

Über mir hängen die grünen Zweige
Eine Amsel bestimmt den lauten Gesang;
Über meinem Büchlein und all den Federn
lausche ich flötendem Vogelsang.

Der Kuckuck pfeift einen klaren Ruf
Sein graubrauner Mantel verborgen im Tal:
Gott sei gelobt für all seine Güte
Daß hier im Walde ich schreiben darf.

Die Blütezeit von Kunst und Literatur beweist, daß die keltischen Klöster im siebten, achten und neunten Jahrhundert die meiste Zeit über relativen Frieden und Wohlstand genossen. Wichtige Aufgaben in den Schreibstuben bestanden darin, Pergament und Tinte vorzubereiten. Zeit, Geschick, Geduld und – falls ausgefallene Tintenfarben gebraucht wurden – auch der Handel mit fernen Ländern waren dazu erforderlich. Bei der Erzeugung von Pergament aus präparierter Kalbshaut benötigten die Mönche Stunden mühevoller Arbeit, um Haare und Schmutz mit Messern und allerlei Lösungen zu beseitigen. Bernard Meehan schätzt, daß für das ›Book of Kells‹ die Felle von rund hundertachtzig Kälbern gebraucht wurden, die aus einer Herde von mehr als zwölfhundert Tieren auszuwählen waren.

⬚ Vom Wissensdurst der Mönche

Die keltischen Mönche kopierten nicht nur fromme Texte, sondern sie schrieben auch selbst, hauptsächlich die wundersamen Lebensgeschichten der Heiligen. Lisa Bitel berichtet, daß die Schreiber im Verlauf von sechs Jahrhunderten mehrere hundert Hagiographien (Heiligenlegenden) verfaßt haben. Diese Arbeiten unterschieden sich beträchtlich von heute üblichen Biographien. In vielen dieser fantastischen Werke sind grundlegende Fakten aus dem Leben der Heiligen wie Geburts- oder Sterbedatum gar nicht erwähnt. Man erfährt nichts über ihr Aussehen oder über die Geschichte der Gemeinschaften, die sie gegründet und geleitet haben. Diese Biographien waren aber auch gar nicht dazu gedacht, solche Fragen zu beantworten. Vielmehr ging es darum, an den Glauben heranzuführen, die Heiligen als Vorbilder für frommen Lebenswandel darzustellen und für das Kloster einen Prestigegewinn gegenüber einem anderen Kloster zu erreichen. Da ist es kaum überraschend, daß die Heiligen in vielen dieser Biographien als Freunde der Literatur geschildert werden.

Die Legende vom Heiligen Cuthbert beispielsweise beschreibt seine Begeisterung für Wissen und Bildung. Einmal wurde Cuthbert von der Pest befallen, die das Land immer wieder heimsuchte, doch er überstand die Krankheit und war seitdem noch wissensdurstiger als zuvor. Als ihm sein treuer Mentor mitteilte, er, Boisil, müsse in sieben Tagen sterben, reagierte Cuthbert mit der Frage: »Sag mir, welches Buch ich nun studieren soll, eines, das wir innerhalb einer Woche bewältigen können.« Boisil schlug vor, in den verbleibenden Tagen gemeinsam das Johannes-Evangelium samt der Kommentare durchzuarbeiten. Als sie am siebten Tag die Lesung beendet hatten, »ging Boisil in die ewige Seligkeit ein«.

Die Legenden von Ciaran, dem Gründer der bedeutenden Klosterschule von Clonmacnoise, enthalten weitere Wunder, die mit der Leidenschaft für das geschriebene Wort zusammenhängen. An einer Stelle wird berichtet, daß ein Fuchs Ciaran den Psalter trug. Das sicherlich erstaunlichste die Literatur betreffende Wunder im Leben Ciarans und anderer Heiliger ereignete sich, als ein tolpatschiger Mönch Ciarans Evangelienbuch in einen See fallen ließ, wo es »für lange Zeit« verschwunden blieb. Eines Tages gingen ein paar Kühe in den See, von denen eine, als sie wieder herauskam, das Evangelienbuch am Huf stecken hatte. Bei genauer Untersuchung stellte sich heraus, daß das Buch staubtrocken und kein einziger Buchstabe verschmiert war.

Für Sankt Ninian, der die Bevölkerung im nördlichen England und im südlichen Schottland im vierten und fünften Jahrhundert christianisiert hatte, gab es nichts Schöneres, als sich bei einem Buch zu entspannen. Gott gewährte ihm die für einen Bibliophilen besondere Gnade, daß seine Bücher stets trocken blieben, ganz gleich, ob er im britischen Nebel oder gar im strömenden Regen las. Im ›Leben des Ninian‹ heißt es: »Wenn alles um ihn herum bereits durchgeweicht war, saß er allein mit seinem kleinen Buch im strömenden Regen, so als ob ihn das Dach eines Hauses abschirmte.« Nur einmal ging etwas mit seinem Regenschutz schief. Da wurde Ninians Lektüre unsanft unterbrochen, weil »ein unbotmäßiger Gedanke ihn erregt und der Teufel in ihm Begierde geweckt hatte«. Dieses einzige Mal hat ein Platzregen den lesenden Mönch und sein Buch durchnäßt.

▩ Columba der Ältere und Columba der Jüngere: zwei überragende literarische Gestalten

Dank ihrer Klosterschulen und der Liebe zum Lesen und Lernen brachte die keltische Christenheit unverhältnismäßig viele dichtende und gelehrte Mönche hervor. Unter ihnen sind zwei Gestalten besonders hervorzuheben.

Wie berichtet, verbrachte Columba der Jüngere viele Jahre auf Reisen in Europa, wo er fast hundert Klöster gründete. Ein Schreiber hat ihn »den unerschrockensten aller unerschrockenen irischen Mönche« genannt. 1923 ehrte ihn Papst Pius XI. für sein Wirken bei der Rechristianisierung eines desolaten Europas und stellte fest: »Der heilige Columba muß zu jenen hervorragenden und außergewöhnlichen Menschen gezählt werden, die von der göttlichen Vorsehung in den schwierigsten Zeiten der Menschheitsgeschichte erhöht wurden, um fast verlorene Werte zurückzugewinnen.«

Columba war nicht nur ein unermüdlicher Reisender, sondern auch ein großer Freund der Dichtkunst; als seinen Lieblingsautor verehrte er den römischen Dichter Ovid. Zudem erwies er sich auch selbst als produktiver Autor. Von seinen Werken sind Kommentare zur Bibel, zwei Klosterordnungen, zahlreiche Briefe, mehrere Predigten und eine Reihe von Gedichten erhalten, die er in griechischer Gelehrtensprache verfaßt hat. Eines dieser Gedichte, ›Carmen Navale‹, sollte von Mönchen gesungen werden, während sie mit ihren Booten den Rhein hinaufruderten.

So eindrucksvoll die Karriere dieses Columbas auch verlief, so gilt doch Columba der Ältere – der Begründer des Klosters von Iona, in dem das ›Book of Kells‹ geschaffen worden sein soll – als der überragende keltisch-christliche Gelehrte, Autor und Dichter. Columba wurde als Prinz geboren und entstammte einer hochangesehenen königlichen Familie. Sein Urur-großvater war der Begründer der königlichen Dynastie von Ulster, die ohne Unterbrechung bis ins siebzehnte Jahrhundert bestand. Columba wurde, den Bräuchen des heidnischen Königtums entsprechend, von Barden und Druiden erzogen. Nach seiner Bekehrung nannten ihn viele den »christlichen Druiden«. Fast zwanzig Jahre verbrachte er mit unermüdlichem Studieren, Predigen, Lehren und Schreiben. »Columba konnte nicht einmal eine Stunde ohne Studium, Gebet, Schreiben oder sonst eine fromme Beschäftigung sein«, hat einer seiner Biographen über ihn bemerkt. Eine Legende berichtet, er habe dreihundert Kirchen gegründet und dreihundert Bücher verfaßt; doch diese Behauptung läßt sich nicht belegen.

Adomnans Werk ›Life of St. Columba‹ liefert ein faszinierendes Porträt dieses außerordentlichen Heiligen und Gelehrten. Ein bekanntes Bild zeigt ihn, wie er nach einer Predigtreise oder einer Zeit des Gebets nach Iona in die Einsamkeit seiner geliebten Studierstube zurückkehrt. »Sobald er vom Berg herunter und ins Kloster gekommen war, setzte er sich in seine Hütte und kopierte die Psalmen«, schreibt Adomnan. Dem Biographen erscheinen das Wissen und die Gelehrsamkeit Columbas so unübertroffen, daß ihn keine natürliche Erklärung für solchen Wissensdrang befriedigen konnte: »Durch göttliche Gnade hatte er mehrmals eine wunderbare Vermehrung seiner Geistesgaben erlebt, so daß ihm die ganze Welt in einem Strahl des Sonnenlichtes gefangen zu sein schien.«

Eine Episode aus Adomnans Biographie dient dazu, den Glauben an die Kraft seines Verstandes noch zu unterstreichen. Die Geschichte könnte das Herz jedes müden Schreibers erwärmen:

Eines Tages kam Baithene zum Heiligen Columba und sagte: »Ich brauche einen der Brüder, damit er mit mir den Text des Psalters durchgeht, den ich kopiert habe, und mit mir die Fehler verbessert.«

Der Heilige erwiderte: »Warum kommst du mit deinem Problem ganz ohne Not zu mir? In deiner Psalterabschrift gibt es keinen Fehler, kein Buchstabe ist zu viel und keiner zu wenig; nur an einer Stelle fehlt der Buchstabe I.«

Genauso war es. Als man den ganzen Psalter durchging, stellte sich heraus, daß der Heilige recht gehabt hatte.

Wie die Iren die Zivilisation retteten

Es kommt nicht oft vor, daß Werke über Alte Geschichte länger als ein Jahr auf den Bestsellerlisten stehen; doch das Buch von Thomas Cahill (›Wie die Iren die Zivilisation retteten: Die nie erzählte Geschichte der heldenhaften Rolle, die Irland vom Untergang Roms bis zum Aufstieg des mittelalterlichen Europa spielte‹) ist kein normales Geschichtsbuch. »Das Wort *irisch* wird nur selten mit dem Wort *Zivilisation* in Zusammenhang gebracht«, schreibt der Autor im Einleitungskapitel. Wenn Cahill zweihundert Seiten später sein Resümee zieht, hat er seine These zwingend bewiesen, nach der die Tatsache, daß die irischen Mönche in einem höchst kritischen Augenblick der menschlichen Geschichte auf der Weltbühne erschienen sind, sie in die Lage versetzt hat, vieles von dem zu bewahren, was wir heute als Glanzlichter der westlichen Zivilisation hüten. Und der Autor stellt fest: »Als das Römische Reich unterging, als in ganz Europa ungewaschene Barbaren mit verfilztem Haar über die römischen Städ-

te herfielen, Kunstwerke plünderten und Bücher ver-
brannten, nahmen die Iren, die gerade dabei waren,
Lesen und Schreiben zu lernen, eine gewaltige Aufgabe
auf sich; sie machten sich daran, alles an westlicher Literatur, dessen sie habhaft werden konnten, zu kopieren und damit Europas Zivilisation ohne fremde Hilfe
neu zu begründen.«

Cahill freut sich über die Ironie, die tief in der er-
wähnten, nie erzählten Geschichte begründet liegt und
die darin besteht, daß die Schätze der Weltkultur gerettet wurden durch »seltsame Käuze aus einem Land, das
so sehr am Rande Europas liegt, daß sich die Römer
gar nicht erst die Mühe machten, es zu erobern«.

Es ist wirklich seltsam, daß die Iren zu Rettern der
Zivilisation geworden sind; und manch einer findet es
noch merkwürdiger, daß es Missionare der christlichen
Botschaft waren, die so fleißig Schriften über heidnische keltische Mythen kopiert und gerettet haben,
ebenso wie Bücher anti-christlicher römischer Häreti-
ker und ungläubiger griechischer Philosophen. Religiöse Eiferer sind nicht gerade bekannt dafür, daß sie die
Ideen fremder Völker bewahren, doch die irischen
Mönche haben alles kopiert. Gelegentlich hat ein
Schreiber seine Einwände gegen einen Text, an dem er
gerade arbeitete, in der Randspalte festgehalten, doch
soweit man heute weiß, kopierten die Schreiber, unge-
achtet ihrer persönlichen Meinung, getreulich Seite um
Seite.

Die keltischen Christen verbanden Glaubenseifer
mit tiefer intellektueller Neugier. Obwohl Mönche wie
die beiden Columbas auf irdische Güter und Bequemlichkeit verzichteten, waren sie doch voller Wissens-
durst und hielten Bücher hoch in Ehren. Auf ihren
Missionsreisen durch die Welt verglichen sie Texte über
Philosophie und Theologie miteinander und besorgten

sich Bücher für ihre Bibliotheken zu Hause, wo die Schreiber sie kopierten und verteilten. Und indem die wandernden Mönche überall in Europa Klöster und Klosterschulen gründeten, verbreiteten sie auch ihre Begeisterung für die Wissensvermittlung sowie ihre Fähigkeit, Bücher zu schreiben und zu kopieren.

Irische Klöster boten zwar sonst keinerlei Luxus, doch sie besaßen gut ausgestattete Bibliotheken. Der irische Historiker Peter Harbison bemerkt dazu: »Ihre Bibliotheken enthielten Werke, die aus der Zeit der klassischen Antike überliefert sind, nicht nur die Schriften der Kirchenväter, sondern auch klassische römische Autoren, von denen sie viele für die Nachwelt erhalten haben.« Kardinal John Henry Newman hat die keltischen Klöster einmal als »Speicher der Vergangenheit und Geburtsstätten der Zukunft« bezeichnet.

▨ Ein literarisches Erbe

Unser Wissen über die keltische Vergangenheit sowie das Verständnis für die Grundlagen westlicher Kultur wäre ohne die Neugier der Mönche viel lückenhafter. Abgesehen von ihrer missionarischen Arbeit zur Verbreitung des christlichen Glaubens haben diese Gelehrten und begeisterten Leser auch die literarischen Traditionen der Kelten gepflegt. Sie schlugen damit eine Brücke von den alten Märchen der Barden und Druiden zur aufblühenden irischen Literatur der letzten Jahrhunderte.

1996 erhielt der gefeierte irische Dichter Seamus Heaney den Nobelpreis für Literatur und befand sich damit in der Nachfolge seines Landsmannes William Butler Yeats, der den Preis 1923 bekommen hatte, und des Dramatikers Samuel Beckett, dem Preisträger von 1969. Heaneys Dichtung kann sowohl erdverbunden als auch spirituell sein, und oft ist sie beides zugleich. Eines seiner frühesten und berühmtesten Gedichte, ›Digging‹ (Vom Graben), beginnt damit, daß der junge Heaney hört, wie sein Vater einen Spaten in den Boden unter seinem Schlafzimmerfenster sticht; am Ende nimmt der Dichter die Feder zur Hand und »gräbt« damit die sauberen, weißen Seiten um.

Diese modernen irischen Schriftsteller stehen auf den Schultern von Generationen literarischer Wegbereiter. James Joyce machte Dublin zu einem Labor für literarische Extravaganzen. Nicht nur für seine ›Dubliner‹, die hochgelobte Sammlung von Kurzgeschichten, sind Joyce Ehre und Anerkennung zuteil geworden, sondern auch für seine bewegende Arbeit ›Stephen der Held. Ein Portrait des Künstlers als junger Mann‹, in der er die Spannungen zwischen Katholizismus und Nationalismus mit höchster literarischer Sensibilität behandelt. Er wurde zum Pionier eines modernistischen Stils, wie ihn nur wenige beherrschten. Das zeigen sein Meisterwerk ›Ulysses‹, ein epischer Roman, der einen Tag im Leben des Dubliners Leopold Bloom beschreibt, sowie sein umfangreiches Buch ›Finnegans Wake‹. Joyce, der 1941 starb, erweiterte die englische Sprache wie auch die literarische Phantasie der Welt, und er entwickelte Techniken wie den heute allgegenwärtigen Stil des »stream of consciousness«.

John Millington Synge, dessen ›Reiter ans Meer‹ zu den bekanntesten Werken der irischen Literatur gehört, bleibt einer der herausragenden Vertreter des Dramas im 20. Jahrhundert. Der aus Dublin stammende Oscar Wilde bettete seine beißende Sozialkritik in ergreifende Romane wie ›Das Bildnis des Dorian Gray‹ und beliebte Stücke wie ›Bunbury oder Die Bedeutung ernst zu sein‹. Brendan Behan, ein saufender, ungestümer Autor, brachte bis zu seinem Tod im Jahr 1964 zahlreiche brillante Geschichten und Stücke hervor, und die Romanciers Maeve Binchy und Edna O'Brien konfrontieren zeitgenössische Leser mit irischen Lebenserfahrungen.

Den Pulitzer-Preis für Literatur erhielt 1996 der irische, in Limerick geborene Schriftsteller Frank McCourt für seinen Bestseller ›Die Asche meiner Mutter‹, eine traurige, berührende und humorvolle Schilderung seiner Jugend in Irland inmitten bitterster Armut. Er schreibt am Anfang des Buches: »Natürlich hatte ich eine unglückliche Kindheit (...) Schlimmer als die normale unglückliche Kindheit ist die unglückliche irische Kindheit, und noch schlimmer ist die unglückliche irische katholische Kindheit.« Nach Aussage von Andrew Greeley, dem vielleicht beliebtesten amerikanischen Erzähler irischer Geschichten, hat Irland »im Verhältnis zu seiner Einwohnerzahl mehr Romanciers, Poeten, Geschichtenerzähler und Bühnenautoren hervorgebracht als irgendein anderes Land der Welt«.

🔲 Auf der Suche nach Wissen

Man kann bei den keltischen Mönchen zwar von Bibliophilie sprechen, nicht aber von Bibliomanie. Ihre Liebe zu Büchern hatte keinen Zug ins Krankhafte. Für sie waren Bücher ein Hilfsmittel, um zum göttlichen Wissen zu gelangen; und dieses Wissen war immer mehr, als nur reines Bücherwissen; es stellte einen Wert an sich dar. In Klosterregeln wie dem ›Alphabet of Devotion‹ wurden die Brüder ermahnt: »Wissen, ohne zu lernen, hat Vorrang vor dem Lernen ohne Wissen.« Im selben Regelwerk wird auch unterschieden zwischen nüchternen Fakten – wie sie jedermann leicht verstehen kann – und der Wahrheit, die nur zu erfassen vermag, wer reinen Herzens ist:

Der rechte Weg zur Wahrheit.
Wenn jemand auf der Suche nach Wahrheit ist,
sollte er wirklich verstehen, was sich dahinter ver-
birgt und was sie enthüllt. Die Wahrheit versteckt
sich vor jenen, die sie verschmähen, und zeigt sich
allen, die den ganzen Weg mit ihr gehen.
Die Wahrheit wird verfinstert durch vier Dinge:
verbotene Liebe und Angst, Zügellosigkeit und
Zwang. Wenn deshalb ein Mensch im Unrecht
ist, kann er die Wahrheit nicht so verkünden, wie
sie eigentlich ist.

Wenn die keltischen Mönche heute unter uns wären,
würden sie sicherlich eine deutliche Grenze ziehen zwischen echtem Wissen und all jenen Dingen, die wir,
oberflächlich betrachtet, für Wissen halten. Dazu
gehören zum Beispiel »Daten«, von denen Millionen
Menschen Milliarden Bytes besitzen, oder »Information«, mit der die meisten von uns überschüttet werden.
Statt dessen würden sie auf die Bibel verweisen, die für
sie das alles überragende Buch und die wichtigste Quelle
göttlichen Wissens war. Eine frühe keltische Homilie
(Predigt zur Auslegung eines Bibeltextes) erklärt die
Heilige Schrift zum Geschenk Gottes, »durch das alles
Unwissen erleuchtet und alles irdische Leid besänftigt,
das göttliche Licht entzündet und alle Schwäche in Stärke verwandelt wird.« Allein die wenigen Schriften des
heiligen Patrick, eine kurze ›Confessio‹ und der ›Brief an
Coroticus‹, enthalten rund dreihundertfünfzig Zitate
aus fast fünfzig verschiedenen Büchern der Bibel.
    Doch die keltischen Heiligen hatten ein ausgewoge-
nes Verständnis von Wahrheit; sie glaubten, daß sie teilweise aus der persönlichen Nähe zu Gott komme, teils
aus der Beschäftigung mit der Heiligen Schrift und
auch mit der weltlichen Literatur. In einem Bericht aus

dem Leben der heiligen Samthann wird erzählt, daß eines Tages ein Lehrer die Heilige aufsuchte und ihr mitteilte, daß er seine Studien aufgeben und sich ganz dem Gebet widmen wolle. »Womit willst du dann deinen Geist zügeln und ihn daran hindern, umherzuwandern?« fragte sie ihn. Und ein anderer Heiliger empfahl, »den Liedern eines reinen Dichterherzens zu lauschen«, da dies zu den geistigen Übungen jedes Frommen gehöre.

Die Kelten glaubten nicht nur an die Notwendigkeit, zeitgemäßes und spirituelles Wissen zu vermitteln, sondern sie meinten auch, daß die Literatur eine gute Möglichkeit böte, zu Ehren des Schöpfergottes zu wirken. Selbst das Schreiben eines Gedichtes konnte als eine Form des Gebetes gelten. Der walisische Dichter Cynddelw hat dazu geschrieben: »Höchster Gott, nimm dieses wohlgestaltete Gedicht als Lobpreis an.«

⬚ Lassen Sie das Licht des Lernens nicht verlöschen

Heute können wir im Geist der Kelten fortfahren, indem wir zwei Tätigkeiten pflegen, die Freude machen und zugleich auch erzieherischen Wert haben:

• **Lesen**. Wahrscheinlich lesen Sie ohnehin, aber bedeuten Ihnen Bücher und Lernen ebensoviel wie einst den Kelten? Dank einer ungeheuren Buchproduktion und einer Fülle von Zeitungen und Zeitschriften besteht an Worten kein Mangel. Schmökern Sie in den Regalen Ihrer örtlichen Bibliothek oder des nächsten Buchladens, und überlegen Sie, welche Neuerscheinung Sie interessiert. Vielleicht gründen Sie einen Lesekreis, damit Sie sich mit anderen über das Gelesene austauschen können. Oder Sie halten schriftlich fest, was Sie gelesen und sich dabei gedacht haben. Das Wichtigste aber: Lesen Sie und danken Sie Gott beim Lesen für das Geschenk der Sprache.

• **Schreiben**. Einige der schönsten Beispiele keltischer Lyrik und Prosa waren nicht dazu gedacht, Jahrhunderte zu überdauern. Sie richteten sich an kein anderes Publikum als allein an Gott. Solche zufälligen Notizen wurden von einem Mönch in eine Randspalte gekritzelt oder ins Tagebuch geschrieben, wenn ihn beispielsweise die Schönheit eines irischen Sommertages überwältigte. Nehmen Sie manchmal Papier und Stift zur Hand, um sich etwas vom Herzen zu schreiben? In Anknüpfung an die keltische Tradition kann das eine gute spirituelle Übung sein.

12

Seelenfreundschaft

Zwei machen den Weg kürzer.
Irisches Sprichwort

Wenn Sie sich das Bein brechen, können Sie einen Arzt rufen. Wenn Sie mitten auf der Straße eine Autopanne haben, kommt der Pannendienst. Sie können zahllose Dienstleistungen in Anspruch nehmen und sich beispielsweise eine Pizza bringen, Ihre Wasserleitung reparieren oder Ihr Geld an der Börse arbeiten lassen. Doch wen rufen Sie, wenn Sie seelischen Beistand brauchen? Wer kommt Ihnen zu Hilfe, wenn in Ihrem Leben etwas zerbrochen ist?

Die Kelten hatten darauf eine Antwort. Wenn sie seelischen Beistand benötigten, wandten sie sich an jemanden, der ihnen so nahe stand wie Bruder und Schwester, so liebevoll war wie Mutter oder Vater und so gründlich wie ein Psychoanalytiker. Sie gingen zu einem Seelenfreund, der ihnen ein einfühlsamer Ratgeber, eine geistige Stütze und vertrauenswürdiger Führer auf der Straße des Lebens war.

Die Kelten haben die Idee des Seelenfreundes nicht erfunden; es gab sie schon seit Jahrhunderten in der christlichen Lehre, und sie gehörte auch zur Tradition anderer Glaubensrichtungen. Doch die Kelten gaben der

Seelenfreundschaft eine neue Bedeutung. Ein bekanntes keltisches Sprichwort behauptet: »Wer keinen Seelenfreund hat, ist wie ein Körper ohne Kopf.« Falls Sie sich auf Ihrer Reise je allein gefühlt haben, können Ihnen die Kelten etwas Wichtiges über Seelenfreundschaft sagen.

Die Anatomie eines Seelenfreundes

Die Bezeichnung *soul friend* oder Seelenfreund leitet sich vom irischen Begriff *anam cara* ab und bedeutet »jemand, der meine Zelle teilt«. Ganz buchstäblich waren Seelenfreunde wirklich Gefährten in einer Klosterzelle. Bei Tag beteten sie zusammen und arbeiteten nebeneinander, nachts schliefen sie in derselben schlichten Hütte. Im allgemeinen bestimmten Abt oder Äbtissin einen älteren Mönch bzw. eine Nonne, sich um den jüngeren Bruder bzw. die Schwester zu kümmern und sie anzuleiten. So war der Seelenfreund nicht nur ein Gefährte, mit dem man die Zelle teilte, sondern zugleich Mentor oder geistlicher Ratgeber. Die meisten berühmt gewordenen keltischen Heiligen hatten Seelenfreunde, die ihnen halfen und sie führten. Dafür übernahmen sie später selbst den Dienst an Jüngeren. Durch dieses zwanglose, aber doch einflußreiche Netzwerk wurden im keltischen Christentum Glaube und Disziplin weitergegeben. Der Seelenfreund erteilte Lob oder Tadel, ganz wie es die Situation verlangte.

Die Idee geht bis auf Salomon zurück, der im Buch der Sprüche geschrieben hat »Es gibt einen Freund, der dir näher ist als ein Bruder«, ein Gedanke, den er im Buch der Prediger wieder aufnahm:

Besser zwei als einer!
Sie haben guten Lohn von ihrer Mühe.
Denn wenn sie fallen,

246

richtet einer wohl den andern auf.
Doch wehe, wenn der Einzelgänger fällt,
da ihm der zweite fehlt, ihn aufzurichten!
Auch wenn sich zwei zusammen schlafen legen,
dann wird ihnen warm.
Aber dem einzelnen, wie soll ihm warm werden?
Und wenn man einen Angriff macht auf einen,
so können sie zu zweit ihm widerstehen.

Doch sicher hat niemand soviel Wert auf Seelenfreundschaft gelegt wie die Kelten. Kulturanthropologen meinen, es gäbe Ursachen dafür, die tief im keltischen
Charakter begründet lägen. Als Abkömmlinge eines indoeuropäischen Volkes, dessen Wurzeln in Asien lagen,
stünden sie in der Tradition der östlichen Religionen,
in denen Gurus und andere persönliche geistliche Ratgeber eine wichtige Rolle spielten. Auch haben die Kelten miterlebt, daß ihre Fürsten und Könige die örtlichen Druiden aufsuchten, um Rat und Weisung zu erhalten. Zudem spielte die traditionelle Anhänglichkeit
der Kelten an Sippe und Stamm eine wichtige Rolle;
Seelenfreundschaft war für sie die ganz natürliche Art,
ihr Christentum zu leben.

Daß Seelenfreundschaft für die Verbreitung des keltischen Christentums so wichtig wurde, hatte auch mit
dem Erbe der Mönche und Mystiker des Mittleren
Ostens zu tun, die sich im vierten und fünften Jahrhundert als Eremiten in die Wüste zurückgezogen hatten, um diese unwirtlichen Gegenden zu einem Garten
des Gebets und der Kontemplation zu machen. Der
Heilige Antonius, einer dieser berühmten Wüstenmönche, hat betont, daß der Seelenfreund einen Menschen
vor den Folgen der Einsamkeit bewahren kann: »Ich
weiß von Mönchen, die nach großer Mühsal gescheitert und dem Wahnsinn verfallen sind, weil sie sich nur

auf die eigene Arbeit verließen.« Kenneth Leech, ein anglikanischer Priester unserer Zeit, ist der Meinung, daß keltische Schüler in Scharen in die Wüste gingen, wo sie »Rat und Anleitung bei diesen heiligen Männern suchten«. Der Seelenfreund war oft ein weiser alter Mönch, der nicht nur in geistigen Fragen unterwies, sondern auch »half, die Seelen seiner Söhne durch Gebet, Fürsorge und pastorale Obhut zu formen«.

Im Leben vieler keltischer Heiliger findet sich diese Verbindung von Fürsorge und Betreuung, und in ihren Lebensläufen gibt es viele Geschichten über Beziehungen zu Seelenfreunden. Da war zum Beispiel Ciaran, der Gründer des Klosters Clonmacnoise, der ein Netzwerk von Seelenfreunden aufgebaut hatte, das sich über ganz Irland und noch darüber hinaus erstreckte. Zu ihm gehörte Enda, sein Mentor von den Aran-Inseln, Finian, ein Erzieher aus Clonard, sowie Kevin von Glendalough, ein Freund, der ihm besonders nahestand. Man kann sich gut vorstellen, wie herzlich sich die Brüder umarmten, wenn sie zusammentrafen, und wie lang die Gespräche dauerten, in denen sie einander über ihre Klostergemeinschaften, von Reisen zu Wasser und zu Land und auch von ihren Begegnungen mit Gott sowie über ihr christliches Leben berichteten.

Die Bande einer Seelenfreundschaft hielten ein Leben lang. Nach der Legende war die Verbindung zwischen Ciaran und Kevin so eng, daß Ciarans Geist drei Tage nach seinem Tod noch einmal in seinen Körper zurückkehrte und er ein letztes Mal zu einem Gespräch mit dem geliebten Freund zusammenkommen konnte. Findbarr von Cork war zwar bekannt dafür, daß er die Einsamkeit liebte und auf der Insel Gougane Barra gern alleine Zuflucht suchte, doch glaubte er auch fest an Seelenfreundschaft. In seiner Lebensbeschreibung

heißt es, daß Findbarr nach dem Tod seines langjähri-
gen Freundes Bischof MacCuirb große Angst hatte
und sich fragte, mit wem er nun Freud und Leid teilen
sollte.

Die Kelten gaben das Erbe der Wüstenmönche auch
an Mönche in anderen Ländern weiter. Jahrhunderte
später pflegte auch Bernhard von Clairvaux, der fran-
zösische Klostergründer des zwölften Jahrhunderts,
diese Tradition. Er schrieb den Eltern eines Kindes, das
in eine seiner Klostergemeinschaften eintreten sollte:
»Ich werde für ihn Mutter und Vater, Bruder und
Schwester sein. Ich will ihm die gekrümmten Wege gerade biegen und Rauhes für ihn glätten. Ich werde die
Umstände mildern und ordnen, damit seine Seele fort-
schreitet und seinem Körper kein Leid geschieht.«

▨ Die Eigenheiten der geistlichen Führung

Die zwanglose Begegnung von Gläubigen erlebte von
ihren sanften Anfängen in den Wüsten des Mittleren
Ostens bis zur Verbreitung unter den keltischen Mönchen eine formale Wandlung. Nach und nach bildete
sich eine neue Gruppe religiöser Führer heraus, die
man auch geistliche Ratgeber nannte.

Die Verbindung zwischen diesen Ratgebern und
ihren oft zahlreichen Schützlingen blieb eng und persönlich; doch mit der Zeit wurde aus der Seelenfreundschaft, die eine Zweierbeziehung zwischen einem
Mönch beziehungsweise einer Nonne und dem jeweiligen Zellengenossen gewesen war, eine Art Lehrer-
Schüler-Verhältnis. Der geistliche Ratgeber war nicht
mehr gleichberechtigter Partner, sondern aufgrund seines Wissens und seiner Frömmigkeit Vorgesetzter. Von
einem Mönch wurde erwartet, daß er sich solcher Autorität beugte. »Er soll sich unter die Leitung eines re-

degewandten und frommen Mannes stellen«, heißt es in ›The Rule of Cormac Mac Ciolionain‹.

Die guten geistlichen Ratgeber – unter den keltischen Heiligen soll es derer viele gegeben haben – vereinigten in sich die mystischen Einsichten eines Weisen mit dem Verständnis eines Psychotherapeuten für die menschliche Natur; dazu kamen die Fürsorge eines Priesters, die Disziplin eines Klostervorstehers sowie ein hohes Maß an Geduld, Freundlichkeit und Liebe. Er oder sie war eine Persönlichkeit von besonderer Charakterstärke und unzweifelhafter geistlicher Integrität. Der heilige Cuthbert beispielsweise wählte sich Sankt Boisil in Melrose als geistlichen Ratgeber, weil der ältere Mönch wegen seiner Tugendhaftigkeit in hohem Ansehen stand. Und Hild von Whitby wurde von vielen Schülern als Ratgeber ausersehen, weil er für seine tiefe Hingabe an Gott wie auch für seine Keuschheit und Barmherzigkeit bekannt war.

In den alten keltischen Klosterordnungen finden sich viele Empfehlungen für geistliche Ratgeber, aber auch für all jene, die von ihrem Beispiel lernen sollten. ›The Rule of Carthage‹, ein langes und eingehendes Regelwerk, das die Pflichten von Bischöfen, Äbten, Priestern, Mönchen und geistlichen Ratgebern aufführt, wird dem Heiligen Carthage zugeschrieben, einem Mönch des siebten Jahrhunderts, dessen Gemeinschaft fast neunhundert Mitglieder zählte. Zu seinen »Pflichten eines geistlichen Ratgebers« gehören unter anderem die folgenden Ratschläge:

Wenn du geistlicher Ratgeber eines Mannes bist, sollst du seine Seele nicht umtauschen;
sei nicht wie ein Blinder mit dem Blinden; laß ihn nicht nachlässig fallen ...
Laß sie ihre Schulden an Fasten und Gebet be-

zahlen; wenn nicht, mußt du für die Sünden aller einstehen ... Bring den Unerfahrenen bei, daß sie sich deinem Willen beugen müssen.
Sei ihnen ein Vorbild, damit sie nicht auf den Pfad der Sünde geraten ...
Sei nicht geizig um deines eigenen Wohlstands willen; deine Seele ist von größerem Wert als alle Reichtümer ...
Du hast die Pflicht, die Fürbitten zu jeder vorgeschriebenen Stunde zu singen, wenn die Glocken läuten ...

Manche Mönche waren nicht willens, sich solcher Führung zu unterwerfen, wie sie ›The Rule of the Celi De‹ erlaubt: »Das Amt eines geistlichen Vaters ist schwierig, da allzu oft ein Heilmittel, das er verordnet, verschmäht wird. Andererseits ist der geistliche Vater zu tadeln, wenn er seinen Ratschlag nicht erteilt ... Ihnen aufzuzeigen, wie sie ihr Heil finden können, ist immer der bessere Weg, selbst wenn sie den Rat des Beichtvaters mißachten.« An anderer Stelle instruiert dieselbe Regel die geistlichen Ratgeber, ihre Schüler zu »strafen, zu bessern und zu prüfen«.

Offenbar war die Neigung der Mönche, die Ratschläge ihrer Ratgeber in den Wind zu schlagen, recht verbreitet. Im Kloster Tallaght, das nur ein paar Meilen südwestlich vom heutigen Dublin lag, hat der Eremit Mael Dithruib die Gedanken des Gründers Maelruain aufgezeichnet. In ›The Rule of Tallaght‹ steht geschrieben, daß Maelruain

zu sagen pflegte, das Amt des geistlichen Ratgebers sei recht gefährlich; falls der Berater einem Bußfertigen eine Buße auferlege, die der Schwere seiner Sünde entspräche, würde dies eher mißach-

tet als befolgt. Doch wenn der Ratgeber keine
Buße verhänge, falle die Schuld des Sünders auf
ihn zurück.

Wenn ein Mönch dem Ratgeber wiederholt den Gehorsam verweigerte, wurde ziemlich rauh mit ihm ver-
fahren. Das geschah nicht nur, um die Disziplin in der
Gemeinschaft zu erhalten, sondern auch, um klarzu-
machen, daß mit dem Amt des Ratgebers wichtige
geistliche Befugnisse verbunden waren. ›The Rule of
Ailbe‹ stellt dazu fest: »Wer eine Zurechtweisung nicht
akzeptiert und seinen Fehler nicht bekennt, der wird
vom geistlichen Ratgeber in seine Schranken verwie-
sen.«
   Die Praxis der geistlichen Anleitung stieß zwar auch
auf Ablehnung, doch ihre Erfolge waren enorm. Hunderte von jungen Gläubigen bekamen auf diese Weise
die Chance, zu lernen und mit einigen der bewun-
dernswerten keltischen Heiligen zusammenzuleben.
Dadurch wurden diese Schüler wiederum optimal ausgebildet, so daß sie in der Lage waren, im Geist des
Christentums zu leben und zu lehren. Das trug dazu
bei, daß sich der christliche Glaube überall auf den Britischen Inseln und in weiten Teilen Europas verbreitete.
   In späteren Jahrhunderten entwickelten die kirchlichen Würdenträger die Institution des geistlichen Ratgebers weiter. Im elften Jahrhundert fand der heilige
Anselm viel Beifall als ein vorbildlicher geistlicher Ratgeber, der die Gabe hatte, »den Charakter von Menschen jeden Alters und Geschlechts mit höchster Treff-
sicherheit zu analysieren. Wenn er zu sprechen begann,
hatte man das Gefühl, als ob er einen Vorhang wegzog
und jedermann in sein eigenes Herz blicken ließ.« Im
zwölften Jahrhundert schrieb ein Dominikanermönch,

daß der geistliche Ratgeber »die Fähigkeit haben sollte, Fehler mit Freundlichkeit zu verbessern und selbst die Bürde zu tragen. Er muß sanft und liebevoll sein und voller Verständnis für die Schwächen anderer. Er möge ihm (seinem Schützling) helfen, Ängste zu überwinden, ihn trösten und ihm Hoffnung machen, den Schüler aber auch, wenn nötig, tadeln. In seinen Worten soll Anteilnahme sein, und er muß durch sein Vorbild wirken.«

Franz von Sales, der im 16. und 17. Jahrhundert lebte, hat geschrieben, daß ein geistlicher Ratgeber »voller Nächstenliebe, Klugheit und Besonnenheit sein muß. Wenn es ihm auch nur an einer dieser drei Tugenden mangelt, ist Gefahr im Verzug.«

Im Lauf der Jahrhunderte hielt das Amt der geistlichen Ratgeber den Grundsatz christlicher Nächstenliebe hoch, wie sie die Wüstenmönche und die keltischen Klosterbrüder einst entwickelt hatten. Ein keltisches Sprichwort sagt: »Das Auge des Freundes ist ein guter Spiegel.«

▨ Beichte und Verantwortlichkeit

Doch auch auf andere Weise hat die keltische Tradition der Seelenfreundschaft und des geistlichen Ratgebers einen Einfluß ausgeübt, der weit über die keltischen Siedlungsgebiete in Großbritannien hinausging. Gemeint ist die Praxis des Sündenbekenntnisses, aus der sich später das Sakrament der Buße entwickelte. Bei den Kelten brauchte kein Priester anwesend zu sein, wenn man dem Freund oder geistlichen Mentor seine Fehler eingestand. Doch nach dem siebten Jahrhundert, als die Kirchen überall in Europa die keltische Praxis übernahmen, wurde das Eingeständnis von Schuld immer öfter eine Angelegenheit zwischen dem einzelnen und einem Geistlichen. Beim Laterankonzil von 1215 erhob die Kirche die alte keltische Einrichtung zum Sakrament.

Viele der frühen keltischen Christen wären mit dem Sakrament der Buße, wie es seitdem praktiziert wird, gewiß nicht einverstanden. Und sie wüßten auch nicht, was sie im Beichtstuhl anfangen sollten. Doch hätten sie es sicher begrüßt, wenn nicht nur sicher das Sündenbekenntnis vor Gott, sondern auch das vor einem Mitbruder oder einer Mitschwester anerkannt worden wäre, wie es seit ältesten Zeiten üblich war, als Johannes, der Bruder Jesu, seine Jünger aufforderte, »einander die Sünden zu gestehen und füreinander zu beten, damit sie vergeben werden«.

Viele der großen Klosterordnungen im Keltengebiet empfahlen den Mönchen, ihre Sünden den Mitbrüdern oder ihrem geistlichen Ratgeber zu gestehen. ›The Rule of Ailbe‹ stellt fest: »Nach den Vigilien soll jeder Mönch mithören, wie er fromm und unerschütterlich seine Sünden bekennt.« Und an anderer Stelle betont dasselbe Regelwerk die heilsame Wirkung dieser Übung: »Jeder soll seine Sünden vor dem Kreuz und in Gegenwart des Abtes bekennen, in aller Demut und ohne Entschuldigung für die eigenen Sünden, damit die Dämonen keinen Grund haben zu frohlocken.«

Dieser Praxis, wie der klösterlichen Erziehung überhaupt, liegt die Idee zugrunde, daß das Bekenntnis eine befreiende Erfahrung ist und dazu beiträgt, einen vor weiteren Irrtümern zu bewahren. Sie hatte weder den Sinn, den Bekennenden zu demütigen, noch gab sie ihm das falsche Gefühl der Sicherheit; vielmehr half das Schuldbekenntnis denen, die ernsthaft bemüht waren, Gott noch näherzukommen, die Schwere ihrer Sünde zu erkennen und der Sünde keinen Platz in ihrem Leben einzuräumen.

All jenen, die meinen, die Beichte sei die geistliche Entsprechung für einen Freibrief und man könne ruhig gegen die Gesetze verstoßen, weil es ja das Schlupfloch des erneuten Sündenbekenntnisses gebe, sind verschiedene Passagen in den keltischen Klosterordnungen zugedacht. Sie machen deutlich, daß dies keineswegs der Sinn der Beichte war und ist. ›The Rule of Tallaght‹ stellt ganz klar fest, daß Maelruain der Meinung war, häufiges Beichten, dem ebenso häufige sündige Vergehen folgten, sei ganz nutzlos, wenn die vorgeschriebenen Bußübungen nicht ausgeführt werden. Und ›The Rule of Celi De‹ warnte: »Häufiges Beichten ist nutzlos, wenn genauso oft wieder Gebote übertreten werden.«

Der einzige Unterschied zwischen ernstgemeintem Sündenbekenntnis und leerem Ritual ist die Aufrichtigkeit des Sünders. Heute hat es ein überarbeiteter Priester, der hintereinander Dutzende Beichten hört, nicht leicht, die wahren Motive der Menschen einzuschätzen. Doch in den keltischen Klöstern, wo man in enger Beziehung zum Seelenfreund oder dem geistlichen Ratgeber stand, war das Sündenbekenntnis ein wirksames Mittel, um die geistige Entschlossenheit zu stärken und die Menschen aus den Klauen der Sünde zu befreien.

Für die Kelten stellte die Idee der Gemeinschaft einen ebenso großen Wert dar wie für uns heute der Individualismus. Auch wenn viele von uns solcher Unterwerfung mit Mißtrauen begegnen, erschien es ihnen ganz normal, sich einem geachteten geistlichen Ratgeber zu fügen. Keltische geistliche Ratgeber behandelten die Schüler wie gute Eltern ihre Kinder. Obwohl sie versuchten, das Leben ihrer Zöglinge zu lenken, stand es doch nicht in ihrer Absicht, deren Willen zu brechen. Ihre Weisungen hingen auch von der Zustimmung der Schutzbefohlenen ab, sie pochten nicht ungefragt auf ihre geistliche Autorität. Nach Thomas Cahill »hatten persönliche Gewissensentscheidungen Vorrang vor öffentlicher Meinung und kirchlicher Autorität«.

Die letzte Autorität in allen Dingen lag bei Gott, nicht bei einem Menschen. Der heilige Findbarr von Cork sprach oft davon, daß der höchste geistliche Führer der Heilige Geist sei. Mit den geistlichen Ratgebern hatten die Kelten eine Möglichkeit gefunden, ältere und weise Brüder und Schwestern zum Vorbild derer zu erheben, die auf ihrer spirituellen Reise noch nicht so weit fortgeschritten waren. Ziel aller Führung aber war nicht, sie mit von Menschen gemachten Regeln und Ordnungen zu behindern, sondern sie zu Gott hin zu leiten.

Niemand ist eine Insel

Der englische Dichter John Donne hat den berühmten Satz verfaßt: »Niemand ist eine Insel für sich allein; jeder Mensch ist Teil des Kontinents, Teil des Ganzen.« Obwohl die Reise zu Gott eine zutiefst persönliche Angelegenheit ist, lernt man seine Lektionen doch am besten zusammen mit anderen Pilgern. Spirituelles Leben ist keine Solovorstellung, sondern eher eine Symphonie, bei der verschiedene Instrumente zusammenwirken, um die Schönheit und Harmonie des Ganzen zu erschaffen. Hier ein paar Vorschläge, die auf den richtigen Weg führen können:

• **Suchen Sie sich einen Seelenfreund.** Fast jeder hat irgendwann schon einmal den Wunsch verspürt, jemanden neben sich zu haben, der ihm Hoffnung gibt und ihn lenkt. Freunde sind wichtig, Eltern und

Priester von unschätzbarem Wert. Doch der Seelen-freund ist etwas Einmaliges; er kann Trost spenden, wenn er gebraucht wird, und korrigierend eingrei-fen, wenn jemand vom Kurs abkommt. Für diese Aufgabe braucht man keine übernatürlichen Ein-sichten, sondern nur den guten Willen, zuzuhören und offen zu sein für die wichtigen Fragen des Le-bens, um einem Gefährten Halt zu geben, wenn es nötig ist. Warum sollten Sie nicht Gott bitten, Ihnen zu helfen, Ihren Seelenfreund zu finden? Und dann halten Sie Ausschau nach diesem Geschenk Ihres Le-bens.

- **Seien Sie jemand anderem ein Seelenfreund.** Sie halten sich vielleicht nicht gerade für einen spirituel-len Übermenschen. Doch Sie müssen gar kein Su-perstar sein, um einem anderen zu helfen. Sie brau-chen nichts weiter als Mitgefühl für jemanden, der gerade zu kämpfen hat, sowie die Bereitschaft, ihm zuzuhören und die Lehren, an denen Sie selbst ge-reift sind, an ihn weiterzugeben.Warum sollten Sie sich nicht zur Verfügung stellen, wenn Sie meinen, einem anderen behilflich sein zu können?

- **Seien Sie ein bescheidener Ratgeber.** Niemand mag einen Besserwisser, doch die Menschen sind schnell eingenommen von jemandem, der bereit und willens ist, zu geben. Bitten Sie Gott, daß er Sie anderen helfen läßt, und Sie werden sich wundern, wie viele Gelegenheiten zum Helfen es gibt. Seien Sie bereit zu dienen. Oder wie der heilige Paulus sagt: »Seid einander verbunden in brüderlicher Lie-be. Ehret den anderen mehr als euch selbst.«

13

Für die Seele sorgen

Bevor wir jene unvermeidliche Reise antreten, gibt es nichts Weiseres zu tun, als was jener Mann tut, der überlegt – bevor seine Seele fortgeht –, was er Gutes oder Schlechtes vollbracht hat, welches Urteil seine Seele im Jenseits empfangen wird.

Cuthbert, Abt von Jarrow

Im Jahre 1699 warb der irische Grundbesitzer Charles Campbell einheimische Arbeiter an, die ihm beim Bau einer Straße helfen sollten. Er gab den Männern den Auftrag, von einem nahen Hügel Steine wegzuschaffen. Nachdem sie eine besonders große Steinplatte weggehoben hatten, blickten sie in einen tiefen, dunklen Gang. Was die Arbeiter zum damaligen Zeitpunkt noch nicht wußten, war, daß sie Newgrange entdeckt hatten.

Das antike Monument ist gewaltiger als das englische Stonehenge und Hunderte von Jahren älter als die ägyptischen Pyramiden. Die Konstruktion besteht aus Tonnen von Hand herbeigeschaffter Erde und Hunderten riesiger, schwerer Steine und gehört zu den anspruchsvollsten Bauprojekten, die jemals ausgeführt wurden. Zu einer Zeit, als die durchschnittliche Lebenserwartung unter dreißig Jahren lag, muß die Errichtung solcher Megalithen viele Generationen von Arbeitern und Millionen Stunden bestens organisierter Arbeit erfordert haben. Zudem mußte das Baumaterial über große Distanzen transportiert werden. Der strahlend weiße Quarz, der die Vorderseite von Newgrange ziert, wurde aus den knapp 70 Kilometer entfernten Wicklow-Bergen hierher gebracht. Die vom Wasser glatt geschliffenen Granitsteine, die aus dem Quarz hervorstehen, kommen aus der circa 50 Kilometer entfernten Gegend um das heutige Dundalk. Und die annähernd hundert großen, rechteckigen Steine, die den Hügel einst umgaben, wurden aus gut 15 Kilometern Entfernung herbeigebracht, was eine unglaubliche technische Leistung darstellt, da manche von ihnen mehrere Tonnen wiegen.

Neben der erstaunlichen Konstruktion besitzt Newgrange eine mystische Aura, die Ehrfurcht und Verwunderung weckt. Lange Zeit glaubte man, daß hier viele der irischen Hochkönige von Tara begraben seien. Zudem bildet die Anlage auch den Hintergrund eines Großteils der antiken keltischen Mythologie. Newgrange ist jedenfalls mehr als ein Haufen Lehm und Steine. Es ist auch ein zeitloses Grabmal, ein gewaltiges Denkmal für die Toten. Es wird wohl, wie ein Autor es nannte, »das vielleicht berühmteste und rätselhafteste heilige« Monument auf Erden« bleiben. Als solches ist es eines der frühesten und überwältigendsten Zeugnisse des nahezu universalen Glaubens der Menschen an ein Leben nach dem Tod und die Existenz der Seele.

Newgrange wurde vor über 5000 Jahren von einem antiken, präkeltischen Volk erbaut, dessen eigene simple Häuser und Hütten längst verschwunden sind, und es beweist, daß die Menschen damals großen Wert auf die Verehrung der Toten legten. Archäologen, die die körperlichen Überreste prähistorischer Menschen untersuchen, wissen, daß sie menschlicher Aktivität auf der Spur sind, wenn sie Reste antiker Kunst und Architektur entdecken. Doch wenn sie auf etwas wie Newgrange stoßen, wissen sie, daß sie Zeugnisse einer Kultur vor sich haben, die in irgendeiner Weise an ein Leben nach dem Tod glaubte.

Der Glaube an die Existenz der Seele und ihr Weiterleben nach dem physischen Tod ist einer der Grundsteine praktisch jeder Religion. Die Menschen, die am Bau von Newgrange mitarbeiteten, besaßen einen Glauben an die Unsterblichkeit der Seele, der mindestens ebenso massiv war wie die schweren Steine, die sie für dieses majestätische Monument benutzten. Und sie waren nicht allein mit diesem Glauben. Über 1200 megalithische Grabmäler findet man in ganz Irland. Newgrange ist nur eines von geschätzten 20 000 antiken Grabdenkmälern, die es in den einst von Kelten besiedelten Regionen Europas gibt.

☒ Anatomie eines antiken Grabmals

Wie ein Wächter auf dem Gipfel eines Berges überblickt Newgrange den heiligen Fluß Boyne – der einst als Heimat der Göttin Boann galt – knapp zehn Kilometer vor der Stelle, wo er in die Irische See mündet. Die Anlage ist von einem Dutzend großer, aufrecht stehender Steine umgeben, die übriggebliebenen sind von dem Ring aus 35 Steinen, der das etwa 8000 Quadratmeter große heilige Areal einst einfaßte. Das riesige Grabmal selbst wiegt Hunderte von Tonnen, ist knapp 12 Meter hoch und hat einen Durchmesser von 90 Metern. Man möchte meinen, ein solches Projekt erforderte den Einsatz moderner Maschinen, und man kann sich kaum vorstellen, wie es vor 5000 Jahren mit nicht viel mehr als Muskelkraft und Schweiß errichtet wurde. Newgrange ist tatsächlich so ungeheuer groß und seine Konstruktion so durchdacht, daß Archäologen es lange Zeit einer viel jüngeren Epoche zuordneten.

Der wahre Triumph Newgranges liegt jedoch tief unter den Erd- und Steinmassen. Ein schmaler, 18 Meter langer Gang, dessen Wände aus über zwanzig Paaren riesiger Steine gebildet werden, führt in eine kreuzförmige Gruft mit einer zentralen Grabkammer, in der über zwanzig Besucher Platz haben.

Die Architekten, die Newgrange entwarfen, waren absolute Experten. Bei der Konstruktion des Daches bedienten sie sich einer einfachen, aber effizienten Methode, die man Vorkragung nennt. Dabei werden Steinplatten so aufeinander gelegt, daß jede neue Platte ein bißchen über die untere hinaussteht. So gelang es, einen fast sechs Meter hohen Raum zu bauen. Die auf geniale Weise angeschrägten Steine sind mit winzigen Drainagen versehen, die die Kammer seit 5000 Jahren wirkungsvoll gegen eindringendes Wasser schützen.

Die zentrale Kammer öffnet sich zu drei kleineren Grabnischen. Newgrange war jahrhundertelang das Ziel von Plünderern, weshalb man heute kaum zu sagen vermag, was die Anlage ursprünglich enthielt. Als Archäologen in den sechziger Jahren mit der Arbeit an dem Monument begannen, fanden sie ein großes steinernes Bassin, das einst vermutlich für religiöse Zeremonien diente, und die Aschereste von drei oder vier Menschen. Damit war klar, daß Newgrange die Grabstätte einer Gemeinschaft war und nicht das Monument für einen einzigen König, wie etwa die ägyptischen Pyramiden.

Von seinen starken steinernen Säulen bis zu seinem schutzbietenden Dach ist Newgrange ein Muster an Effizienz und zweckgebundenem Design. Dennoch ist das Monument nicht nur funktional. Viele der Steine im Inneren und an der Außenseite der Anlage sind mit außergewöhnlich schönen, überraschend zeitgenössisch wirkenden abstrakten Mustern – Spiralen und Kreisen, Wellenlinien und vielen anderen geometrischen Figuren – verziert. Das bemerkenswerteste Muster und Gegenstand eines großen Disputs sind die Dreifachspiralen, die den riesigen Stein vor dem Eingang zur innersten Kammer der Anlage schmücken. Manche sehen darin universelle Symbole der Ewigkeit und des Lebens nach dem Tod. Andere glauben, sie zeigen eine Karte von Newgrange und einigen heiligen Orten in der Umgebung.

Unabhängig von ihrer genauen Bedeutung zeigt die Verwendung so vieler kunstvoller Verzierungen, daß die Erbauer ein Monument schaffen wollten, das mehr als nur funktional war. Ihr Sinn für einfallsreiche Dekorationen unterstreicht, daß der Mensch sich in spiritueller Hinsicht signifikant von Lehm, Steinen, Pflanzen und Tieren unterscheidet.

▓ Das Versprechen eines neuen Lebens

Grabmale können nicht sprechen. Auf der einen Seite müssen wir dankbar sein, daß die ehemals keltische Landschaft noch so viele tausend antike Reste birgt, andererseits ist es frustrierend, wie wenig wir über diese Menschen und über ihre Gründe für den Bau der mysteriösen Heiligtümer wissen. Zwar ist es uns bekannt, daß die Menschen der Antike Grabmale zu Ehren der Toten bauten, aber wir werden vermutlich nie wesentlich mehr über den Glauben erfahren, der sie inspirierte, oder über ihre Rituale und Feste. Schriftliche Aufzeichnungen sind erst aus der Zeit tausend Jahre nach dem Bau von Newgrange erhalten. Alles, was vor dem fünften Jahrhundert war, liegt mehr oder weniger im mysteriösen und undurchdringlichen Nebel der Vorgeschichte.

In den sechziger Jahren machte der Archäologe M. J. O'Kelly eine Entdeckung, die neues Licht auf die Anlage von Newgrange warf. Bei der Rekonstruktion der eingestürzten äußeren Mauern des Monuments hatte O'Kelly über den Sinn und Zweck einer kleinen, rechteckigen Öffnung, über dem Eingang nachgedacht, die *roof box* genannt wird. Manche Wissenschaftler hatten vermutet, daß die *roof box* einem rituellen Zweck diente, zum Beispiel damit die Lebenden den Toten nach Verschließen der Grabkammer Nahrung zukommen lassen konnten. Endgültig hatte man sich jedoch nie einigen können.

Früh an einem Wintermorgen, als O'Kelly tief unten im Monument arbeitete, kam ihm plötzlich die Erleuchtung. Er arbeitete sich gerade mühsam in der Dunkelheit vor, als diese plötzlich von einem feinen Lichtstrahl, der durch die *roof box* hereinfiel, durchdrungen wurde. Nach weiteren Forschungen kam O'Kelly zu dem Schluß, daß Newgranges Architekten die Anlage als riesigen Sonnenempfänger entworfen hatten, der auf die aufgehende Sonne der Wintersonnenwende hin ausgerichtet war. Am kürzesten Tag des Jahres, der auf den 21. Dezember fällt, scheint die Sonne 17 Minuten lang in Newgranges zentrale Kammer und erleuchtet diesen Raum des Todes mit strahlendem, lebenstärkendem Licht.

Es ist für uns schwer nachvollziehbar, was den alten Kelten die Bewegungen der Sterne am Himmel bedeuteten. Heute helfen uns exakte Atomuhren, die Zeit einzuteilen und zu bändigen. Ob wir schlafend im Bett liegen, am Computer arbeiten oder mit dem Auto fahren – nie sind wir weit von einer digitalen Anzeige entfernt, die uns die genaue Stunde und Minute mitteilt. Unsere Vorfahren maßen Zeit jedoch auf natürlichere Weise: anhand der Bewegungen der Planeten und des Wechsels der Jahreszeiten.

Praktische Erfahrung und die Aussagen der einheimischen Weisen lehrten die Menschen der Frühzeit, damit zu rechnen, daß die Sonne am Morgen wieder aufgehen würde, nachdem sie am Abend untergegangen war; genauso, wie sie wußten, daß auf die kurzen, kalten Wintertage wieder lange, warme Sommertage folgen würden. In der gesamten antiken Welt halfen Monumente wie Newgrange den Menschen dabei, die ungeheuren Machenschaften des Kosmos zu begreifen. Diese Bauwerke aus Erde und Stein bekräftigten, daß das Universum geregelt und verläßlich war.

An jedem 21. Dezember, wenn die goldenen Strahlen der Morgensonne Newgranges schmalen, 18 Meter langen Korridor durchdrangen und den innersten Raum erhellten, wurde der Glaube der ansässigen Gemeinschaft gestärkt. Denn so wie der Sonnenuntergang Teil des Zyklus eines Tages ist, so war ihrer Ansicht nach der Tod nur ein Stadium im Zyklus des Lebens. Wenn von Newgrange eine Botschaft ausging, dann die, daß das Leben des Menschen fortdauert, in gewisser Weise zumindest, so wie die Sommersonne irgendwann wieder die Felder wärmen wird.

▨ Die Menschen der Nekropole

In der innersten Kammer von Newgrange zu stehen, ist für die vielen tausend Menschen, die sich bis tief in die Anlage vorwagen, ein bewegendes Erlebnis. Man hat dort ein durchdringendes Gefühl von Zeitlosigkeit und wird von Ehrfurcht ergriffen für die Architekten der Antike, die so gewissenhaft gebaut haben. Wenn man zum sechs Meter hohen Dach hinaufschaut, ist man erstaunt, daß es sein Volumen und sein Gewicht tragen kann. (Und man hofft, daß es das wenigstens in den nächsten paar Minuten auch noch tun wird.) Dann schaltet der Führer die Lichter aus, damit sich die Augen der Besucher an die Dunkelheit gewöhnen. Anschließend wird eine kleine Lampe eingeschaltet, die den Effekt der Wintersonne simuliert, wenn diese in die Kammer vordringt. Erst dann begreift man, warum die Leute Jahre im voraus reservieren, um einmal die Gelegenheit zu haben, während der Wintersonnenwende in der Kammer zu stehen.

Newgrange ist zwar das eindrucksvollste präkeltische Grabmal, aber längst nicht das einzige in der Gegend. Eine Ansammlung kleinerer Satelliten-Grabmale gibt es gleich vor Ort. Eine weitere Anlage von Gräbern befindet sich nicht weit entfernt im Norden; dort ist ein zentrales Grabmal namens Knowth von knapp einem Dutzend kleinerer Gräber umgeben. Ein, zwei Meilen östlich von Newgrange liegt eine Grabstätte mit dem Namen Dowth. Newgrange, Knowth und Dowth bilden zusammen die Nekropole von Boyne, ein Netz antiker Grabstätten, die bestimmte strukturelle Merkmale gemein haben und jeweils von den anderen beiden Punkten aus zu sehen sind. Alle drei Grabmale wurden nicht mehr benutzt, als die Kelten sich in den Jahrhunderten vor Christus in Europa und auf den britischen Inseln ausbreiteten. Doch die Kelten errichteten Hunderte eigener Grabmale, in die sie ihre Toten sorgfältig betteten. Ein berühmtes Keltengrab barg eine Kriegerfigur, die in voller militärischer Montur und in einer königlichen Kutsche sitzend begraben worden war. Andere Gräber enthielten außer dem Toten zahlreiche Haushaltsgegenstände, von denen man vermutete, sie im nächsten Leben zu brauchen.

Die Druiden, die spirituellen Führer der Kelten, brachten ihre Ansichten zwar nie schriftlich zu Papier, doch nach Auskunft von Wissenschaftlern waren sie eine der ersten Gruppen, die eine konsequente Lehre von der Unsterblichkeit der Seele entwickelten. Nach allem, was wir bisher wissen, lehrten die Druiden, daß die Unterwelt ein Reich war, in dem die Toten wohnten, das viele Parallelen zum normalen Leben aufwies und das die Lebenden manchmal besuchen konnten.

Außerdem geben frühe keltische Künstler in ihren Skulpturen und Metallarbeiten Hinweise auf ihre Vorstellungen vom Leben nach dem Tod. Der berühmte Kessel von Gundestrup, eine Silberschmiedearbeit aus dem ersten Jahrhundert n. Chr., wird von vielen als ein Vorgänger des sagenumwobenen Heiligen Grals der Artussage betrachtet. Er ist mit den Abbildungen verschiedenster Gottheiten und mythischen Szenen verziert. Ein Abschnitt enthält ein Bild, von dem viele behaupten, es stelle den Zyklus von Tod und Wiedergeburt dar. Eine Reihe keltischer Soldaten marschiert von links nach rechts auf der Erdoberfläche, bis ihnen der Tod begegnet und sie auf eine niedrigere Ebene hinunterfallen, in die Unterwelt, wo eine andere Reihe von Soldaten von rechts nach links marschiert, bis sie auf der Erde wiedergeboren wird.

Auch wenn viele Autoren dazu bereit sind, so ist es doch äußerst gewagt, aufgrund von Grabmalen und verborgenen Schätzen weitreichende theologische Schlüsse zu ziehen. Eines ist jedoch klar: Als die Kelten durch Europa wanderten, hinterließen sie Tausende von Denkmälern für ihre Toten, und das beweist indirekt, daß sie nicht glaubten, mit dem physischen Tod sei alles zu Ende.

🔲 Das höchste Opfer

Im August 1984 fand ein Bauer beim Torfstechen knapp 50 Kilometer östlich von Liverpool ein gut erhaltenes menschliches Bein. Ein Archäologe, der davon hörte, eilte zum Fundort nach Lindow Moss und entdeckte dort ein kleines Stückchen Haut, das aus dem Torf ragte. Bei den darauffolgenden Ausgrabungen fand man den Torso eines Mannes. Mit Hilfe der Radiokarbon-Methode stellte man fest, daß er seit 2000 Jahren in dem Moor gelegen hatte. Wissenschaftler des British Museum untersuchten den Körper und machten eine Reihe überraschender Entdeckungen, die zunehmend darauf hindeuteten, daß sein Tod Teil eines keltischen Rituals gewesen war.

Erstens war die Schädeldecke des Mannes mit einem axtartigen Werkzeug eingeschlagen worden, was ihn vielleicht bewußtlos gemacht hatte. Zudem war sein Genick gebrochen, als ob man ihn gehängt hätte; eine Tiersehne war außerdem so eng um seinen Hals gebunden, daß sie ihm tief ins Fleisch schnitt. Schließlich waren seine Kehle und seine Drosselvene mit einer scharfen Klinge, die mit fast chirurgischer Präzision geführt worden war, durchtrennt worden.

Die Darbringung von Opfern, sowohl tierischen als auch menschlichen, um in Kontakt mit dem Göttlichen zu treten, war ein Element nahezu aller alten Religionen. Die Azteken opferten Pflanzen, Tiere und Menschen, um die unsichtbare Ordnung des Kosmos zu erhalten. Hindus brachten diversen Gottheiten Opfer, um ihnen zu gefallen oder um sie zu besänftigen. In China opferte man verschiedenen Ahnengöttern und Göttern, die über die Jahreszeiten, Seen und Berge oder die Sterne herrschten, Lebewesen, Gaben aus Jade oder Seide sowie die unterschiedlichsten Delikatessen.

Das Opfer ist auch ein zentrales Element im Judaismus, angefangen bei den Sühneritualen, zu denen Opferlämmer gehörten, bis hin zu Abrahams Vorsatz, seinen Sohn Isaak zu opfern.

Heute schauen wir voller Abscheu auf solch blutiges Gemetzel und fragen uns, wie das menschliche Streben nach Weisheit und Wahrheit die Quelle von soviel Brutalität und Blutvergießen sein konnte. Bestimmt haben auch die Römer so empfunden, als sie erstmals auf die Opferrituale der Kelten stießen. Doch zugleich konnten sie gut mit ihren eigenen Ritualen des Blutvergießens leben: Tausende von Zuschauern drängten sich im Circus in Rom, um Gladiatoren beim Kampf auf Leben und Tod zuzusehen, oder dabei zu sein, wenn hilflose Opfer von wilden Tieren zerrissen wurden oder wenn man Christen und andere gesellschaftlich unerwünschte Subjekte grausam an hungrige Löwen verfütterte.

Obwohl Rituale mit Menschenopfern fast in allen alten Kulturen zu finden sind, ist es uns unmöglich, herauszufinden, was die frühen Kelten mit Opfern wie dem des sogenannten Lindow-Moss-Mannes und der typisch keltischen Methode des »dreifachen Todes« erreichen wollten. Körper, die 2000 Jahre lang in Torf konserviert wurden, geben uns zwar viele Hinweise, doch letztlich auch keine genauere Auskunft als Steine oder Grabmale.

Wir wissen, daß die Idee des Opfers eine wichtige Rolle in der Lehre spielte, die die ersten christlichen Missionare bei den Kelten verbreiteten. Das Christentum, in dem das judaistische Konzept der wiederholten Opfer durch das endgültige Opfer des verheißenen Messias ersetzt wird, nahm das keltische Bedürfnis nach einem Bußopfer ernst. Doch statt einen permanenten Strom von Opferblut zu fordern, verkündete das Christentum, das von Jesus vergossene Blut genüge für alle.

Obwohl die Erbauer von Newgrange und die frühen christlichen Lehrer Irlands die Fragen nach Leben und Tod sehr unterschiedlich beantworteten, erklärten beide, daß das Leben letztlich nicht endet. Und obwohl die christliche Vorstellung den keltischen Druiden befremdlich vorgekommen sein mag, kann man sicher sein, daß sie von denjenigen, die dem Lindow-Moss-Mann in den dreifachen Tod folgen sollten, mit großer Begeisterung aufgenommen worden ist.

🔲 Die Kunst des Sterbens

Vieles hat sich verändert, seit Newgrange vor 5000 Jahren gebaut wurde. Heute weiß die Medizin wesentlich mehr über die Ursachen des Todes, und sie kann helfen, das Leben zu verlängern und zu erhalten. Nicht zuletzt deshalb leben wir heute zwei- bis dreimal so lang wie die Kelten. Dennoch hat sich an der Unvermeidlichkeit des Todes nichts geändert, er ist damals wie heute eine der wenigen Gewißheiten des Lebens.

Die Arten, wie Menschen sterben, haben sich sicher im Laufe der Jahrtausende gewandelt. Früher mußten die Menschen keine Flugzeugabstürze oder tödlichen Stromschläge fürchten, heute werden sie dafür seltener von einem Bären zerrissen (oder von einem wilden Kelten angegriffen). Doch in welchem Jahrhundert auch immer sie leben, die Menschen halten den Tod zumeist für eine ungelegene Anomalie, nicht für ein Faktum des Lebens, das jeden von uns jederzeit treffen kann. Die Wissenschaft wird zweifellos weiter daran arbeiten, Medikamente gegen das Altern und Zaubertränke zur Verringerung von Falten zu entwickeln.

Bis jetzt hat sich allerdings noch niemand etwas ausgedacht, um den Tod zu verschieben, und die Weisheit der Jahrtausende lehrt uns, daß es wohl auch besser ist, es gar nicht erst zu versuchen. Ein irischer Mönch des zehnten Jahrhunderts warnte: »Den Tod zu vermeiden/braucht zuviel Zeit, und zuviel Sorge,/ wenn am Ende schließlich/der Tod jeden von uns unerwartet holt.« Die keltischen Mönche des fünften, sechsten und siebten Jahrhunderts lebten in so strenger Disziplin, daß sie praktisch einen täglichen Tod erlitten. Die Schreiber befaßten sich oft mit der Unausweichlichkeit des Todes, und in einer Passage der Regel des heiligen Comghall von Bangor wird empfohlen: »Laß den Mönch sich täglich daran erinnern, daß er sterben wird.«

Natürlich muß man den Tod nicht hofieren, da er ohnehin kommt, wenn es soweit ist, und man sollte ihn nicht herausfordern, weil er sonst vielleicht früher eintritt, als einem lieb ist. Die Kelten – sowohl jene der vorchristlichen Zeit, die zwischen Grabmalen und Vermächtnissen der Toten lebten, als auch die Christen, die die Auferstehung eines gekreuzigten Erlösers feierten – waren sich darin einig, daß man die Unausweichlichkeit des Todes in der Rechnung des täglichen Lebens mit einplanen mußte.

Im heutigen Irland begraben die Lebenden ihre Toten nicht mehr in Hügeln hinter dem Haus, aber viele halten zu Ehren des Übergangs eines geliebten Menschen aus dieser in die nächste Welt eine traditionelle, laute und langdauernde Totenwache ab. Andrew Greeley weist auf den Ursprung dieses Brauchs im heidnischen Glauben hin, wonach die Bewachung einer Leiche über Nacht böse Geister abwehrt und bei der Reise ins nächste Leben hilft. Er schreibt, daß diese Rituale »genaugenommen die Feier eines Glaubens sind, wonach das Leben stärker ist als der Tod (ein Glaube, der älter ist als das Christentum, von diesem jedoch neu belebt wurde)«. Die modernen Iren verwandeln als Erben einer jahrhundertealten Tradition der Totenverehrung ihre Begräbnisse in große Zusammenkünfte von Familie und Sippe, bei denen Geschichten von den Taten des lieben Verstorbenen erzählt und von Fluten aus Tränen und Trinksprüchen begleitet werden. Die alte irische Ballade ›Tim Finnegan's Wake‹ (Tim Finnegans Totenwache) berichtet über die Ausgelassenheit, die man noch heute auf irischen Beerdigungen erleben kann:

Whack for da now,
Dance to your partner
Welt to the floor
Your trotters shake
Wasn't it the truth I told you
Lots of fun at Finnegan's wake.

(Genug damit jetzt,
Tanz mit deinem Partner
Prügel dich am Boden
Schwing die Beine
Hab' ich dir zuviel versprochen
Jede Menge Spaß bei Finnegans Totenwache.)

Oder wie Frank McCourt in ›Die Asche meiner Mutter‹ über seine Kindheit in Irland schreibt: »Es gibt nichts besseres als eine Totenwache, um seinen Spaß zu haben.«

Die Kunst des Lebens

Die wenigsten Menschen sind wohl der Meinung, der Sinn des Lebens bestünde darin, mit einem denkwürdigen Begräbnis gefeiert oder in einem prachtvollen

Grabmal bestattet zu werden. Solche Freundlichkeiten ändern wenig am Schicksal der Toten, sondern öffnen vielmehr den Lebenden die Augen. Im besten Falle regen sie uns dazu an, unser jetziges Leben im Hinblick auf das nächste zu leben.

Leider führen viele Menschen eine Existenz, die den Geist verleugnet. Und obwohl nur wenige von uns eingefleischte Materialisten sind, leben doch viele so, als sei das Materielle substantieller als der Geist, die Zeit bedeutender als die Ewigkeit, das Hier und Jetzt wichtiger als das Unsterbliche. Der keltische Autor des ›Rule of Ailbe‹ warnte seine Mönche, daß »das Gute eurer Seele Vorrang vor dem Guten eures Körpers haben soll«. Der Hinduismus beschreibt den Menschen als verloren in »maya«, einem Schleier aus dämonischer Täuschung, die uns den Blick für die spirituelle Wahrheit verstellt. Die alten Kelten drückten denselben Sachverhalt in ihnen vertrauten Bildern aus und verglichen die kurzsichtigen Menschen mit Tieren, die sich in einer Falle verfangen haben. Ein jahrhundertealtes keltisches Gebet bittet Gott eindringlich, uns davor zu schützen, unser Leben mit relativ wertlosen Dingen zu vergeuden: »Daß wir das wahre Licht und die wahre Schönheit des ewigen Lebens nicht gegen die täuschende Phantasie des gegenwärtigen Lebens eintauschen.«

Vieles im Leben ist ungewiß. Niemand weiß, wie das Wetter morgen sein wird, wie die Börsenkurse der nächsten Woche aussehen werden oder welches politische Klima im nächsten Jahr herrschen wird. Doch eines ist gewiß: Sterben werden Sie sicherlich. Die meisten Menschen ereilt der Tod zu einem Zeitpunkt, den sie sich nicht ausgesucht haben, und zu viel zu vielen kommt er, bevor sie dazu bereit sind. Die Botschaft, die aus der düsteren Stille von Newgrange und tausend

273

anderen alten Grabmalen widerhallt, lautet, daß die Gegenwart unsere beste – und vielleicht einzige – Gelegenheit ist, uns darauf vorzubereiten.

▨ Vorbereitung auf das Unvermeidliche

Es gibt zahlreiche Möglichkeiten, die Weisheit der Kelten auf das zeitlose Wechselspiel von Leben und Tod anzuwenden.

- **Erleben Sie den Tod aus der Nähe.** Bei all ihrer Fröhlichkeit und ihrem Trubel erkennen die irischen Totenwachen in ihrem Innersten die Realität des Todes auf eine ernste Weise an. Leider versucht man in einem Großteil der westlichen Welt die furchterregende Endgültigkeit des Todes zu kaschieren. Vielleicht haben Sie einmal die Gelegenheit, an einer traditionellen irischen Totenwache teilzunehmen. Wenn nicht, besuchen Sie eine Beerdigung mit möglichst wachen Sinnen. Hören Sie den Hinterbliebenen zu. Sind ihre Augen voller Trauer über ein unerfülltes Leben? Oder sind ihre Herzen erfüllt von einer himmlischen Freude darüber, das Glück gehabt zu haben, einen Teil ihres Lebens mit dem lieben Verstorbenen verbracht zu haben? Was sagt der Priester oder derjenige, der die Totenrede hält, und was bleibt unausgesprochen? Ihre Aufmerksamkeit für die Realität des Todes wird Ihr Bewußtsein für die eigene Unsterblichkeit verstärken.

- **Stellen Sie sich den Tod als Anfang und nicht als Ende vor.** Der ehrwürdige Bede, ein hochangesehener Mönch des britischen Klosters Jarrow, der im achten Jahrhundert lebte und oft als »Vater der englischen Geschichte« bezeichnet wird, verfaßte ›A Hi-

274

story of the English Church and People‹, eine der
besten historischen Aufzeichnungen über die keltische Kirche. Als Bede seinen eigenen Tod nahen
fühlte, hieß er ihn mit offenen Armen als »einen
himmlischen Geburtstag« willkommen. Bedes Glaube an das, was er noch nicht gesehen hatte, überwand die Furcht, die entsteht, wenn man das einzige
Leben, das man kennt, langsam dahinschwinden
sieht.

- **Kümmern Sie sich um Unvollendetes**. Bede konnte seinen Tod auch deshalb willkommen heißen, weil
er seinen Mitmenschen gegenüber ein reines Gewissen und seinen Frieden mit Gott gemacht hatte. Wie
als Empfehlung für die Gewohnheit der Beichte und
die Schönheit der Vergebung ließ Bede keine Rech-
nungen mit anderen offen und bekannte Gott per-
manent seine Sünden. Als dann die Zeit zu sterben
kam, hatte er keinen riesigen Rückstand an unerle-
digten Dingen aufzuholen.

- **Wachsen Sie**. Für manche Leute ist die Vorstellung,
daß Gott »Menschen in die Hölle schickt«, zutiefst
abstoßend. Andere wiederum betrachten die Hölle
nicht als einen Ort, sondern als spirituellen Zustand,
als die natürliche Konsequenz, wenn Menschen
selbstsüchtig, kurzsichtig und spirituell verkümmert
sind. Die Lösung besteht für diese Menschen darin,
zu wachsen, bis ihre Seelen die passende Größe für
die Ewigkeit haben. Sankt Colman schreibt in seinem ›Alphabet of Devotion‹, einem Klassiker kel-
tisch-christlicher Frömmigkeit: »Was ist das Beste
für die Seele? Demut und Großmut ... Was ist das
Schädlichste für die Seele? Engstirnigkeit, Hader
und Verdrängung.« Eine Seele wächst nicht so

leicht. Manche lernen von anderen, die spirituell schon weiter sind als sie selbst. Und einige lernen Schlüsseleigenschaften wie Liebe und Mitleid, indem sie sich von ihrer Bequemlichkeit verabschieden und den Vernachlässigten und Bedürftigen dienen.

- **Malen Sie sich die Zukunft aus.** Schon immer haben Seher und Visionäre behauptet, direkten Zugang zu den Mysterien des Lebens nach dem Tod zu haben. Zu ihnen zählen auch die keltischen Heiligen Adomnan aus Iona und Fursey, der als Missionar in England und Frankreich tätig war. Die beiden verfaßten detaillierte Berichte über ihre Visionen von Himmel und Hölle, die Dante beim Schreiben seiner ›Göttlichen Komödie‹ inspirierten. Ihre Visionen beeinflußten auch das religiöse Gedankengut des Mittelalters sowie Maler, deren phantastische Darstellungen vom Jenseits Kirchen und Kathedralen in der ganzen Welt schmückten. Sie regten mit zwei kontrastierenden Visionen vom Zustand der Seele nach dem Tod aufs heftigste die Phantasie der Gläubigen an. Natürlich lassen sich die Vorstellungen von Feuer und Schwefel und dem Himmelreich mißbrauchen, aber immerhin geben sie einem eine Vorstellung davon, wohin man lieber möchte.

- **Betrachten Sie das Leben als Geschenk.** Stellen Sie sich vor, Sie schenken einer Freundin ein Paar Schuhe, die sie jahrelang trägt und erst wegwirft, als sie nicht mehr zu reparieren sind. Wären Sie traurig, weil die Schuhe nach jahrelangem Gebrauch fortgeworfen würden? Manche Menschen betrachten auch das Leben als Geschenk, das wir für zehn, zwanzig oder mehr Jahre bekommen. Nach unserer Zeit auf der Erde kehren wir dann zu unserem Ursprung zurück. Das war die Sichtweise von Sankt Columba dem Älteren, dessen Biograph berichtet, Columba habe etwa eine Woche vor seinem Tod im Jahre 597 einen Engel gesehen, der die Mönche in der Kapelle besuchte. »Schaut«, sagte Columba, »ein Engel des Herrn, geschickt um ein Darlehen einzutreiben.« Wenn wir das Leben eher als Geschenk denn als Besitz oder Anspruch betrachten, werden wir vielleicht besser leben und sterben.

Keltische Heilige

Die Kelten verehrten Hunderte von frommen Männern und Frauen als »Heilige«, auch wenn die katholische Kirche nur wenige von ihnen offiziell kanonisiert hat. Die zehn hier genannten zählen zu den wichtigsten.

BRENDAN (486? – 575)

Er gründete unter anderem die Klöster bei Clonfert, eine der führenden Klosterschulen Irlands, und ist vor allem für seine erstaunlichen Seereisen bekannt. Diese sind unglaublich detailliert in ›The Voyage of St. Brendan‹ beschrieben; den im Mittelalter äußerst beliebten Reisebericht studierte unter anderem Christoph Kolumbus. Brendan war der berühmteste unter den vielen keltischen Wandermönchen und bestand der Überlieferung zufolge zahlreiche Abenteuer auf Leben und Tod, unter anderem mit Seeungeheuern, bevor er in seine Heimat, das wunderschöne County Kerry, zurückkehrte. Festtag: 16. Mai.

BRIGID (? – 525?)

Die auch unter dem Namen Brigit und Bride bekannte außergewöhnliche Frau ist die beliebteste Heilige Irlands und wird liebevoll auch »Maria der Gälen« genannt. Über die Gründerin eines berühmten Doppelklosters für Männer und Frauen in Kildare ist wenig bekannt. Ihre zahlreichen Legenden sind mit dem Volkstum sowie den Legenden und Mythen der Kelten verwoben. Ihr Name ist zugleich der der keltischen Göttin des Feuers und Gesangs. Festtag: 1. Februar, zugleich keltischer Feiertag Imbolc.

CIARAN (? – 545?)

Der Gründer des berühmten Klosters von Clonmacnoise in Mittelirland war ein Schüler Endas von Aran und Finians von Clonard. Obwohl er schon wenige Monate nach Gründung des Klosters starb, übte es als Zentrum der Lehre und der Kunst noch jahrhundertelang großen Einfluß aus. Festtag: 9. September.

COLMAN (? – 670?)

Als katholische Kirchenführer versuchten, der keltischen Christenheit ihre Autorität aufzuzwingen, widersetzte sich Colman, Bischof des Klosters von Lindisfarne. Ehemals Mönch in Columbas Inselkloster Iona, war Colman für seine tiefe Frömmigkeit und seinen Intellekt bekannt. Später zog er sich auf die Insel Inisboffin vor der irischen Westküste zurück, wo er das Kloster Mayo gründete. Festtag: 18. Februar.

COLUMBA DER ÄLTERE (521 – 597)

Der auch unter den Namen Columcille, Colm oder Columm bekannte Mönch gründete das Inselkloster Iona in Schottland, wo wahrscheinlich das ›Book of Kells‹ begonnen wurde. Seine Liebe zum Studium war legendär; er verbrachte 17 Jahre damit, intensiv zu lernen, zu lehren und Handschriften zu kopieren. Er war zudem ein wandernder Missionar, der über zwanzig Klöster gründete, viele davon auf Inseln, wie zum Beispiel das von Skye. Der ehemalige Druide Columba schrieb Gedichte, Hymnen und andere Werke. Festtag: 9. Juni.

COLUMBA DER JÜNGERE (543? – 615)

Columba war berühmt für seine strenge Disziplin und Askese. Am bekanntesten ist er jedoch als der herausragendste keltische Missionar, der zahlreiche Klöster in ganz Europa gründete und bei der Rechristianisierung des Kontinents half. Er war außerdem ein vollendeter Gelehrter, der Gedichte und Klosterregeln schrieb. Mutig, kompromißlos und fanatisch trug Columba mehr als jeder andere zur Verbreitung des keltischen Christentums in aller Welt bei. Festtag: 23. November.

CUTHBERT (634? – 687)

Der Bischof des Klosters Lindisfarne auf der englischen Insel Holy Island wurde möglicherweise in Irland geboren. Obwohl er ein Leben in Einsamkeit vorgezogen hätte, war Cuthbert ein hervorragender religiöser Führer. Nach Jahren des Reisens, öffentlicher Predigten und Verwaltungsarbeiten zog er sich auf die Insel Farne zurück, wo er auch starb. Festtag: 20. März.

ENDA (? – 530?)

Der Gründer des bedeutenden Klosters auf Inishmore, der größten der drei Aran-Inseln, wird als Vater des irischen Mönchtums verehrt. Der Überlieferung zufolge, die jedoch schwer zu belegen ist, war sein Kloster das erste in ganz Irland. Gesicherter ist der große Einfluß, den Enda auf zahlreiche seiner Schüler hatte, darunter Brendan, Finian aus Clonard und Columba der Ältere. Mönche und Studenten, die ihn besuchten, staunten über Endas strenge Askese. Festtag: 21. März.

KEVIN (? – 618)

Als bescheidener Eremit, der nach Glendalough ging, um mit Gott allein zu sein, zog Kevin bald eine Gefolgschaft an, die seine einsame Zuflucht in eine der größten und lebendigsten Klosterstädte in ganz Irland verwandelte.

Als Mystiker mit dem Herzen eines Künstlers schrieb er die Regel für seine Klostergemeinschaft in Versen und komponierte auch Musikstücke. Seine wunderbare Gemeinde war jahrhundertelang ein beliebtes Pilgerziel und gilt heute als eine der größten Touristenattraktionen Irlands. Festtag: 3. Juni.

PATRICK (390? – 461?)

Der Schutzpatron Irlands war zwar nicht der erste, der den Iren das Christentum predigte, aber der erfolgreichste.

Aufgewachsen in einer römischen Familie in England, wurde Patrick von Räubern als Sklave nach Irland entführt. Er konnte von dort fliehen, doch hatte er, als er wieder zu Hause war, eine Vision, in der Gott ihn aufforderte, die Iren zu missionieren. Er widmete sich dieser Aufgabe mit ganzem Herzen und interpretierte alte heidnisch-keltische Traditionen häufig auf neue Weise, um die Aufmerksamkeit auf Gott als Schöpfer zu lenken.

Seine ›Confession‹, die noch heute publiziert wird, war eines der ersten in Irland verfaßten Dokumente. Festtag: 17. März.

Ein Fest des Liedes

Die Shows ›Riverdance‹ und ›Lord of the Dance‹ haben mehr zur Popularität keltischer Musik und keltischen Tanzes beigetragen als irgend etwas anderes in diesem Jahrhundert. Die beiden beliebten Tanz-Revuen wie auch ihre Soundtracks und Videos haben Millionen Menschen den Zauber der keltischen Kultur nahegebracht.

Die Musik der Kelten ist erfüllt von einer tiefen, spirituellen Kraft, die ihre Wurzeln in der Mythologie und Geschichte dieses Volkes hat.

Dagda oder »der gute Gott« war eine der mächtigsten keltischen Gottheiten. Mit seiner Harfe, »The Oak of the Two Greens«, spielte Dagda drei Arten von Musik – Trauer-, Lach- und Schlafweisen –, und seine Legende ist immer noch lebendig. Die Harfe galt schon immer als ein Symbol der irischen Kultur und ist auf Münzen, Geldscheinen und Briefmarken des Landes präsent. Götter wie Dagda wurden als Medium verstanden, durch das eine mythische Musik namens »Oran Mor« oder die alles umfassende Melodie der Schöpfung ihren Ausdruck fand.

Jahrhunderte später empfing der christliche Dichter Caedmon die Gabe des Gesangs von Gott. Der einfache Mann, der keine einzige Note singen konnte, fiel in einen tiefen Schlaf und träumte von einem Mann, der ihm folgendes zurief: »Sing von der Erschaffung aller Dinge.« Spontan sang Caedmon daraufhin Verse zum Lob des Schöpfers:

Praise we the Fashioner now of Heaven's fabric,
The majesty of his might ans his mind's wisdom,
Work on the world-warden, worker of all won-
ders.
How the Lord of Glory everlasting,
Wrought for the race of men Heaven as a rooftree,
Then made the Middle East to be their mansion.

(Preisen wir jetzt den Schneider des himmlischen
Stoffes,
Die Herrlichkeit seiner Macht und die Weisheit
seines Verstandes,
Werk des Weltenhüters, Bewirker aller Wunder,
Wie der Herr des ewigen Ruhms,
Als erstes für das Menschengeschlecht den Him-
mel als Firstbalken errichtet hat,
dann schuf er den Nahen Osten als ihr Zuhause.)

Diverse Musik

Heutzutage kommt eine Fülle keltischer Musik aus den Regionen, die einst von den Kelten besiedelt waren: Irland, Schottland, Wales, die Bretagne und Galizien, oder sie erhält zumindest ihre Inspiration von hier.

In den frühen fünfziger Jahren begannen die Clancy Brothers traditionelle irische Musik in den Cafés von Greenwich Village zu spielen. Heute gilt Enya als die bekannteste zeitgenössische irische Künstlerin und verkauft Millionen von Alben keltisch inspirierter Musik. Die 1963 gegründeten Chieftains sind die unbestrittenen Botschafter traditioneller irischer Musik in der Welt. Sie haben auf Tausenden von Konzerten rund um den Globus gespielt. Die Tannahill Weavers sind ein schottisches Quintett, das seine Sammlungen keltischer Stücke und Lieder Menschen in zahlreichen Ländern nahegebracht hat. James Galway ist sowohl ein von der Kritik hochgelobter klassischer Musiker als auch ein beliebter Entertainer, der auf Soloalben wie ›Celtic Minstrel‹ seinen kulturellen Wurzeln nachgegangen ist.

Die meiste zeitgenössische keltische Musik verwendet Gitarren, Flöten, Pfeifen, Fiedeln, die Bodhran-Trommel und die Uilleann-Pfeifen, aber auch Akkordeon und Zimbal.

In der Ära der Rockmusik versuchten viele Bands die Schönheit der keltischen Musik mit der Aggressivität des Rock zu verbinden. Das ist niemandem besser gelungen als Clannad, der 1970 gegründeten Band der Geschwister Maire, Pol und Ciaran Brennan aus Donegal. Ihr 1998er Album ›Landmarks‹ ist eine gute Einführung in ihre unvergeßliche, mystische Musik. ›Perfect Time‹, das dritte Soloalbum der Lead-Sängerin Maire Brennan, ist eine wunderbare musikalische Erkundung des keltischen Christentums.

Der moderne christliche Künstler Jeff Johnson, ein in Oregon lebender Komponist und Keyboarder, hat zu vielen Aufnahmen von Windham Hill Celtic beigetragen; sein eigenes Album ›Navigatio‹ ist ein Tribut an den heiligen Brendan. Die britische Band Iona, die sich nach Columbas berühmtem Kloster benannt hat, besteht aus sechs Instrumental-Virtuosen, die progressiven Rock mit Jazz-Elementen und melodiösem Pop mischen; ihre Texte handeln von Mystik, der Transzendenz Gottes und dem ›Book of Kells‹.

Heilige Stätten

Irland ist übersät mit Monumenten und atemberaubenden Stätten, die eine lange Geschichte haben.

Nachfolgend sind die zehn interessantesten aufgeführt, die alle einen Besuch wert sind.

ARAN-INSELN

Inishmore, die größte der drei wilden, zerklüfteten Inseln westlich von Galway, ist eine Welt außerhalb der Zeit. Mit der Fähre von Galway Bay ist sie gut zu erreichen. Sie können eine Rundfahrt machen oder sich bei einem der vielen Verleiher am Hafen ein Fahrrad nehmen.

Die Anlage von Endas berühmtem Kloster, von dem eine alte Ruine und zahlreiche Gräber erhalten sind, ist vom Hafen aus mit dem Fahrrad in etwa fünf Minuten zu erreichen. Etwas weiter entfernt, aber durchaus einen Ausflug wert, ist Dun Aengus, die eindrucksvolle steinerne Festung, die auf einer Klippe hoch über dem tosenden Meer liegt.

CLONMACNOISE

Hier gründete Ciaran um 549 eine der bedeutendsten Klosteranlagen Irlands. Sie lag südlich vom heutigen Athlone auf einem Gelände, das einst der verkehrsreiche Schnittpunkt einer alten Überlandstraße mit dem

Fluß Shannon war. Clonmacnoise hat viele eindrucksvolle Überreste, Dutzende gemeißelter Kreuze und einen der besterhaltenen Rundtürme in Irland zu bieten.

Das moderne Fremdenverkehrszentrum zeigt eine
informative audiovisuelle Dokumentation über Geschichte und Wirken des berühmten Klosters. Auch
gibt es Führungen über das Gelände, und private Unternehmen bieten Bootsfahrten auf dem Shannon an.

DUBLIN

Natürlich könnte man viele Tage in der geschichten-
umwobenen, reizvollen Stadt verbringen, doch zwei
Dinge sind hier besonders lohnend. Die Ausstellung
des ›Book of Kells‹ im Trinity College bietet eine eindrucksvolle Begegnung mit dem ehrwürdigen Meisterwerk der keltisch-christlichen Kunst. Eine weitere spannende Unternehmung ist der Literary Pub Crawl, eine
Tour, die abends in einem Pub beginnt und eine lockere Einführung in Irlands bis heute lebendiges literarisches Erbe gibt.

DUNGBEG FORT

Auf der großartigen Dingle-Halbinsel westlich der Stadt
Dingle steht eine Festung, die immer noch gut erhalten
ist. Das mächtige Fort wurde vor rund 2500 Jahren erbaut und hätte einem ganzen keltischen Stamm Schutz
und Unterschlupf bieten können. Dank der umliegenden
Gräben und Wälle ließen sich mögliche Angreifer leicht
aufhalten. Obwohl ein Teil der Anlage ins Meer gestürzt
ist, gilt sie unter den fast 40 000 Festungen Irlands immer noch als eine der am besten erhaltenen.

Wenn Sie schon in dieser Gegend sind, sollten Sie
auch dem gewaltigen Mauerwerk des Gallarus-Oratori-

ums und der alten Anlage von Ogham Stones einen Besuch abstatten.

GLENDALOUGH

Man kann gut verstehen, warum der heilige Kevin sein Kloster in diesem wunderschönen Tal in den Wicklow Mountains erbaut hat.

Hunderttausende Besucher kommen jährlich in diese zauberhafte Gegend. Das Fremdenverkehrszentrum ist manchmal ein bißchen überlaufen, doch wenn Sie ein Stück auf einem der vielen Wege wandern, die sich durch die Wälder und an einem See entlang schlängeln, erleben auch Sie die Einsamkeit, die Kevin früher hier gefunden hat.

Glendalough liegt ein bis zwei Stunden von Dublin entfernt, hat ein gutes Hotel, gemütliche Zimmer mit Frühstück, Restaurants sowie preiswerte irische Pullover).

HILL OF SLANE

Der wenig besuchte Ort, an dem St. Patrick seinen symbolischen Aufstand gegen die heidnischen Kelten veranstaltete, liegt in der Nähe von Drogheda. Der Heilige zündete während der großen heidnischen Kultfeier von Beltane auf dem Hügel ein Freudenfeuer an, wodurch er das uralte Ritual störte und zugleich seine Forderung zum Ausdruck brachte, daß Irland eine christliche Insel werden müsse.

Slane liegt zwar abseits der touristischen Zentren, ist aber mit seinen Friedhofsruinen und einem Turm, von dem man eine schöne Aussicht hat, durchaus einen Besuch wert.

HILL OF TARA

Dieser sagenumwobene Platz, der weniger als eine Au-
tostunde nordwestlich von Dublin liegt, war für Jahrhunderte die heiligste Stätte Irlands. Lange Zeit diente
sie Irlands Hochkönig als Residenz, und der Hügel war
ein öffentlicher Versammlungsplatz, auf dem auch
heidnische Rituale praktiziert wurden. Bei Ausgrabungen konnte man vielerlei neue Erkenntnisse gewinnen.
In der Kirche am Fuß des Hügels erfährt man in einer
audiovisuellen Schau vieles über die bewegte Vergangenheit des Ortes.

KLOSTERANLAGEN

In Irland gab es einst Hunderte von Klosteransiedlun-
gen. In den wichtigsten dieser heiligen Stätten kommen wißbegierige Besucher auch heute noch durchaus
auf ihre Kosten:

- In Monasterboice bei Drogheda findet man die
  kunstvoll gemeißelten keltischen Kreuze, die in den
  Werkstätten des Klosters gefertigt wurden.
- In der Nähe der Küstenstadt Ardmore befinden sich
  auf dem Gelände des Klosters Sankt Declan verschiedene Ruinen, ein großer Friedhof und ein im-
  posanter Rundturm.
- Auch in Kildare, wo einst Brigids berühmtes Doppelkloster stand, steht ein gut erhaltener Rundturm.

NEWGRANGE

Das 5000 Jahre alte Grabmal, das man von Dublin aus
gut erreichen kann, ist Irlands gewaltigstes historisches
Denkmal. Es entstand Jahrhunderte vor Stonehenge
und wurde von Vorläufern der Kelten errichtet, auf die

die Astronomie eine ähnliche Faszination ausgeübt haben muß wie auf die Erbauer von Stonehenge. Newgrange ist ein Wunder der Ingenieurkunst und ein steingewordenes Denkmal des Glaubens an die Unsterblichkeit der Seele.

Ein neues Besucherzentrum zeigt informative Ausstellungen und Schautafeln und bietet Führungen und Ausflüge an (auch zu anderen historischen Stätten). Wer sich für Irlands alte Geschichte interessiert, darf Newgrange auf keinen Fall auslassen.

SKELLIG MICHAEL

Dieser beeindruckende mönchische Außenposten ist nichts für Reisende, die Bequemlichkeit lieben, denn auf dieser Insel muß man gut zu Fuß sein. Und wer die acht Meilen lange Überfahrt über den stürmischen Atlantik von Portmagee aus antritt, sollte auch seefest sein.

Doch es gibt kaum einen lohnenderen Ausflug. Die Mönche, die hier vor 1400 Jahren eine entlegene Zuflucht errichteten, suchten Stille und Einsamkeit; auf dem steilen, felsigen und windumtosten Eiland gab es davon genug. Über gut tausend Stufen, die die Mönche gebaut haben, gelangen die Besucher zu den sorgfältig restaurierten Mönchsquartieren und einer kleinen Kapelle, die aus exakt behauenen Steinen und ohne Mörtel gebaut wurden.

Für interessierte Besucher gibt es auf Valentia Island ein Besucherzentrum, in dem man die faszinierende Geschichte von Skellig Michael genau beschrieben findet.

Nach folgenden Werken wurde zitiert:

Bellini, Vincenzo: Norma, Stuttgart 1985.

Cahill, Thomas: Wie die Iren die Zivilisation retteten. München 1998.

McCourt, Frank: Die Asche meiner Mutter. München 1996.

O'Donohŭe, John: Anam Cara. Das Buch der keltischen Weisheit. München 1997.